Klaus Mollenhauer, Uwe Uhlendorff
Sozialpädagogische Diagnosen I

Klaus Mollenhauer, Uwe Uhlendorff

Sozialpädagogische Diagnosen I

Über Jugendliche in schwierigen Lebenslagen

3. Auflage 1999

Juventa Verlag Weinheim und München

Über die Autoren:
Klaus Mollenhauer, 1928-1998, Dr. phil., war Professor für Pädagogik an der Universität Göttingen.
Uwe Uhlendorff, Jg. 1961, Dr. disc. pol., ist Hochschulassistent an der Universität Gesamthochschule Kassel im Fachbereich Sozialwesen.

Die Deutsche Bibliothek - CIP-Einheitsaufnahme

Mollenhauer, Klaus:
Sozialpädagogische Diagnosen I / Klaus Mollenhauer; Uwe Uhlendorff. - Weinheim ; München : Juventa Verlag
  (Materialien)

[1]. Über Jugendliche in schwierigen Lebenslagen. - 3. Aufl. - 1999
  ISBN 3-7799-0833-6

© 1992 Juventa Verlag Weinheim und München
Umschlaggestaltung: Atelier Warminski, 63654 Büdingen
Printed in Germany

ISBN 3-7799-0833-6

Statt einer Widmung ein Dank: Den Jugendlichen, die uns so offen und bereitwillig von ihrem Leben, ihren Schwierigkeiten und Hoffnungen berichtet haben, danken wir an erster Stelle. Mindestens die zweite Stelle gebührt den Erzieherinnen und Erziehern, die in einem solchen Projekt ohnehin schon die tariflichen Arbeitszeiten weit überschreiten mußten und überdies noch bereit waren, für die wissenschaftliche Begleitung ihre wöchentlichen Berichte zu schreiben. Weder das Praxisprojekt noch unsere Studie wären möglich gewesen ohne das Engagement des Trägers der Maßnahme, des Vereins „Evangelische Jugendhilfe Obernjesa". Schließlich hätten wir die Studien der wissenschaftlichen Begleitung nicht durchführen, diesen Text nicht schreiben können ohne die großzügige finanzielle Unterstützung durch die Stiftung Deutsche Jugendmarke.

Inhalt

1. Einleitung: Fragerichtung und Projektbeschreibung

Von sozialpädagogischer Diagnose ist gegenwärtig wenig die Rede, jedenfalls in einem präzisen Sinne dieses Terminus. Eine solche Behauptung mag zunächst überraschen. Man könnte, um sie zu entkräften, auf mehreres hinweisen: beispielsweise kann als unstrittig gelten, daß die von Psychologie und Psychiatrie entwickelten diagnostischen Konzepte und Prozeduren nicht nur als relativ zuverlässig sich bewährt haben, sondern auch der von Sozialpädagogen oft angemahnten Komplexität von schwierigen Lebenslagen mehr und mehr gerecht zu werden versuchen (Specht 1990); es ließe sich auch auf den Achten Jugendbericht der Bundesregierung verweisen, in dem den „Zuweisungskriterien/ Diagnosen" ein eigener Abschnitt gewidmet ist (Bundesminister für Familie etc. 1990, S. 131 ff.); es ließe sich schließlich daran erinnern, daß bereits 1978 ein „Handbuch der Pädagogischen Diagnostik" erschienen war, in dem in vier Bänden Erhebungs- und Meßverfahren, Klassifikationen pädagogischer Aufgaben-Typen und die Praxisrelevanz solcher diagnostischer Bemühungen empirisch sorgfältig diskutiert wurden (Klauer 1978).

Unsere auf Anhieb für manchen also wenig plausible Behauptung muß präzisiert werden:

1. Wir meinen eine *pädagogische* Diagnostik. Dieser Terminus wird zwar auch in dem zitierten Handbuch verwendet; es zeigt sich aber rasch, daß dort fast nur von *schul*pädagogischer Diagnostik die Rede ist. Es herrscht demgemäß eine Perspektive vor, in der die institutionell definierten Lernziele (die formulierten Anforderungen der Curricula) ins Verhältnis gesetzt werden zu den Startbedingungen der Schülerinnen/Schüler und zu den „Treatments" des Unterrichts. Es ist also die Frage, ob die dort vorgeschlagene Perspektive zwar für schulisch-unterrichtliche Diagnosen hilfreich, für die Diagnostik der Jugendhilfe bzw. Sozialpädagogik aber als unzureichend gelten darf.

2. Auch für sozialpädagogische Diagnosen gilt das von jenen Unterrichtsdiagnostikern unterstellte logische Schema: es gibt eine in der Person des Kindes oder Jugendlichen manifestierte Verhaltenscharakteristik; es gibt ein gewünschtes Ziel der pädagogischen Bemühung; und es soll gesucht werden eine Form des „Treatments", der Behandlung, des Umgangs, der Therapie, die diesem Ziel möglichst nahe-

kommt. Das scheint plausibel zu sein; plausibel oder gar begriffsnotwendig ist es indessen nur im Hinblick auf die Logik, nicht aber im Hinblick auf die Empirie: die Ziele, denen ein sozialpädagogisches „Treatment" dienlich sein soll, sind nur in seltenen Ausnahmefällen derart genau formulierbar, wie das für gewünschte Unterrichtserfolge die Regel ist. Die empirische Passung von Ausgangsbedingungen (Persönlichkeitsmerkmale, familiäre Herkunft, soziale Kontexte, biographische Besonderheiten usw.), von den Pädagogen favorisierten Zielen (etwa nachzuholender Hauptschulabschluß, Vermittlungsfähigkeit auf dem Arbeitsmarkt, Distanzierung von einer Clique von Drogen-Usern, Bildung eines sozial verträglichen Interaktionsverhaltens u. ä.) und von Behandlungs- oder Umgangsweisen, von sozial hilfreichen Settings, die in der Lage wären, problematische Ausgangszustände in gewünschte und sozial akzeptable zu überführen — die Herbeiführung einer solchen Passung wirft begriffliche und empirische Probleme auf, die anders sind als in der Unterrichtsdiagnostik. Im Unterschied zum Lehrer oder Schulpsychologen ist nämlich der Sozialpädagoge nicht der Bekräftigung, der Evaluierung, der Verbesserung einer empirisch eingespielten Logik von Ausgangslage, Treatment und Lernziel konfrontiert, deren Randbedingungen durch die Institution der Schule und der allgemeinen Schulpflicht immer schon vorgegeben sind. Der Sozialpädagoge ist vielmehr dem *Prozeß der Konstruktion sozialer Wirklichkeit* ausgesetzt, in dem die Variablen, mit denen der Unterrichtsdiagnostiker rechnen kann, noch einmal in Frage gestellt werden. Allerdings sind auch Sozialpädagogen nicht normativ freigesetzt: sie sind an die Normen der Verfassung gebunden, und ihnen ist im Kinder- und Jugendhilfe-Gesetz (KJHG 1990) ein institutioneller Rahmen für die Bewältigung ihrer Aufgaben vorgegeben. Derartige normative und institutionell-rechtliche Vorgaben haben indessen für sozialpädagogische Vorgänge andere Implikationen und Folgen als schulpädagogische. Wer an der Zone sozialer Abweichung arbeitet, sich diese gar pädagogisch zum Thema macht, der muß sich, wenn er in dieser Lage pädagogisch wahrhaftig sein soll, auf Lebensentwürfe einlassen, die curricular nicht mehr vermessen werden können, obzwar durchaus rechtsförmig.

3. In dieser Lage — daß sie so ist, wie gerade nur etikettierend behauptet, muß freilich noch erläutert werden — greifen Sozialpädagogen gern zu einer Rhetorik, die das Plurifaktorielle, die unübersichtliche Schwierigkeit, die Interdisziplinarität, die Unordnung des Alltags, die Unvorhersehbarkeiten, also die Berücksichtigung von allem und jedem hervorhebt. Im Hinblick auf sozialpädagogische Diagnostik führt das zu Aufgabenstellungen, die, wie uns scheint, von niemandem mehr bewältigt werden können. So enthält — ohne daß irgendwelche diagnostische Verfahrensweisen angegeben werden — der schon zitierte Achte Jugendbericht der Bundesregierung die folgenden Aufforderun-

gen: „Schwierigkeiten (von Kindern und Jugendlichen, d. Verf.) als Ausdruck von Problemlösungsverhalten" sollen zunächst „aus dem Erfahrungs- und Verständnishorizont der Adressaten" gesehen werden; sie sollen zudem im Kontext „ihrer Lebenslage, also den gesellschaftlichen, sozialen, geschlechtsspezifischen und sozialstaatlich geprägten institutionellen Rahmenbedingungen und Deutungsmustern" interpretiert werden; auch die „näheren sozialen Verhältnisse . . . Arbeits-, Lern- und Sozialarrangements" sollen berücksichtigt werden samt der „in ihnen geltenden Erwartungen"; schließlich soll auch dem biographischen Zusammenhang, „den Lebensphasen und der darin angelegten besonderen Lebensbelastung . . . mit ihren Möglichkeiten, Grenzen und Hoffnungen" Geltung verschafft werden, sowie der Frage nach der „öffentlichen und institutionellen Definition" von Lebenssituationen und den „dadurch ausgelösten Reaktionen" (alle Zitate aus: Bundesminister für Familie usw. 1990, S. 132 f.). Dies alles ist gewiß zustimmungsfähig und gut gemeint. Aber können Sozialpädagogen das überhaupt leisten? Es wird in dem zitierten Text ja nicht ein Rahmen für Forschungsproblemstellungen vorgeschlagen, der Deutschen Forschungsgemeinschaft zur Förderung empfohlen, sondern er hat die Überschrift „Diagnose". Und unter dieser Überschrift nun erscheinen Aufgabenstellungen, die interdisziplinär alles versammeln, was Sozialwissenschaftlern heute dazu einfallen kann. Wer diese Aufgabe bewältigen wollte, müßte Erziehungs- oder Bildungsromane schreiben. Wer unter uns, den Sozialpädagogen, Theoretikern wie Praktikern, ist schon wie Balzac, Fontane, Lenz, beispielsweise? Aber ein wichtiges Symptom sind derartige „diagnostische" Empfehlungen durchaus: Sie sind ein Anzeichen dafür, daß *sozialpädagogische* diagnostische Problemstellungen den Konstruktionsregeln für die Herstellung sozialer Wirklichkeit offenbar radikaler konfrontiert sind, als dies in anderen pädagogischen Feldern der Fall ist. Nur daraus können wir uns erklären, daß wenige Absätze eines Textes zur Diagnostik unversehens in den Versuch einer Total-Analyse der Befindlichkeit heranwachsender Individuen im Gesellschaftssystem geraten. Derartige theoretische Peinlichkeiten haben also ihren Grund in der Sache.

4. Dieser Grund in der Sache macht (wenigstens) zwei Reaktionen wahrscheinlich. Die eine ist gerade skizziert worden, der Weg in eine romanhafte, jedenfalls möglichst universelle Lebensdiagnostik, bezogen auf die Klientel der Jugendhilfe. Die andere Reaktion favorisiert die Reduzierung der Komplexität, freilich nach Maßgabe verschiedener Kriterien: Die einen bevorzugen den „Labeling Approach", das heißt die in der interaktionstheoretischen Diskussion herausgearbeitete These, daß Diagnostik Zuschreibung sei und es also, in sozialpädagogischer Forschung, darauf ankäme, diese Zuschreibungsprozeduren zu beschreiben und in ihrer gesellschaftlichen Funktion zu analysieren. Aber was geschieht dann, nach dieser Analyse? Der Praktiker ist nun

zwar kritisch gebildet; aber wie soll er diagnostizieren? Andere verlegen sich auf die kritische Beschreibung von Professionalisierungswegen und von Routinen der Alltagspraxis sozialpädagogisch relevanter Berufe. Auch hier kommt viel zutage, was den Sozialwissenschaftler bekümmern mag. Aber was folgt daraus? Wieder andere verlassen sich auf die „bewährten" diagnostischen Verfahren von Psychologie und Psychiatrie und denken, die Sozialpädagogen würden, mit diesem Wissen ausgestattet, dann schon einen pädagogisch respektablen Weg finden. Dann gibt es noch jene, die weder der universalistischen diagnostischen Attitüde trauen noch einem nur durch Forschungspragmatik zu rechtfertigenden Reduktionismus, und die deshalb auf „Theorie" setzen. In dieser Manier wird beispielsweise neuerdings empfohlen, Kohlbergs Theorie der Entwicklung moralischen Urteilsvermögens zur Grundlage der Sozialpädagogik zu machen. Aber auch dies wäre, angesichts unserer Frage nach einer sozialpädagogischen Diagnostik, eine Reduktion. So wenig wir theoretische Reduktionen bemängeln möchten, denn sie sind unumgehbar, so wenig wir auch bezweifeln können, daß moralisches Urteilen und Handeln eine wichtige Dimension der Lebenswirklichkeit der Jugendhilfe-Klientel ist, so nachdrücklich machen wir aber auch geltend, daß dies zwar eine wesentliche Komponente, nicht aber der Grund ist für diejenige Art der Unterstützungsbedürftigkeit, die die Jugendhilfe-Einrichtungen in ihren Kindern und Jugendlichen vorfinden. Die Universalisten also — so möchten wir diese knappen Andeutungen noch knapper zusammenfassen — bürden den Sozialpädagogen, vor allem den Praktikern, zu viel auf. Die Reduktionisten hingegen verlangen von ihnen zu wenig bzw. geben ihnen weder Perspektive noch Hilfe für das, was eine sozialpädagogische Diagnose sein könnte — und darunter verstehen wir nicht irgendeine allgemeine sozialwissenschaftliche Diagnostik der gegenwärtigen Gesellschaft und ihrer Institutionen, sondern eine Diagnostik der Lebenslagen von Individuen.

Die in den angedeuteten vier Problemkreisen zur Sprache gebrachten Schwierigkeiten haben, wenn wir recht sehen, ihre Quelle darin, daß sich Sozialpädagogen gegenwärtig schwer tun mit der Frage, was eigentlich das „Pädagogische" ihrer Tätigkeit oder ihres theoretischen Gegenstandes sei. Was auf der Ebene wissenschaftlicher Tätigkeit schon schwierig scheint, drückt sich dann in der Praxis so aus: Heimerzieher — wie kürzlich beobachtet — tragen während ihrer Arbeitszeit ein T-Shirt mit der Aufschrift „Erziehung ist Scheiße". Das ist einerseits vermutlich eine Verbeugung vor den Kindern und Jugendlichen, gelegentlich auch Solidarität genannt, ein Respekt vor deren unerfreulichen Erfahrungen mit den Erziehungsbemühungen von Eltern und anderen. Es ist vielleicht aber auch ein Zeichen dafür, daß sich diese Erzieher im Stich gelassen fühlen von einer (akademischen) Sozialpädagogik, die — nicht durchweg, aber doch auf weiten Strecken — zwei

Richtungen anzeigt, deren eine in den Dschungel der Komplexität von „Lebenswelten" oder „Alltäglichkeiten" weist, in denen alles mit allem zusammenhängt und deshalb spezifisch Pädagogisches nicht mehr ausgemacht werden kann, und deren andere zwar eine Schneise verspricht, nur führt diese Schneise an allem vorbei, was den Erziehungsalltag bestimmt, und macht nur noch entweder isolierbare Lehr-Lern-Effekte, Lernziel-Treatment-Variablen sichtbar, oder, auf der anderen Seite von Reduktionen, deren soziologisch identifizierbare Randbedingungen.

Metaphern oder Bilder treffen nicht immer die theoretisch gemeinten Sachverhalte genau genug. Wir wählen deshalb zur Erläuterung ein Beispiel aus der Praxis: Ein 16jähriger Jugendlicher — vordem schon in Pflegefamilien und Heimen gewesen, auch schon psychiatrisch diagnostiziert worden — gerät an uns im Zusammenhang des Projektes, von dem im folgenden berichtet werden soll; er hat eine Neigung zum „Zündeln", wohl auch mehr in dieser Richtung, neigt zu gewalthaften Aktionen und Reaktionen, hat sich einer Gruppe von rechtsradikalen Skinheads angeschlossen. Welches Wissen benötigen nun die Erzieher, die versuchen sollen oder wollen, ihn ein dreiviertel Jahr lang in seiner Entwicklung, in seiner Bildung zu unterstützen? Nützlich ist sicherlich, die Chancen und Risiken zu kennen, die in der institutionellen Differenzierung des Jugendhilfe-Systems angelegt sind, und einen angemessenen Begriff von „Zuweisungskriterien" zu haben. Nützlich ist auch zu wissen, wie die Daten der näheren und weiteren Lebensumstände, Erwartungen und Zuschreibungen sich mit einer belastenden Lebenssituation, mit Verhaltensschwierigkeiten und Zukunftsperspektiven verknüpfen lassen. Schließlich ist auch das diagnostische Wissen nützlich, das der psychologischen und psychiatrischen Begutachtung entnommen werden kann. Aber reichen diese Wissensformen aus, um einen „Erziehungsplan" zu erstellen, um also nicht nur institutionelle Zuweisungen vorzunehmen, sondern eine konkrete Lebens- und Lernsituation für diesen Jugendlichen zu gestalten? Die Wissensform, die dafür erforderlich wäre, deckt sich nicht mit jenen drei anderen, wie wir vermuten. Der hier vorgelegte Bericht begibt sich auf den Weg der Suche nach diesem Wissen, und zwar mit der leitenden Frage, welche Themen und welche Tätigkeiten bildend genannt werden können oder — in anderen Worten — inwiefern sie der weiteren Entwicklung des Jugendlichen förderlich sind. Insofern muß die sozialpädagogische Diagnose, die wir im Auge haben, auch Prognostisches enthalten; und insofern vor allem ist sie „pädagogisch".

Die Erörterung dieser Problematik, das Suchen also nach Wegen in Richtung auf eine Diagnose, die wir vorläufig nur als sozialpädagogisch und hermeneutisch kennzeichnen, geschieht auf der Grundlage empirischer Daten, die in der wissenschaftlichen Begleitung eines Praxisprojektes erhoben wurden. Wir schildern im folgenden die Adressaten des Projekts (1), dessen praktische Durchführung (2) und die Tätigkeiten der wissenschaftlichen Begleitung (3).

1. Innerhalb der Jugendhilfe bereitet *eine bestimmte Fallgruppe von Jugendlichen* den Sozialpädagogen und Sozialarbeitern besondere Sorgen. Es handelt sich um Jugendliche, die als besonders schwierig gelten (vgl. Bundesminister für Familie usw., 1990, S. 152), die sich in besonderen Krisensituationen befinden oder die aufgrund ihrer aktuellen Lebenssituation besonders gefährdet sind (vgl. Münder 1991, S. 182 ff.) und für die es kaum geeignete Hilfemaßnahmen gibt oder die sich allen Hilfeangeboten entziehen wollen. Bei diesen Jugendlichen handelt es sich zum einen um solche in besonderen Lebenskrisen, mit schweren Belastungen, in aktuell gefährdeten Situationen (z. B. im Punker-, Prostituierten- und Nichtseßhaftenmilieu), die eine besondere Betreuung und Inobhutnahme benötigen; nach dem neuen Kinder- und Jugendhilfegesetz (KJHG) sind bei diesen Jugendlichen die Hilfen zur Erziehung gemäß § 34 (Heimerziehung), § 35 (intensive sozialpädagogische Einzelbetreuung) und Inobhutnahme (§ 42) angezeigt. Zum anderen betrifft es Jungen und Mädchen, die längere und mehrfach wechselnde Heimaufenthalte hinter sich haben und die in dem üblichen „Heimsetting" nicht genügend gefördert werden können und für eine Einzelbetreuung noch zu unselbständig wirken. Nach unserer Schätzung gibt es pro Jahrgang allein in Niedersachsen mindestens 250 Jugendliche, die dieser Klientel zugerechnet werden können und die an die Jugendhilfe herantreten oder schon betreut werden. Diese Jugendlichen sind nicht nur das „Sorgenkind" der Jugendhilfe, sondern auch das „Stiefkind" sozialwissenschaftlicher Forschung. Die aktuelle Forschungslage ist nicht gerade üppig. Das Forschungsinteresse an dieser Klientel, die wir im folgenden „psychosozial schwer belastete Jugendliche" nennen, war während der 70er Jahre stärker, nahm aber im Zuge der Heimreform ab. Es wurde etwa in der Mitte der 80er Jahre wieder mehr belebt, und zwar im Zusammenhang mit der Diskussion um Abschaffung der geschlossenen Heimerziehung (vgl. Institut für Sozialarbeit und Sozialpädagogik 1986; v. Wolffersdorff/Sprau-Kuhlen 1990) und durch die verstärkte Suche nach und der Erprobung neuer Betreuungsformen als Alternativen zur geschlossenen Unterbringung. Als beispielhaft sind hier zu nennen die Modellevaluation von Kupko (1985), D. und W. Hosemann (1986) und die zusammenfassende Auswertung des hessischen Modellprogramms zur heilpädagogischen Intensivbetreuung von Birtsch (1986). Das wiederaufblühende öffentliche Interesse an dieser schwierigen Jugendhilfeklientel steht auch vor dem Hintergrund einer in den letzten Jahren verstärkten selbstkritischen Reflexion der Heimerziehung (Planungsgruppe Petra 1987; 1988; Freigang 1986; Cobus-Schwertner 1984) sowie dem Bemühen um Verbesserung der Kooperation von Jugendhilfe und Jugendpsychiatrie, die u. a. bei dieser Klientel angebracht ist (vgl. Gintzel/Schone 1989; 1990).

2. Für diese Fallgruppe von Jugendlichen plante und realisierte ein kleiner Trägerverein der Jugendhilfe, Betreiber eines Heims, einer Kindertagesstätte und einiger Wohngruppen, das *Praxis-Projekt*, nämlich pädagogische Erfahrungs-, Intensiv- oder Erlebniskurse — ein wirklich angemessenes Vokabular zu finden ist schwierig. In Zusammenarbeit mit Jugendämtern und anderen Heim-Trägern wurden insgesamt 18 Jugendliche aus dem Einzugsbereich zweier Landesjugendämter ausgewählt (13 Jungen, 5 Mädchen), deren aktuelle sozialpädagogische Betreuerinnen und Betreuer keine produktive Chance in der Fortsetzung bisheriger Maßnahmen mehr sahen und für die auch befriedigendere Alternativen nicht in Sicht waren. Die Kurse sollten, wie auch schon von anderen Maßnahme-Trägern versucht, in einem ungewohnten, aber gleichwohl stimulierenden, herausfordernden Umfeld stattfinden, ohne dabei das Risiko möglicher Überforderung der Jugendlichen einzugehen. Die Kosten sollten, von Spezialausrüstungen abgesehen (Zelte, Wohnwagen, Tauchgeräte, Boote), die geltenden Pflegesätze nicht übersteigen.

Nach Maßgabe dieser Gesichtspunkte wurde für 2 Jungenkurse (6 bzw. 7 Jugendliche pro Kurs) ein Flußmündungsgebiet auf der Insel Korsika ausgewählt, für die Mädchengruppe ein Bauernhof in den Pyrenäen. Wie auch sonst in Heimen üblich, war das proportionale Verhältnis des pädagogischen Personals zu den Jugendlichen 1:2. Die „Erfahrungs-Phase" — die Jungen lebten in Zelten, die Mädchen in festem Haus bzw. Wohnwagen — dauerte 5 bzw. 7 Monate. An diese Zeit schloß sich eine „Integrationsphase" an, in der die Eingliederung in Lebensnormalität versucht wurde; sie betraf vor allem Wohnbedingungen, Arbeitsvermittlung und evtl. Schulabschlüsse; eine Zurückeinweisung in stationäre Einrichtungen sollte möglichst vermieden werden. Die „Erfahrungsphase" war, es läßt sich nicht leugnen, eine Art von kaschierter geschlossener Unterbringung: das kulturelle Umfeld war sprachlich fremd, die passablen Überlebenschancen außerhalb der Kleinst-Kolonie mußten den Jugendlichen gering erscheinen, die Wege nach Deutschland waren zu weit und zu aufwendig (dennoch haben 2 Mädchen den Weg von den Pyrenäen nach Amsterdam geschafft). Überdies versprach die dichte Betreuung über alle 24 Stunden des Tages hinweg durch die immer gleichen Bezugspersonen Sicherheit, Zuverlässigkeit, Beziehungsdichte. Außerdem war der Tagesablauf durch die materiellen Herausforderungen durchsichtig und überzeugend strukturiert: bei den Jungen auf Korsika durch Einrichtung eines gemeinsamen Wohnzeltes, Rodung von Macchia-Wildnis, Bau von Backofen und Herd, Versorgung der technischen Geräte (Boote und Tauchausrüstung), Hilfsarbeiten bei umliegenden Einheimischen zur Aufbesserung des Budgets; bei den Mädchen in den Pyrenäen durch die verabredete und existenznotwendige Mithilfe bei der Versorgung von Tieren, bei Schlachtung und Feldbestellung (nur stundenweise am

Tag), durch sowohl materiell als auch symbolisch akzeptable Gestaltung der übrigen Zeit, in der Herstellung von Schmuck und Kleidung, für sich selbst und auch auf dem Markt präsentabel. Zudem sollte auch die weitere Perspektive nicht fehlen, das Fortkommen nach der Rückkehr; eine gewichtige Rolle spielte deshalb der Unterricht, zwar regelmäßig durchgeführt, in den Gegenständen aber sehr dicht an den Alltagserfahrungen im fremden Land orientiert.

Die Erfolgsbilanz dieser drei Kurse, statistisch ohnehin unerheblich, ist schwer einzuschätzen. Die nackten Daten sind diese: Ein Drittel, also sechs Jugendliche, haben keinen dauerhaften Gewinn daraus ziehen können; ihre Karriere setzte sich fort als Gefängnisaufenthalt, psychiatrische Unterbringung, Trebe. Sieben Jugendliche leben in einer nicht prognostizierbaren Zwischen-Lage. Nur für fünf Jugendliche können wir sagen, daß sie, wenigstens für sich selbst, eine annehmbare und zuverlässige soziale Lokalisierung gefunden haben. Das war vorherzusehen. Derartige Erfahrungen liefern Argumente, oder wenigstens begründete Vermutungen, nach zwei Seiten hin: Ein naiver Optimismus im Hinblick auf den Erfolg derartiger Unternehmungen — auf Schiffen, in Kanada, Korsika, den Alpen oder anderswo — ist unangebracht; ein Dreivierteljahr auch intensivster Betreuung kann nicht zuverlässig gutmachen, was an diesen Jugendlichen 16 Jahre lang schlechtgemacht wurde; aber eine verläßliche Dokumentation, ein sorgfältiger Vergleich zwischen solchen Projekten wäre wohl weiterführend — wenn sie denn sorgfältig dokumentiert und öffentlich zugänglich gemacht und nicht nur als Erfolgsbericht stilisiert würden. Andererseits: Woher können wir denn wissen, daß die Erinnerung an ein solches halbes oder dreiviertel Jahr nicht viel später — auch für die, die nun gerade in Jugendstrafe festgehalten werden — noch eine Wirkung entfaltet, die in der empiristischen Effektivitäts-Kontrolle von Ausgangsbedingung, Treatment-Arrangement und Lernzielrealisierung gar nicht erfaßt werden kann? Für den, der sich pädagogisches Handeln nach den Regeln des Machbarkeits-Mythos vorstellt, ist das freilich unbefriedigend. Es gibt aber auch die pädagogische Maxime, nach der die erfüllte Gegenwart einer nur schwer kalkulierbaren Zukunft nicht aufgeopfert werden dürfe und also das Beurteilungskriterium nicht im künftigen Effekt, sondern in der befriedigend und sinnhaft erlebten Gegenwart liegt.

3. Die *wissenschaftliche Begleitung* hatte sich mit derartigen Problemen, vor allem aber mit der Dokumentation der Ereignisse zu befassen. Diese Dokumentation umfaßte mehr, als wir in diesem Buch zur Darstellungen bringen. Wenngleich wir aber die Materialerhebungen unter der, im Laufe des Projekts erst allmählich entstandenen, Frage nach den Möglichkeiten einer sozialpädagogisch-hermeneutischen Diagnose auswerten, bilden doch sämtliche Erhebungsschritte, alle Dokumentationsarten den Hintergrund unserer Erörterungen. Wir haben vor al-

16

lem die folgenden Erhebungs- bzw. Dokumentationssorten ins Spiel gebracht:

— Mit allen Jugendlichen wurden drei intensive Gespräche („narrative Interviews") geführt: eins zu Beginn des Projekts, ein weiteres am Höhepunkt des Kurses im Ausland, ein drittes während der Integrationsphase, mit Rückblick auf den Kurs und Vorblick auf die von den Jugendlichen erwartete Zukunft.

— Uns waren die Akten der Jugendlichen zugänglich; diese enthielten sowohl die je familiäre und institutionelle Karriere als auch die Diagnosen, die von den verschiedenen Instanzen gestellt wurden.

— Die Erzieher und Erzieherinnen haben — auf Korsika und in den Pyrenäen — wöchentliche Berichtsprotokolle auf Tonband gesprochen und uns zur Auswertung überlassen. Diese Protokolle enthalten Beschreibungen des Gesamtzustandes der Gruppe und der Umstände, Beziehungsprobleme und solche der Gruppendynamik, vor allem aber Einzelbeobachtungen zum Verhalten der Jugendlichen, zu ihren Gesprächen, Kontakten, Erzählungen, Tätigkeiten, Stärken und Schwächen.

— Schließlich wurden Fotoserien angefertigt, zum Teil von der wissenschaftlichen Begleitung, zum Teil von den Jugendlichen selbst erstellt. Die wissenschaftliche Begleitung hat überdies einen Video-Film produziert, allerdings nur vom ersten der beiden Kurse auf Korsika.

— Auf der Grundlage der Interviews, die zu Beginn des Projektes durchgeführt wurden, wurde für jeden Jugendlichen eine „sozialpädagogische Diagnose" angefertigt, die den Erziehern als (kritisierbarer, korrigierbarer) Leitfaden für ihre pädagogische Arbeit dienen sollte.

Alle diese Materialien waren nicht nur den Erziehern, sondern auch den Jugendlichen zugänglich. Diese aber haben von der Möglichkeit der Einblicknahme nur begrenzt Gebrauch gemacht. Man kann unsere Arbeit also, in älterer Terminologie, als sozialpädagogische Handlungsforschung bezeichnen. Wir bevorzugen den schlichteren Ausdruck „wissenschaftliche Begleitung". Weder wissen wir, ob das Objekt unserer Erhebungen wirklich „Handlungen" waren oder nicht eher doch nur deren Deutungen; noch wissen wir, ob unsere wissenschaftliche Dokumentation das pädagogische Handeln wirklich hat verändern, gar verbessern können. Derartiges darf man vielleicht nur, wie in der Wissenschaft ohnehin der Regelfall, über viele Umwege und größere Zeitdistanzen hinweg erwarten.

Im Hinblick auf *eine* Fragestellung schien uns indessen unser Material genug Nachdenkenswertes zu bieten: Sind die Informationen, die wir von den Jugendlichen und über sie (durch die Erzieher) erhielten, hinreichend und dicht genug, um eine je besondere, „sozialpädagogische" Diagnose stellen zu können? Würde der Projektverlauf uns gestatten, diese Anfangsdiagnose zu überprüfen? Würden die Erzieher bereit sein, sich mit unseren diagnostischen Vorstellungen auseinanderzusetzen? Und vor allem: Was überhaupt könnte eine pädagogische Diagnose auszeichnen, im Unterschied zu den bereits gebräuchlichen und bewährten? Unsere Hypothese ist diese: Eine sozialpädagogische Diagnose sollte ihre Behauptungen in mindestens zwei Dimensionen formulieren; sie soll Auskunft geben über die *Lebensthematik*, mit der die diagnostizierte Klientel befaßt ist, und sie soll die *Tätigkeiten* benennen, die dieser Thematik entsprechen und zugleich geeignet sind, die Bildungsbewegung weiterzutreiben, in der sich der Jugendliche befindet, und zwar in einer für ihn selbst befriedigenden und für andere sozial erträglichen Richtung. Das ist, angesichts der Vieldimensionalität anderer Diagnoseverfahren, ein relativ bescheidener Anspruch. Er ist aber deshalb nicht einfach, auch nicht rasch zu erledigen; denn er enthält nicht weniger, als den Jugendlichen *verstehen* zu wollen. Dafür aber sind die zwei Dimensionen nur eine erste und grobe heuristische Vorgabe. Das soll im folgenden erläutert werden.

2. Sozialpädagogisch-hermeneutische Diagnosen

Für das, was wir im folgenden erörtern und darstellen möchten, sind die im Titel gewählten Vokabeln vielleicht zu anspruchsvoll. Es ist nicht unsere Absicht, durch schwierige Ausdrücke imponieren zu wollen. Im Gegenteil: Wir möchten erörtern, ob wir, neben den psychologisch und medizinisch professionellen Wegen und Sprachspielen der Diagnose verhaltensschwieriger Jugendlicher, noch einen anderen Diagnose-Weg gelten lassen könnten, der sich einerseits der pädagogischen Alltagssprache bedient und der andererseits die Redeformen, in denen solche Jugendliche ihre eigene Lage, ihre Erfahrungen, ihre Erlebensweise darzustellen suchen, als wahrhaftige Äußerungen über sich selbst ernst nimmt.

Das ist keine schlechterdings neue Idee. Ihre Geschichte und Vorgeschichte ist, für den deutschen Sprachraum, mindestens 20 Jahre alt. Das soll hier nicht im einzelnen beschrieben werden; auf einige wichtige Komponenten möchten wir aber wenigstens hinweisen — einerseits um den Eindruck angemaßter Originalität zu vermeiden, andererseits um deutlich zu machen, daß die Herkunft dieses „Projektes" wissenschaftsgeschichtlich breiter gestreuten Quellen zu verdanken ist, als es in der programmatischen sozialpädagogischen und Jugendhilfe-Literatur gelegentlich den Anschein hat.

— Den Anfang, wenn wir recht sehen, machte die Rezeption des *symbolischen Interaktionismus* durch die Pädagogik (z. B. Mollenhauer 1972, Thiersch 1973, 1977). Ein wesentliches Element dieser Theorie-Tradition war die Annahme, daß das, was ein Mensch aktuell ist, sich in seinen sozialen Etiketten ebenso zeigt wie in seinen Selbst-Entwürfen. Institutionelle Zuschreibungen, „Stigmatisierungen" — und dazu gehört auch das Vokabular der verschiedenen Varianten von „Diagnose" — gerieten so in den Verdacht, nur gleichsam die Hälfte der Wahrheit mitzuteilen.

— Will man diese Hypothese aufrechterhalten oder will man sie gar empirisch überprüfen, dann muß man sich methodische Operationen einfallen lassen, mit deren Hilfe das möglich ist. Die „Ethnomethodologie" hat das versucht (Garfinkel 1967, Cicourel 1975, Parmentier 1983), mit zum Teil verblüffenden Ergebnissen. Durch teils sehr trickreich angelegte Interviews und Feldexperimente wurde gezeigt, wie stark die Zuschreibungen der öffentlichen, zumal der generalisierten verwissenschaftlichten Rede von dem abweichen, was Personen in wenig typisierten Situationen über ihr Selbst- und Weltverhältnis erzählen, ohne daß entschieden werden könnte, welches etwa die „wahre" Version sei.

— Diese Forschungsrichtung konnte sich bereits auf eine erkenntnistheoretisch und sozialphilosophisch interessierte Diskussion stützen (hier vor allem der wohl meistzitierte Alfred Schütz 1974), als Begründung für jene „ethnomethodologischen" Untersuchungen. Die Frage war hier, in welchen Dimensionen (z. B. Zeit, Raum, Sozialwelt) eine Person ihre lebenswichtigen Gewißheiten bestimmt, wie sie also ihre *Lebenswelt* konstituiert. Im Unterschied zu gegenwärtig nicht seltenem Sprachgebrauch bedeutet „Lebenswelt" hier nicht eine soziale Lage von Individuen — so als könnte man zu solchen Lagen, nach verschiedenen Gesichtspunkten geordnet, etwa materielle Disparitäten, Regionen, Ethnien usw. zählen —, sondern das erkenntnistheoretische Problem: wie kommen wir überhaupt zu subjektiven Gewißheiten, die auch bei peinlicher Selbstprüfung nicht in Zweifel gezogen werden können?

— Interaktionismus, Ethnomethodologie und Lebenswelt-Reflexion führten dann zum methodischen Konzept des *„narrativen Interviews"*, das heute im Rahmen der qualitativen Sozialforschung — als Konkurrenten gibt es auch das „nicht-strukturierte", auch das „Tiefen"-Interview und andere Formen des Erkenntniszugangs für solche Probleme, die nicht vordringlich einer quantifizierenden Bearbeitung bedürfen — einen relativ sicheren Platz hat (Schütz 1974, Soeffner 1979). Es geht dabei um eine Gesprächsform, die, durch die Art der Gesprächsführung, den Probanden/Interviewpartner zu möglichst reichhaltigen Erzählungen (narrativ) über sich und seine Lebensumstände veranlassen soll und (dies ist allerdings nur einer von mehreren möglichen Zwecken bei einem solchen Interview) die auf diese Weise Einblick gewährt in das, was seine „Lebenswelt" konstituiert. Ist man theoretisch nicht allzu anspruchsvoll, kann man auch noch Gesprächsführungs-Vorschläge der Gesprächstherapie nach Rogers in den Umkreis dieser Bemühungen einbeziehen.

— Derartige Schritte der Wissenschaftsgeschichte, kräftig gefördert und teils sogar hervorgebracht durch Interessen der Praxis, schärften die Sensibilität für zwei „Kulturen" — wenn wir hier so abgekürzt reden dürfen: es gibt offenbar die Differenz zwischen der Kultur wissenschaftlicher Generalisierungen, öffentlicher Verwaltungen, diagnostischer Zuschreibungen u. a. und der Kultur individuell erzeugten Lebenssinns, persönlicher Gewißheiten, subjekt-bestimmter Kommunikation. Da nun einerseits das Verallgemeinert-Öffentliche auf die unzähligen Individuen, andererseits das Individuell-Private auf das Öffentlich-Allgemeine (schon durch die Sprache) angewiesen ist, nimmt es nicht wunder, wenn gleichzeitig das pädagogische Interesse an allem *Autobiographischen* stark anwuchs (z. B. Baacke/Schulze 1979, Jens/Thiersch 1987). Eine Autobiographie muß durch die Art ihrer Darstellung — wenn sie nicht zum Klischee einer öffentlich stilisierten Selbstrechtfertigung oder zum bloß subjektivistischen Ausdrucksverhalten verkümmern will — viele Balancen bewältigen: Wahrhaftigkeit der Selbstlokalisierung, historische und soziale Selbstdarstellung, Akzeptierbarkeit durch ein Lese-Publikum, Individualitäts-Behauptung usw..

Derartige Komponenten der Zeit- und Wissenschaftsgeschichte wirken zusammen, wenn wir hier von dem Projekt einer „sozialpädagogisch-hermeneutischen Diagnose" sprechen. Die vielen Ansätze, die es in dieser Hinsicht und in den zurückliegenden Jahren schon gegeben hat, insbesondere im Felde der Jugendhilfe, sollen indessen nicht referiert werden, zumal die Etiketten, unter denen dies geschah, häufig wechselten. Auf gar keinen Fall wollen wir mit unserer bescheidenen und eher die verschiedenen Tendenzen zusammenfassenden Idee ein neues „Paradigma" oder eine „Wende" vorschlagen. Wenn schon von „Paradigmen" die Rede sein soll — wie in der Pädagogik gerade üblich —, dann gehört unser Vorschlag dem „hermeneutischen" Paradigma wissenschaftlicher Erkenntniswege zu, ist also, unbeschadet einiger Variationen, ungefähr 200 Jahre alt. Die gelegentlich auch im Kontext von Jugendhilfe-Theorie verwendeten und von uns teils oben zur Beschreibung der „Herkunft" verwendeten Vokabeln — Interaktion, Stigmatisierung, Lebenswelt, Alltag, Ganzheitlichkeit, Empathie, Kommunikation, qualitative Sozialforschung, narratives Interview, Tiefenhermeneutik usw. — gehören diesem hermeneutischen Paradigma zu. Schleiermacher hatte es entworfen (vgl. Frank 1977); die Psychoanalyse (Freud, Lorenzer), die Sozialphilosophie (Simmel, Schütz), die Soziologie (Oevermann, Soeffner) haben es differenziert und modifiziert; in dieser ganzen Tradition aber war die Frage leitend, wie das in Bildung begriffene Subjekt sich zu dem verhält, was als gesellschaftlich Allgemeines (in der Sprache, den Ritualen, den Gesetzen, den Institutionen) gilt; und diese Frage — deshalb zeigt sie jenes alte Paradigma an — ist methodisch nicht anders zugänglich als so, daß die Dokumente von Einzelsubjekten den gleichen Rang haben wie Dokumente, die kollektive Milieus, proportionierbare Quantitäten, verallgemeinerte Lebenslagen zur Sprache bringen. Unter diesen Voraussetzungen wollen wir nun zu präzisieren versuchen, was eine „sozialpädagogisch-hermeneutische Diagnose" ist.

explorierend
auslegende?

Begriff und Begründung

Wer heute als Pädagoge von „Diagnose" spricht, begibt sich in ein schwieriges Feld. Im Bereich der Jugendhilfe/Sozialpädagogik jedenfalls ist in dieser Hinsicht eine professionelle Kompetenz nur von Psychologen, Psychiatern und Psychoanalytikern zu erwarten. Der Ausdruck „psychosoziale Diagnose" versucht, diesen Mangel zu kompensieren, und zwar dadurch, daß eine Diagnose-Form gesucht wird, die sich, stärker als in anderen üblich, in das soziale Lebensfeld des Klienten hineinbegibt. Aber auch psychosoziale Diagnosen entgehen nicht der Schwierigkeit, standardisierende, also verallgemeinernd-etikettierende Zuschreibungen zu verwenden, es sei denn, sie entschließen sich zu einer Art von Blickwechsel.

Im Bewußtsein dieser Schwierigkeit wurde, wie schon in der Einleitung erwähnt, das Problem auch im Achten Jugendbericht (Bundesminister für Jugend, Familie, Frauen und Gesundheit 1990) erörtert. Unter dem Namen „Zuweisungskriterien/Diagnosen" wurden Gesichtspunkte vorgeschlagen, die für eine sozialpädagogische Diagnostik leitend sein könnten. Dort heißt es:

„Zuweisungskriterien müssen auf die Entsprechung von Erziehungs- und Lebensschwierigkeiten und institutionellen Möglichkeiten der Jugendhilfe zielen; sie müssen so zwei in sich komplexe Faktorenbündel miteinander verbinden.

Schwierigkeiten von Heranwachsenden und Familien einzuschätzen bedeutet zunächst: diese Schwierigkeiten als Ausdruck von Problemlösungsversuchen zu akzeptieren, also von Anstrengung, Kampf und Phantasie, um in gegebenen Umständen das eigene Leben arrangieren zu können, diese Schwierigkeiten also zunächst aus dem Erfahrungs- und Verständnishorizont der Adressaten zu sehen." (S. 132)

Es folgen noch weitere Gesichtspunkte. Mit gutem Grund aber umgeht der Text die Formulierung von Zuweisungskriterien — Kriterien also, die einerseits hinreichend allgemein sind, um andererseits die Zuweisung zu irgendeiner der institutionellen Hilfe-Formen zu ermöglichen. Es wird gleichsam die diagnostische Lücke zwischen wissenschaftlich-professioneller Diagnostik und der pädagogischen Praxis benannt und nach zwei Seiten hin Skepsis geäußert:

„Die institutionellen Zwänge der Jugendhilfe verführen zu Verkürzungen, z.B. zu Erwartungen, daß Probleme in gesetzlich vorgegebene Maßnahmen oder Strukturen hineindefiniert werden, also in die traditionell individualisierenden Verständnismuster verwaltungstechnischer, pädagogischer oder therapeutischer Provenienz (deren Wirkung oft noch verstärkt wird durch die reduktionistischen und stigmatisierenden Konsequenzen von Fallberichterstattung und Aktenführung." (S. 133)

In diesen „Maßnahmen und Strukturen" dokumentiert sich *auch* das auf Objektivierung und Verallgemeinerung gerichtete Interesse der Wissenschaft; die Zurückhaltung gegenüber einem zuverlässigen Zuweisungs- und Diagnose-Katalog enthält ein Stück weit Zweifel an der Wissenschaft. Zur anderen Seite hin aber wird gerade ein Mangel an Wissenschaft in der Praxis beklagt: Auch das Alltagswissen der Praxis bringt Schematisierungen, Verallgemeinerungen also, hervor; die Vertrautheit mit „Wissenschaftskonzepten" können indessen vielleicht davor schützen:

„So ist es naheliegend, daß Alltagswissen bestimmend wird, also schematisierende Einstellungen oder Vorstellungen, wie sie aus dem Arbeitsinteresse innerhalb einer Institution oder Maßnahme stammen und sie stützen. Untersuchungen zur Beratung in Ämtern machen deutlich, wie sehr hier Alltagserfahrungen und Alltagswissen (mit allen Konsequenzen einer eher individualisierenden und ‚pathologisierenden' Verhaltenszuschreibung) die Praxis bestimmen (Expertise Nr. 2, Böllert/Otto) und wie wenig Alltagserfahrung und Wissenschaftskonzepte miteinander verbunden sind." (S. 133)

Es scheint also, als plädiere auch der Jugendbericht für ein Hin und Her des diagnostischen Blicks, für Blickwechsel. Dieser Blickwechsel hat offenbar etwas zu tun mit dem Unterschied zwischen jenen, die in der alltäglichen Praxis mit Einzelfällen konfrontiert sind und für diese sich eine Vorstellung angemessener Weisen des Umgangs, pädagogisch oder therapeutisch, machen müssen – und denen, deren Interesse sich auf verallgemeinerte Strategien richtet, zumeist in Wissenschaft und Administration. Streit über angemessene Formen von Diagnostik oder gar über deren Sinn überhaupt entsteht denn auch zumeist zwischen sozialpädagogischen Praktikern und wissenschaftlich professionalisierten Diagnostikern (vor allem in Psychologie und Psychiatrie). Der Streit wird gelegentlich noch dadurch dramatisiert, daß diese beiden Gruppen in der Regel hierarchisch unterschiedene Berufsstatus-Gruppen sind. Der Kinder- und Jugendpsychiater Martin Schmidt hat die damit angedeutete Problemstellung tabellarisch plausibel zu machen versucht.

Was wir den Blickwechsel nannten, ist hier typisierend zusammengefaßt, nicht nur als Beschreibung der Merkmale jedes der beiden Blicke, sondern auch als Charakterisierung der jeweiligen Risiken, d. h. der unerwünschten Folgen. Sehr deutlich tritt an dieser Klassifikation hervor, welches der vorherrschende Klassifikationsgesichtspunkt des Autors war: das wissenschaftlich erzeugte „Regelverständnis" erfordert eher kognitive, die Einzelfall-Intervention eher emotive Kompetenzen – also „Diagnostiker" dort, „Praktiker" hier: erkenntnislogisch versus affektlogisch, einfühlend versus distanziert, subjektive Realität versus gemeinsame Realität usw..

Einzelfall/Intervention	*Regelverständnis/Wissenschaft*
Merkmale	
Modelle heuristisch	Modelle empirisch
Organisation affektlogisch	Organisation erkenntnislogisch
mehr einfühlend	mehr distanzierend
zeitgleich	zeitversetzt
verdichtend	zergliedernd
patientenspezifisch	patientenübergreifend
subjektive Realität	gemeinsame Realität
pragmatisch	systematisch
nicht zwingend prädikativ	zwingend prädikativ
Risiken	
allein affektives Erleben	allein kognitives Erleben
Involvierung	Distanzierung
falsche Verallgemeinerung	falsche Individualisierung
Komplexität	Atomismus
hohe Stimmigkeit	fehlende Stimmigkeit
alleiniges Nachfühlen	alleiniges Nachdenken

(Schmidt in Gintzel/Schone 1990, S. 106)

Daß die wissenschaftliche Tätigkeit von anderer Art ist als die praktisch intervenierende, kann nicht gut bestritten werden. Ebenso plausibel ist es, wenn auch für Einzelfall-Interventionen, zumal wenn es um sozialpädagogische Vorbeugung/Prävention gehen soll, geltend gemacht wird, daß wissenschaftlich erzeugtes Regelwissen nicht nur nützlich, sondern gelegentlich sogar notwendig ist. Schwierig, d. h. fragwürdig und korrekturbedürftig ist aber die in jener Klassifikation enthaltene Annahme (so im Titel der hier zitierten Arbeit), alles „Hermeneutische" gehöre der Einzelfall-Intervention zu, und zwar unterschieden vom „Empirischen" der Wissenschaft. Diese Zuordnung, so nützlich sie für die Erläuterung eines Problems sein mag, konstruiert eine Frontlinie, die Sozialpädagogen nicht ohne weiteres akzeptieren müssen: einerseits Empirie, Wissenschaft, Regelwissen, Erkenntnis (kombiniert mit hohem Status) – andererseits Hermeneutik, Einzelfall-Intervention, Einfühlung (kombiniert mit niedrigem Status).

Von den wissens- und berufssoziologischen Komponenten des Problems wollen wir hier absehen. Allein: schon von der Sache „Hermeneutik" und ihrer Wissenschaftsgeschichte her muß jene Klassifikation bedenklich erscheinen, denn sie optiert für einen „Wissenschafts"-Begriff, der durchaus strittig ist. Das ist sozialpädagogisch folgenreich, jedenfalls dann, wenn es sich dabei nicht nur um ein wissenschaftstheoretisches Problem handelt, nur für wenige Fachleute von Interesse, sondern um eines mit berufspolitischen und praxeologischen Konsequenzen. Würde man, der oben benannten Frontlinie entsprechend, die „hermeneutischen" Verfahren *nicht* dem Korpus wissenschaftlicher Methodik zurechnen, dann fielen dieser Klassifikation ganz wesentliche Teile der Geisteswissenschaften zum Opfer. Um die Sachlage zu vereinfachen – schließlich wollen wir unsere Leser hier nicht mit wissenschaftstheoretischen Kontroversen behelligen –, sprechen wir im folgenden nicht mehr von „Wissenschaft", sondern von „rationaler Argumentation". Innerhalb dieser Argumentationen gibt es verschiedene Typen, u. a. auch den Typus quantifizierender, statistisch gesicherter „empirischer" Argumentation und den anderen Typus textverstehender, interpretierender, Bedeutungen herausarbeitender, „hermeneutischer" Argumentationen. Das soll erläutert werden.

Was wir als das „Seelische" eines Menschen bezeichnen, gar als das „Gemeinschaftlich-Seelische" (Psychosoziale), ist, wie jedermann weiß, ein höchst schwieriger Sachverhalt. Es ist eine Konstruktion, aber eine solche, die wir offensichtlich unabdingbar benötigen, um uns überhaupt wechselseitig verstehen zu können. Alle Sätze, in denen wir „Seelisches" formulieren, sind deshalb nicht mehr als Vermutungen. Da wir auf diese Vermutungen aber unbedingt angewiesen sind, sofern wir uns überhaupt „intersubjektiv" verstehen wollen, sind wir auch darauf angewiesen, solchen Vermutungen den Charakter einer möglichst überzeugenden Behauptung zu geben. Die Geschichte unserer Gattung ist, verständlicherweise, deshalb auch voll von solchen Überzeugungsversuchen. Jeder dieser Versuche verwendet dabei ein je eigentümliches Vokabular oder Instrumentarium, das als relativ zuverlässiger Indikator für das vermutete Seelische genommen wird: szenisch-mythische Erzählungen, Körpersäfte, poetische Redeformen, archetypische Figurationen, neuro-chemische Prozesse usw. Allen Bemühungen unserer Gattung, in dieser Hinsicht Zuverlässigkeit zu sichern, ist eines gemeinsam: es sind immer hypothetische Verfahren des Schließens von einer beobachteten, dem sich äußernden Individuum bewußten oder nicht bewußten Äußerung auf das, was wir Seele nennen.

Andererseits gibt es, trotz des prinzipiellen Vermutungscharakters jener Rückschlüsse, die merkwürdige Gewißheitserfahrung mit uns selbst, als je einzelner Person. Wir verwenden nicht nur selbstverständlich das Wort „Ich" in unseren Sätzen, dieses „Ich" sagt sogar etwas über „sich" aus, womit dann die weitere Merkwürdigkeit verbunden ist, daß wir aus „selbst" ein Substantiv machen und nun von unserem „Selbst" reden, als handele es sich dabei um eine Substanz, deren Dasein für uns ganz unbezweifelbar sicher wäre. Es ist auch ganz und gar sinnlos, die Gewißheit solcher Aussagen gleichsam von außen, vom Beobachterblick her, zu bezweifeln. Wenn ich deprimiert bin oder, in poetischem Ausdruck, sage, „meine Seele ist betrübt", gibt es schlechterdings keine logische oder empirische Möglichkeit, die Wahrheit dieses Satzes mit Gründen zu bezweifeln.

Das mag spitzfindig und wenig professionell klingen. Aber es ist, wenn es zutreffen sollte, ziemlich folgenreich. Wir können uns also in der Suche nach dem Seelischen offenbar von verschiedenen Seiten her nähern: wir können, in gleichsam naturwissenschaftlicher Einstellung, dem nachforschen, was somatisch jener Depression oder jenem seelischen Betrübtsein zugrunde liegen könnte, und dann dem Leibhaushalt der Zirkulation von Säften, von cerebralen Vorgängen, von biochemischen Ungleichgewichten usw. nachgehen. Wir können andererseits auch, in hermeneutischer Einstellung, die symbolischen Botschaften zu entschlüsseln versuchen, die ein derart depressives oder betrübtes Individuum uns übermittelt und so weniger nach den somatischen Ursachen, sondern eher nach den lebensthematischen Bedeutungen fragen, die uns darin mitgeteilt werden, vornehmlich in der Rede, der Körpergeste, den ästhetischen Ausdrucksformen. Ebendies möchten wir hier versuchen, im Sinne einer Komponente im Spektrum möglicher Zugänge zu dem, was wir „die Wirklichkeit des Seelischen" nennen, noch dazu eingeschränkt auf das Medium sprachlicher Mitteilungen.

Es ist also irreführend, die „hermeneutische" Bemühung der Intuition, dem Fühlen, dem Affektiven zuzurechnen und die „empirische" der objektivierten Erkenntnis, dem Kognitiven, den Verstandesoperationen. Vielmehr ist es so, daß beides Erkenntniswege sind, allerdings in einer wichtigen Hinsicht unterschieden:

Der szientifische Weg, der Versuch also, über die Produktion von Regelwissen zu zuverlässigen Symptomatologien, zu möglichst eindeutigen und generalisierten Zuordnungen von beobachtetem Verhalten und dessen Verursachung, so auch zu derart zuverlässigen Diagnosen zu kommen, daß sie zur Prognose taugen, nutzt die Möglichkeit eines subsumptionslogischen Verfahrens: der einzelne Fall, das zunächst ganz individuell Erscheinende — die Liebe zum Feuer, das „Zündeln" beispielsweise, oder die schwer verständliche Hautentzündung, die mal kommt und dann wieder vergeht, oder die plötzlich auftretenden Gewaltausbrüche oder die Apathie eines Jugendlichen, der morgens überhaupt nicht aufstehen mag — derartiges wird dadurch dem Verständnis nähergebracht (auch „Erklärungen" sind nichts anderes als Hilfen zum Verstehen), daß dieser Einzelfall einem verallgemeinerten Wissen zugeordnet wird; dieses Wissen ist in Begriffen aufgehoben, die als zuverlässig gelten. Dies ist die eine Weise der Erkenntnis.

Eine andere Weise der Erkenntnis geht gleichsam umgekehrt vor. Sie läßt sich zunächst durch die herrschenden „Verstandesbegriffe" (Kant) nicht beirren und fragt im ersten Schritt danach, wie ein Ereignis uns erscheint („Phänomen"), wie es uns zu Sinnen kommt und welche Art von Vernunfttätigkeit nun gefordert sei. Das erfordert eine Art von Disziplin: mußte der „szientifische" Beobachter in sich alle Impulse unterdrücken oder einklammern, die seiner Bekanntschaft mit der Komplexität vieler Einzelfälle entstammen mögen, so muß nun der „Hermeneutiker" all jene Wissensbestände kontrollieren, zurückhalten, die ihn veranlassen könnten, den einzelnen Fall, den er vor sich hat, den „Text", den er liest oder sieht (eine sprachliche Äußerung, eine Haar-Frisur) einem der geläufigen Verstandesbegriffe unterzuordnen. Das ist um so schwieriger, als ja dieses eigentümliche Spiel zwischen Phänomenen und Verstandesbegriffen zum Alltag unserer Interaktionen gehört. Wir sind wenig geschützt gegen die unwillkürliche subsumptionslogische Operation, das modische Outfit eines „Skinheads" unter den Verstandesbegriff „Neofaschist" zu subsumieren, den kleinkriminellen und zündelnden Jugendlichen unter „Mutter-Entbehrung", den Langschläfer und Anstrengungsunwilligen unter „narzißtisch" oder „antriebsschwach". Hier macht sich bemerkbar, wie tief die subsumptionslogische Mentalität auch in unseren vorwissenschaftlichen Einstellungen liegt. Aus diesem Grunde ist kognitive Disziplin geboten, und zwar gegenüber jeder Form angeblich allgemein geltender Verstandesbegriffe, gleichviel ob diese der „Wissenschaft" oder den kulturell eingespielten Verallgemeinerungen alltäglicher Kommunikation entstammen. Diese Einstellung ist ebenso „künstlich" wie die szientifische. Der zuverlässige Bote (Hermes) nämlich muß sich, im idealisierten Fall, sowohl der in wissenschaftlichen Verstandesbegriffen zusammengefaßten allgemeinen Klassifikationsregeln als auch der im Lebensalltag herrschenden Etikettierungen, Zuschreibungen, Typisierungen enthalten, wenn er der Aufgabe genügen will, die phänomenale Botschaft getreu („authentisch") zu übermitteln. Kant nannte diese Art von Urteilsbemühung „reflexiv": Für ein Phänomen muß der richtige Begriff erst *gefunden* werden.

Wie schwierig diese hermeneutische Aufgabe, wie groß die Zumutung an das eigene Rede- und Schreibvermögen ist, das weiß jeder, der im Bereich der Jugendhilfe je in der Lage war, ein Gutachten, einen Fallbericht, ein für den Klienten biographisch/prognostisch relevantes Urteil äußern zu müssen. In solchen Fällen liegt man mit sich selbst im Streit. Fast Satz für Satz muß man, als Sozialpädagoge oder Sozialarbeiter, an sich selbst beobachten, wie tief wir in die Etikettierungen, die Subsumptionslogik auch unserer alltäglichen professionellen Rede verstrickt sind oder wie rasch wir geneigt sind, eigene Erlebnisgehalte in einen Text hineinzuprojizieren. Man wird indessen nicht meinen dürfen, daß es eine Form der Rede geben könne, die solchen Etikettierungen oder Projektionen vollständig entgeht. Das Vokabular diagnostischer Klassifikationen beherrscht nicht nur die Auswertung von Tests und Anamnesen, sondern ist teils − wie angedeutet − zum selbstverständlichen Bestandteil unserer täglichen pädagogischen Verständigungen geworden. Es darf deshalb nicht, wenn wir der psychologisch-psychiatrischen Form der Diagnose und Begutachtung die „sozialpädagogisch-hermeneutische" an die Seite stellen wollen, von der Fiktion etwa einer rein phänomenalen Rede ausgegangen werden, von der Unterstellung also, es ließe sich, völlig außerhalb der Wissenschaftssprache, ein Sprachspiel etablieren, in dem Kinder und Jugendliche beschrieben werden nur als das, „was sie sind". Wir können gar nicht anders, als sie so zu beschreiben, „wie wir sie sehen" und dies an dem korrigieren, als was „sie sich selber sehen". Um dies „diagnostisch" zu ermitteln, sind Verfahrensregeln notwendig, Methode also.

Zur Methode der hermeneutisch-diagnostischen Interpretation

Das Ziel der hermeneutischen Bemühung besteht darin, zwei Sinnrichtungen eines Dokuments zu ermitteln und zueinander in ein diskutables Verhältnis zu setzen: den je vom Individuum, vom Autor des Dokuments *subjektiv gemeinten* Sinn und den im Dokument enthaltenen, dem Autor aber vielleicht verborgenen, *objektiven* Sinn. Besser ist es, hier nicht die Vokabeln „subjektiv" und „objektiv" zu verwenden, wenngleich dies Mode geworden ist, sondern einerseits vom *„individuellen"*, andererseits vom *„allgemeinen"* oder „verallgemeinerten" Sinn zu sprechen. Der Literaturwissenschaftler, der eine Hymne Hölderlins interpretiert, und der Kunsthistoriker, der ein Bild van Goghs zu verstehen sucht, tun nichts anderes: sie versuchen, die Individualität des Produktes und dessen Zusammenhang mit der Individualität des Produzenten zu ermitteln — und sie versuchen, dieses „Individuelle"/Unteilbare in einem kulturellen Kontext zu lokalisieren, und zwar so, daß dabei die allgemeinen, also intersubjektiv kommunikationsfähigen Elemente des Produktes, also auch seine über den einzelnen Fall hinausgehenden Bedeutungen für andere zur Sprache kommen. Freilich gehören dazu auch die je historischen Bestände, die Idiome, Stereotype, Klischees, die schon vorweg, vor dem individuellen Produkt, dem Autor je zuhandenen Darstellungspartikel. In der poetischen sprachlichen Fügung und im gemalten Bild ist dies beides zu verstehen: die Individualität der Darstellungsgeste und das mögliche Allgemeine in deren Elementen oder — wenn man so reden will — „Struktur", „Semantik" oder „Ikonologie". Wir sehen keinen Grund, mit den Dokumenten von Jugendlichen weniger sorgfältig zu verfahren als bei der Interpretation von Dokumenten Hölderlins oder van Goghs. Was hat das zur Folge für die „sozialpädagogisch-hermeneutische Diagnose"?

Wir können daraus eine erste methodische Regel gewinnen: *Es müssen solche Dokumente gefunden werden, die das je individuell Gemeinte ebenso enthalten wie die Referenz auf das Allgemeine.* Der Proband muß also die Chance zur *Selbsterläuterung* haben. Auch bei einer solchen Selbsterläuterung wird — so darf man mit guten Gründen vermuten — hinreichend deutlich auf Allgemeines hingewiesen werden, gleichviel in welchem Medium diese Selbsterläuterung vorgenommen wird. Eine Serie von gemalten Bildern, von musikalischen Improvisationen, von selbstinszenierten Kleidermoden oder dem eher intimen Ambiente des eigenen Zimmers wären gute Materialien als Ausgangspunkt der hermeneutischen Bemühung. Wir beschränken uns indessen auf die Sprache, aus pragmatischen Gründen: die Produktion von Sprachmaterial ist leichter, ist weniger aufwendig zu sichern als die Hervorbringung anderer Materialsorten in einem derart hinreichenden Umfang, daß sie einer hermeneutischen Diagnose zugänglich sein können. Wir müssen allerdings uns leider eingestehen, daß gerade die nicht-verbalen, eher sinnlich bestimmten Darstellungen Jugendlicher für eine Verstehensbemühung von sehr großem Wert sind. Vieles können wir in solchen Medien genauer und differenzierter zur Kenntnis nehmen als im Medium der Sprache. Aber auch die ästhetischen Darstellungspartikel und Darstellungsmuster folgen kulturellen Konventionen, wie die Verwendung der Sprache. In nicht-sprachlichen Medien hätten wir also — wir haben es versucht und dann aus pragmatischen, nicht aus prinzipiellen Gründen verworfen — einen Aufwand an Datenerhebung und höchst komplizierter Auswertung betreiben müssen, der keinem Praktiker zugemutet werden kann. Sprachprodukte indessen sind leichter zu erstellen — und sie konfrontieren den „Diagnostiker" mit weniger schwierigen Problemen.

Zweite diagnostische Regel: *Das Sprachmaterial muß so erhoben werden, daß nicht von vornherein die subsumptionslogische Blickrichtung dominiert.* Wir haben zu diesem Zweck ein möglichst schwach strukturiertes Gespräch/Interview gewählt. Anders als im Fall der professionell-diagnostischen Anamnese, die durch das Interesse an Mitteilungen geleitet ist, welche bereits als theoretisch begründete, signifikante Indikatoren gelten, schlagen wir eine gleichsam unprofessionelle Form der Gesprächsführung vor. Das lockere und flexible, für die Äußerungen der Gesprächspartnerin oder des Gesprächspartners aber sehr aufmerksame Verhalten bezieht zwar wesentliche Anregungen aus der qualitativen Sozialforschung, beispielsweise dem narrativen Interview, dem Tiefeninterview, den „Variablen" der Gesprächspsychotherapie mit ein, soll aber im ganzen keine dieser theoretisch stilisierten Formen realisieren. Das hat einen pragmatischen Grund: Wir machen hier einen Vorschlag für die Praxis, wollen also Beispiele für Gesprächsführungspraktiken geben, die kein spezialisiertes Training erfordern, sondern die jedem zugänglich sind, der eine pädagogische Ausbildung genossen hat und zu verständnisvollem Eingehen auf die Mitteilungen Jugendlicher bereit ist. Eigentlich sind zwei triviale Gesprächsregeln ausreichend: Die Jugendlichen müssen ermuntert werden, *möglichst viel* von sich zu erzählen, und diese Erzählungen oder Mitteilungen sollten so sein, daß die ihnen wichtig scheinenden Ereignisse und Konflikte anschaulich zur Sprache kommen. Nach unseren Erfahrungen ist eine ungefähr einstündige Gesprächsdauer dafür ausreichend.

Diese allgemeine und „triviale" Gesprächsregel möchten wir aber nun doch noch in drei weiteren Merkmalen oder Anweisungen spezifizieren: Das Gespräch sollte so geführt werden, daß die Mitteilungen des Jugendlichen *seine Erinnerungen, sein aktuelles Erleben und seine Entwürfe zur Sprache bringen.* Das hängt mit einer theoretischen Hypothese zusammen, die wir hier nicht begründen und erläutern können und deshalb nur grob skizzieren wollen: Der Umgang mit „Zeit" ist ein hochsignifikanter, wenngleich sehr komplexer Indikator für Verhaltensprobleme von Jugendlichen. „Erinnerung" ist die subjektive Verlängerung der Gegenwart in die Vergangenheit hinein. Also: Hat die Erinnerung überhaupt eine Kontur, wie wird sie artikuliert, nach Bedeutsamkeiten gegliedert? „Entwürfe" sind Verlängerungen in die Zukunft; sie enthalten Phantastisches, Projektives, auch Stereotypes („Ich mach erstmal Sonderschulabschluß, dann Hauptschulabschluß, mittlere Reife vielleicht, dann Lehre und dann, na ja, bin ich vielleicht Schlachter oder Feinmechaniker"). Das „aktuelle Erleben" sitzt dazwischen; es gibt dem Erinnerten und dem Antizipierten seine besondere Tönung, symbolisch und realistisch. Im Vergleich der drei Elemente ist nicht nur das Zeitschema dokumentiert, mit dem der Jugendliche operiert, sondern sind auch die Schwierigkeiten im Umgang mit sich selbst, mit Dingen, mit anderen zur Sprache gebracht. Das im Interesse an einer sozialpädagogisch-hermeneutischen Diagnose geführte Gespräch sollte also so geführt werden, daß derartiges zur Sprache kommen kann.

Ist das Gespräch geführt und liegt es (hoffentlich) als Transkript vor, dann beginnen die methodischen Operationen der *Auswertung.* Auswertungen sollten — so sagt man — theoriegeleitet sein. „Theorie" aber gibt es, jedenfalls in der Moderne, nur im Plural. Theorien müssen zu den empirischen Materialien passen, auf die sie angewendet werden sollen. In unserem Fall bestehen diese empirischen Materialien aus alltagssprachlichen Texten. Das schränkt den Spielraum für Theorien stark ein — jedenfalls dann, wenn die Mitteilungen der Jugendlichen als Erkenntnisquellen fungieren sollen und nicht nur als Illustration oder Veranschaulichung theoretischer Sätze, die man nach Maßgabe einer Theorie als gültig oder zuverlässig unterstellt.

Unsere Texte, d. h. die verschriftlichte Form von Gesprächen mit den Jugendlichen, sind beispielsweise für einen lern- oder verhaltenstheo-

retischen Zugang ungeeignet, denn sie enthalten keine Beobachtungsdaten, die in derartigen Theorien vorgesehen sind; was die Texte enthalten, sind allenfalls *Berichte* der Jugendlichen *über* solche Ereignisse,
die die Lern- oder Verhaltenstheoretiker zur Konstruktion oder Prüfung ihrer Hypothesen verwenden; wie zuverlässig diese Berichte sind,
ist aufgrund der Texte nicht entscheidbar. Das gleiche gilt für Theorien psychosomatischer Zusammenhänge; ein Jugendlicher berichtet
z. B. über eine Art von Hautreizung, die — in anderen Beobachtungs-
kontexten — als „Neurodermitis" diagnostiziert wird; unser Textmate-
rial aber enthält weder diesen Terminus noch eine somatisch zuverlässige Beschreibung der Symptome, sondern nur die sprachliche Darstellung einer Erfahrung mit sich selbst, in der etwas vorkommt, das vielleicht, von anderen Fachleuten, als „Neurodermitis" diagnostiziert werden könnte; nur aufgrund der sprachlichen Selbstdarstellung oder auch
durch den Augenschein des sozialpädagogischen Interviewers Neurodermitis zu diagnostizieren, wäre grober Unfug. Aber auch die theore-
tisch-diagnostischen Projekte, die unter dem Namen „multifaktoriell"
oder heute, in der Psychiatrie, „multiaxial" diskutiert werden — also die
Kombination von Verhaltenseigentümlichkeiten, die sich auf verschiedene „Faktoren" beziehen lassen oder auf verschiedenen „Achsen" eines komplizierten Modells von Verhaltensbeschreibung und Verhal-
tensverursachung lokalisiert werden können (vgl. besonders Rem-
schmidt/Schmidt 1986) —, stützen sich auf andersartige Materialien als
die, die wir hier zugrunde legen. Nun könnte man meinen, daß zwar
die erwähnten theoretischen Vorgaben für Diagnostik mit unseren
Textmaterialien nicht zuverlässig verbunden werden können, daß aber
im Fall der psychoanalytischen Theorie die Sachlage anders sei, denn
auch die Psychoanalyse operiert im wesentlichen mit *sprachlichen* Äußerungen des Patienten/Klienten, jedenfalls aber mit Symbolisierungen, die nach Maßgabe der Theorie auf Nicht-Sprachliches bezogen
werden. Die Schwierigkeit, die hier auftaucht, ist eine andere: Der Psy-
choanalytiker, ja tiefenpsychologische Therapeuten überhaupt wissen,
daß es eines sehr reichhaltigen und über längere Zeitstrecken produ-
zierten Sprach- und Symbol-Materials bedarf, um die darin verborgenen seelischen Sachverhalte zuverlässig zu erschließen; deshalb dau-
ern die Therapien so lange. Ein rascher Rückschluß von einer sprachlichen Mitteilung auf eine psychogenetisch identifizierbare Problemkon-
stellation (etwa: ein Jugendlicher äußert als Berufswunsch, „Koch"
werden zu wollen, und ein Interpret deutet dies als Ausdruck/Symbo-
lisierung einer früheren oralen Entbehrung) ist deshalb unzulässig und
verrät nichts Zuverlässiges über den Jugendlichen, dafür aber viel über
die Halbbildung des Interpreten. Hinzu kommt, daß wir (die Autoren
dieses Textes) über keine psychotherapeutische Kompetenz verfügen;
auch wenn wir mit der psychoanalytischen Theorie vertraut wären,
fehlte doch die hier wesentliche tägliche Praxis einer kontrollierten
Deutungsarbeit.

Welche Chancen bleiben dann noch für eine „sozialpädagogisch-hermeneutische Diagnose", angesichts unseres Quellenmaterials und unter Berücksichtigung unserer theoretischen Kompetenzen? Wir hoffen
deutlich gemacht zu haben, daß eine solche Diagnose die professionell
gebräuchlichen in gar keiner Weise ersetzen kann. In welcher Hinsicht
aber könnte sie jene ergänzen? Gibt es für uns, und für Sozialpädagogen überhaupt, Auswertungschancen, die von den „theoriegeleiteten"
Diagnostikern nicht genutzt werden, aber doch für das Verstehen des
Jugendlichen wesentlich sind? Am Anfang des Weges, den wir sehen
und den wir im folgenden beschreiten wollen, greifen wir den elementaren und ganz trivial scheinenden Sachverhalt auf, daß sprachliche
Äußerungen von Jugendlichen, in einem Gespräch wie dem von uns
geführten, etwas *bedeuten.* Unabhängig davon, wie solche Bedeutungen nach Maßgabe dieser oder jener Theorie interpretiert, zumal er-
klärt werden können, geben die sprachlichen Äußerungen etwas von
dem kund, als was der Jugendliche sich selbst sieht, wie er Gefühle
oder Stimmungen bei sich selbst und in seinen Lebensereignissen lokalisiert, über welche Muster der Planung seiner Rede er verfügt, was
er will, an was er sich erinnert, wie er die Beziehungen zu anderen
sieht, was ihm wichtig und weniger wichtig ist, ob überhaupt und wie
er die verschiedenen ihm relevant scheinenden Ereignisse seiner Lebensumstände miteinander verknüpft usw.

Diese Art interpretierender, Bedeutungen ermittelnder Aufmerksamkeit läßt sich vergleichen mit der Beschreibung eines Bildes: eine
Komponente solcher Beschreibung — keinesfalls die einzige, sondern
eine unter anderen — besteht darin, daß die Bildelemente genau identifiziert, ihre Lage auf der Malfläche bestimmt, semantisch dichte und
dünne Bestandteile, volle und leere Flächen zueinander ins Verhältnis
gesetzt, thematische Konturen nur aus dem Material des aktuell visuell
Gegebenen ermittelt werden. Das ersetzt nicht die ikonographische
oder die biographische Interpretation: Irgendein Bild van Goghs, Fran-
cis Bacons oder Anselm Kiefers beispielsweise erlaubt alle drei Inter-
pretationsweisen (*dieses* Bildelement hat eine ikonographische Tradition, *dieser* Pinselstrich ist individuell-eigentümlich, die Kombination
von beidem und unter Berücksichtigung anderer Bildelemente oder
Bild-Organisationsweisen ergibt *diese* Bildthematik). So auch die
sprachlichen Darstellungen von Jugendlichen in unseren Gesprächen.
Die, im Vergleich gesprochen, ikonographischen und biographischen
Interpretationen wollen wir nicht ersetzen. Wir wollen nur die je auf
die aktuelle Darstellung sich gründende und die darin formulierte Thematik interpretierend zur Sprache bringen. Das heißt natürlich, daß wir
nur dasjenige erfassen, was dem Bewußtsein des Jugendlichen aktuell
verfügbar ist — und auch dies nur zum Teil. Will man die alteuropäi-
sche Gliederung des Organismus in Leib, Seele und Geist akzeptieren,
dann kann unser Diagnosevorschlag nur die Grenzbereiche zwischen

Seele und Geist erfassen, sowohl des gewählten Quellenmaterials als auch unserer Deutungskompetenz wegen.

Kenner der Forschungsszene mögen hier beanstanden, daß von den methodischen Strategien der „objektiven Hermeneutik", von deren Anwendung auf die Analyse der Struktur „sozialisatorischer Interaktion" (Oevermann 1976, Oevermann in Soeffner 1979) nicht die Rede ist. Das hat einen einfachen Grund: Die von uns als diagnostisches Basismaterial vorgeschlagenen Gespräche sind keine „sozialisatorische Interaktion", noch dokumentieren sie diese zuverlässig. Es handelt sich zwar, wie in jedem Gespräch, um „Interaktionen"; ob sie aber „sozialisatorisch" sind, das darf im Hinblick auf Anlaß, Arrangement und Folge durchaus bezweifelt werden. Allenfalls berichten unsere Jugendlichen, zumeist sehr abgekürzt, von dem, was Oevermann „sozialisatorische Interaktion" nennt; den *Bericht* über eine Quelle sollte man aber nicht mit der Quelle selbst verwechseln. Wenn das Mädchen X über eine, aus dem Text vermutbare, sexuelle Mißhandlung durch ihren Stiefvater berichtet, ist dieser Bericht etwas kategorial anderes, als wenn wir das Protokoll einer Interaktion zwischen diesen beiden hätten. Aus diesen Gründen können wir die Regeln der mißverständlich so genannten „objektiven" Hermeneutik sozialisatorischer Interaktionen nicht anwenden. „Objektiv" ist, oder „Objektives bringt zur Sprache" jede Interpretationsbemühung, sofern sie also nicht bloß Individuelles, sondern auch Allgemeines zum Gegenstand hat, darin allerdings ist auch unsere Bemühung „objektiv".

Diese „Objektivität" aber ist höchst fragil und fragmentarisch, wie beispielsweise auch jede Interpretation eines autobiographischen Textes. Der Grund für dieses Bruchstückhafte liegt in der Mehrdeutigkeit der sprachlichen Zeichen, Metaphern und Symbolisierungen. Gerade in persönlich bestimmten Äußerungen ist häufig nicht eindeutig zu sichern, wieweit es sich um gleichsam „privatsprachliche" Formulierungen handelt, deren Bedeutung dem Beobachter verborgen bleibt und auch durch Berücksichtigung weiterer Kontexte nicht befriedigend erschlossen werden kann. Ebenso ist der umgekehrte Fall möglich: Der Beobachter, Interviewer, Auswerter projiziert in die Gesprächs-Mitteilungen sein eigenes Begehren hinein; oder er ergänzt das Mitteilungsfragment durch sein eigenes Alltagswissen; oder er bedient sich der Theorie-Bruchstücke, die er im Kopf hat, um einer Äußerung eine Eindeutigkeit zu verleihen, die aus dem Wortlaut nicht hervorgeht. Derartige Fehlerquellen sind nicht schlechterdings, sondern nur tentativ, versuchsweise zu vermeiden. Dafür nun ist hilfreich Theorie; Theorien nämlich haben nicht nur den Vorteil (der gelegentlich zum Nachteil werden kann), Beobachtungsdaten einigermaßen zuverlässig auf Erklärungen und Prognosen zu beziehen, sondern auch den, daß sie im Plural auftauchen; das heißt, daß ein und dasselbe Datum, ein und dieselbe sprachliche Äußerung *verschieden* interpretiert werden kann, die Theorien also in Wettbewerb miteinander treten.

Zum Beispiel: Wenn ein Jugendlicher zwischen dem Wunsch, „Koch" oder „Kellner" sein zu wollen, hin und her schwankt, dann könnten wir uns diese Mitteilung durch die Verwendung dreier verschiedener Theorien verständlich machen: 1. Wir vermuten, im Anschluß an die psychoanalytische Theorie und wie oben schon angedeutet, eine frühe orale Entbehrung und gehen also auf die Suche nach anderen Mitteilungen, die mit dieser Hypothese mindestens verträglich sind; 2. wir vermuten, im Anschluß an die Theorie des symbolischen Interaktionismus, ein Interaktions-Projekt des Jugendlichen, durch das er leibliches Begehren mit sozial-geselligen Umständen verknüpfen möchte und beispielsweise, in der Sprache E. Goffmans, „Vorder"- und „Hinterbühne" zwanglos verbinden kann; 3. wir vermuten, daß es sich um den Ausdruck eines kognitiven Entwicklungsproblems handelt und denken beispielsweise, daß dieser 16jährige an sich selbst beobachtet hat, daß es ihm Schwierigkeiten bereitet, sich in die Perspektive des je anderen hineinzuversetzen, er also — in den Ausdrücken der kognitionstheoretischen Annahmen gesprochen — sich noch in einem Stadium sozial-moralischer Begriffsbildung befindet, das andere bereits im Alter von 13 Jahren hinter sich lassen. Es wäre nun völlig falsch, bei derart knappen Informationen wie denen aus einem relativ kleinen Gespräch, nur einer dieser theoretischen Annahmen zu folgen (übrigens ließen sich diesen dreien noch andere hinzufügen). Fast niemals wird das Gesprächsprotokoll alle diejenigen Informationen enthalten, die nötig wären, *eine* dieser Hypothesen zu sichern. Daraus folgt eine ganz schlichte Regel: Die Theorien muß man kennen, aber man darf keine von ihnen rechthaberisch (orthodox) anwenden. Wer also sich anschickt, „sozialpädagogisch-hermeneutische Diagnosen" zu erstellen, braucht — wie die anderen Diagnostiker im Felde der Jugendhilfe — eine gute Ausbildung. Dazu gehören in seinem Fall z. B. Freuds Analysen von Kinderneurosen (Freud, Bd. VIII, 1978), die interaktionstheoretischen Grundlagentexte (z. B. G. H. Mead 1968, E. Goffman 1971), die Studien zur kognitiven Entwicklung (z. B. Montada 1970), die phänomenologischen Zugänge zum Selbst- und Welterleben von Kindern und Jugendlichen (z. B. Meyer-Drawe 1984, Lippitz/Rittelmeyer 1989).

Mit diesen Voraussetzungen oder Bedingungen im Kopf nehmen wir an den Gesprächsprotokollen die folgenden Operationen vor:

— Es werden alle Äußerungen herausgehoben, die dem Interpreten bedeutsam scheinen, zumal solche, die nach Maßgabe der einen oder anderen Theorie wichtig sein könnten.

— Es werden, in einem zweiten Schritt, diese Äußerungen geordnet. Bei diesem Ordnungsversuch folgen wir einer riskanten Unterstel-

lung, nämlich daß es eine begrenzte Zahl von konflikthaltigen Themen gibt, um die herum die Äußerungen der Jugendlichen sich
gruppieren lassen und die diese Äußerungen im Sinne eines struktu-
rierten Zusammenhangs verständlich machen. Wir nennen sie „Lebensthemen".

— Da es sich um eine „pädagogische" Diagnose handeln soll, versuchen wir schließlich, diese Themen auf Tätigkeiten oder Aufgaben
zu beziehen, von denen angenommen werden kann, daß sie für den
Jugendlichen, für die Bearbeitung seiner Probleme, seine Selbststa-
bilisierung und Sozial-Lokalisierung hilfreich sind.

3. Zwei Fall-Diagnosen

Im Rahmen des in der Einleitung beschriebenen Projekts und seiner wissenschaftlichen Begleitung wurden insgesamt 18 Diagnosen erstellt. Sie sollen nicht alle hier präsentiert werden. Um aber einen anschaulichen Eindruck von ihrer Charakteristik zu vermitteln, geben wir zwei Beispiele, die durch eine vergleichende Auswertung aller Diagnosen und eine selbstkritische Beurteilung ihrer Zuverlässigkeit ergänzt werden.

Beispiel A

A sagt:

1. Über seine Mutter: „Sie hat mich nicht erzogen", „kann sich nicht durchsetzen". „Sie war arbeiten, und ich war halt den ganzen Tag alleine". „Einmal habe ich zu ihr 'n Schimpfwort gesagt . . . Da hat sie mir eine geballert".

2. Er habe „gemacht, was ich wollte", „bin irgendwann nicht mehr zur Schule gegangen", „hab angefangen zu klauen". „Bei Karstadt, da hab ich geklaut, und da haben sie mich erwischt, da war ich neun". „Da haben sie mich mit der Polizei nach Hause gebracht." Seine Mutter „stand an der Tür, hat se angefangen zu weinen . . . sie ist ziemlich wütend geworden".

3. Er wollte nicht zur Schule gehen, „hab immer meine Sachen versteckt, Ranzen und so"; „zur Schule bin ich nie gerne gegangen", seit der 3. Klasse, vor allem wegen einer Lehrerin, „die konnte mich nicht leiden, ich konnte sie nicht leiden"; ähnlich wie bei der schwierigen Beziehung zur Mutter: „Also das lag an mir und auch an ihr".

4. Über die Großeltern: „Bei meinen Großeltern hab' ich gewohnt eine Zeit" (im Alter zwischen einem und vier Jahren, und zwischen 6 und 7, und gerade jetzt wieder). Die waren „bißchen strenger. Haben mehr drauf geachtet, so auf Schule und so." Von der Mutter ist er „immer abgehauen . . . Bei meiner Mutter konnt' ich nicht leben".

5. „Was mir gefehlt hat? Ja, so, mehr Zuspruch und so, also daß sich wer um mich gekümmert hat".

6. Im Heim war das anders. Er erinnert sich noch an das Datum der Heimeinweisung: „19. Januar", da war er 10 Jahre alt. Da hat ihm „eigentlich alles" besser gefallen: „Freunde . . . mehr Zuspruch, also mit Schule, was Schule betrifft, haben sich richtig gekümmert und so. Also — was anderes." „Ich fand's gut da".

7. Auf die Frage, was er in seinem Leben immer gern gemacht habe: „Scheiße gebaut". „Als ich so 7 war, da haben wir immer so dicke Steine . . . diese Feuersteine . . . zwischen die Schienen" gelegt, „kam 'n Zug mal vorbei, hat immer schön gescheppert . . . und einmal Zug angehalten, kam der Typ da raus, der Lokführer . . . einfach hinterhergerannt". — „Abhauen hab ich auch gern gemacht . . . auch im Heim . . . richtig weg . . . geschlafen in Baubuden . . . geklaut eben, in Geschäften . . . Ist schon mal lustig . . . keiner hat einem was gesagt . . . war ganz frei irgendwie". „Haben wir in 'ne Zeitung gekackt, vor die Tür gelegt und angezündet; haben wir geklingelt und: Hilfe, Hilfe, es brennt! Kam er raus, schön im Bademantel und so 'ne Strandlatschen, und da draufgetreten". — „In der Kiesgrube sind wir immer rumgeheizt . . . mit Karren, 80er Mofa". „Im Unterricht hatten wir 'ne Flasche Wodka mit . . . 'n Kasten Bier . . . war'n wir besoffen im Unterricht". An der Decke des Klassenraums konnte man eine Platte lösen, so in den Deckenraum hineinkommen und zu anderen Klassenräumen kriechen. „In der Pause, sind wir immer dringeblieben . . . haben die Klappe hochgemacht und haben was runtergeschmissen" (in den anderen Klassenraum). Und immer wieder „Schule geschwänzt, auch im Heim hat „alles wieder angefangen": „Kioskeinbrüche", „Autos angesteckt", „abgehauen", „Trebe", „Straftaten, also Kriminelles".

8. Er hat Freunde, aber eigentlich nur „einen . . . oder mit zweien, kann man sagen. Mit zwei, drei hab' ich viel gemacht." Aber: „Cliquen kann ich nicht ab . . . keine richtige Clique, so versammeln, das kann ich nicht ab". „Abgehauen" ist er immer mit zwei oder drei anderen (während der Heimunterbringung); „ich hab immer den Plan entwickelt". Aber Chef sein, „sowas kann ich nicht ab". „Am besten ist, wenn alle entscheiden . . . da einigt man sich". „Im großen und ganzen", meint A., sei er wie alle Jugendlichen, nicht irgendwie anders. Andererseits: Die anderen Jugendlichen seiner Heimgruppe, mit Ausnahme derer, mit denen er gelegentlich „auf Trebe" ging, „waren eigentlich gar nicht mehr wichtig"; aber sie hatten, wie er meint, auch nichts gegen ihn, „überhaupt nicht, wieso denn?"

9. Anders ist es mit den Erziehern, die wollten, daß er das Heim wieder verlassen sollte. „Eigentlich wollte ich noch dableiben; aber dann nicht mehr". „Die (Erzieher) haben immer Zimmerdurchsuchungen gemacht bei mir" — (sozusagen eine nachträgliche Rache gegen Unbotmäßigkeit, für A unverstehbar, er fühlt sich fälschlich

„beschuldigt") − und dann folgt ein unverständlicher Satz, fast wie aus den Dokumenten Kaspar Hausers: „. . . die ein'n kriegt, die hätt' man gar nicht ganz machen können!" Jedenfalls: Die Erzieher *wollten* nicht", obwohl sie „könnten". „Das (verständnisvoller auf ihn eingehen, „Zuspruch") wollten sie irgendwie nicht, hab ich das Gefühl gehabt". Für A sind Erwachsene nichts als „Aufpasser", an die er auch keine Erwartungen hat; „Nö, kann man nicht sagen". Aber: „Zuspruch . . . ja, doch, das schon!" Im Grunde könne er auf sich selbst aufpassen, „ich brauch' keine anderen! . . . Also ich könnte jetzt auch ganz gut alleine leben!"

10. Auf die Frage, wo er am liebsten leben, wohnen möchte, antwortet er ganz entschieden − die Eindeutigkeit übertrifft alles, was er bisher erzählt hat: „Im Ausland natürlich . . . in Bulgarien!" Und zwar: „Weil: meine Großeltern, mein Opa ist Bulgare". In Bulgarien ist alles anders, außerdem wird er, wie er sagt, dort das Haus seines Großvaters erben. „Das Haus! Also das Landleben, also das find' ich dann gut . . . so ganz anders. So unter den Leuten einfach mehr Freiheiten . . . Die lassen ja ihre Türen offen in der Nacht . . . die haben da Vertrauen"; es ist nicht wie bei *uns* − „so Hausordnungen und sowas. Das ist bekloppt" − wo, „wenn man da die Türen offen läßt, muß man Angst haben, daß morgen alles ausgeräumt ist!"

11. Das Interesse am „Landleben" wird von A präzisiert: „Landwirtschaft . . . nee, das nicht, so mit Acker und so, das nicht". Aber: „Berge und so", aber auch arbeiten, „muß ich ja", und „doch, Tiere ja, klar! . . . Lämmer, Schafe . . . Ziegen − das geht alles". Näher aber scheint ihm doch Technisches zu liegen. Am liebsten würde er in Bulgarien „irgendwas so, vielleicht irgendwas mit Technik, im technischen Bereich so . . . also so Kfz's, so, von Motorrädern hab ich'n bißchen Ahnung, aber Autos eigentlich nicht so; aber: kann man ja lernen".

12. Nachdem A im Heim nicht mehr, wegen „Kriminalsachen", wie er sagt, geduldet wurde, kam er in eine andere Einrichtung (Jugendhilfsstätte), und gleich muß (!?) er wieder „abhauen": „In der Nacht aus dem Fenster geseilt! Mit'm Freund; also Bettlaken zusammengebunden und an'ne Heizung und dann raus! . . . Erst waren wir in 'ner Discothek . . . bei Pit waren wir auch, dann waren wir bei 'n paar Freunden, da haben wir geschlafen − sind wir anderen Tag wiedergekommen". Ein andermal „haben wir in'ner Hütte geschlafen . . . haben sie uns geschnappt, da . . . abends mal um zwölf geschnappt".

13. Schließlich − die „Jugendhilfsstätte" blieb eine Episode − kommt A in eine Pflegestelle: „Dann bin ich zu X gekommen . . . das ist der angebliche Pflegevater". Schon der Ort mißfiel ihm: „das war'n

Nest . . . konnte man noch nicht mal 'ne Kuh oder 'n Schwein auf der Straße sehen . . . war nix los da". Der Pflegevater war unglücklicherweise Lehrer, das „war überhaupt nicht gut", „der hat immer nur, meistens von Schule gequatscht!" Zur Schule sei er gegangen, „doch, ich bin hingegangen, zweimal . . . dann hat's mir gereicht . . . dann bin ich abgehauen . . . bin gleich zu meinen Großeltern gefahren . . . und seitdem bin ich da". Aber er will auch bei denen nicht bleiben, „auf gar keine Fall". Es gibt „Konflikte immer so . . . Spannungen . . . ich halt' mich auch die ganze Zeit im Zimmer auf . . . Wenn ich aus der Schule (!) komme, nehm ich mir mein Essen, geh ins Zimmer, bleib ich den ganzen Abend da. Guck auch kein Fernsehen, nix! Ganze Zeit Musik, paar Freunde kommen . . . von vier bis acht, und dann hör' ich ganze Zeit Musik". „Ich bin meistens allein"; und − in zunächst merkwürdigem Kontrast zu allem Vorhergehenden: „Wenn ich Freunde habe, also − ich kann das nicht ab, dieses dumme Gequatsche immer, die reden dann immer so!" Bei den Großeltern will er also nicht bleiben, gern aber würde er wieder in ein Heim gehen. Außerdem steht er gegenwärtig unter Druck: im Augenblick will er nicht „abhauen", denn: „ich hab ja jetzt 2 Wochen Knast gekriegt."

14. Am liebsten ginge er in das Heim in F., er hat dort einen, „mit dem war ich gut befreundet . . . In der Schule haben wir viel Scheiße gebaut, mit dem bin ich auch abgehauen immer . . . 'n guter Freund, 'n sehr guter Freund". Das ist ihm sehr wichtig, „natürlich, das sowieso". Aber genau diese „Freundschaften" werden vom Jugendamt mißbilligt, deshalb soll er nicht nach F., „angeblich wären da zu schwere Jungs!" Ihm macht das nichts aus, sagt er, auch nicht, daß ihm nun zwei Wochen Jugendarrest bevorstehen: „. . . das auf gar keinen Fall! Das, das juckt mich nicht!" (Man mag es ihm kaum glauben.)

15. Schwierig aber, das räumt er ein, könnte es − „wegen polizeiliches Führungszeugnis! Das sieht nicht so gut aus!" − mit seinem Wunsch werden, nach Bulgarien, in das Haus seines Großvaters, zu gehen. Daran hängt dann auch noch mehr, z. B. „also erstmal Berufsausbildung", „Schule", „keine kriminellen Sachen mehr". Dies sind die Erwartungen der „Erwachsenen", die er gelten läßt, nolens volens.

16. Über seine Phantasien vom „Landleben" in Bulgarien hinaus, offenbar eine moderne Variante vom Schlaraffenland, hat er Schwierigkeiten, präzisere Berufswünsche zu formulieren: „Also erstmal liegt's daran, weil ich faul bin, ziemlich faul . . . Aber dann, also so Sachen, so mit Holz, Metall und sowas, das liegt mir nicht so! Am liebsten würd' ich was mit Reisen machen, immer reisen . . . Lokführer . . . das einzige, was man mit Hauptschulabschluß machen

kann . . . darum ja auch so der Kfz-Mechaniker; jedenfalls Reisen". „Genau! . . . Reisen fand ich schon immer gut . . . immer unterwegs am besten . . . aber nicht so gehen, wandern, so langsam nicht. Wandern mach ich nicht so gerne . . . Schwimmen mach ich überhaupt nicht gerne".

17. Auf die Frage nach drei Wünschen, den wichtigsten, die er hätte, sagt A: „Also Bulgarien, und alles was dazu gehört, also Beruf und so". Dann (zweiter Wunsch) „Gesundheit und so, daß alles in Ordnung ist". Und „als drittes, ja, daß hier in Deutschland . . . alles wieder in Ordnung kommt, mit Arbeit und so, Ausländerproblem . . . also daß die mehr Rücksicht auf die nehmen, nicht auf mich, auf die Ausländer! . . . Ich kenn' viele Türken!"

Die derart über viele Gegenstände und biographische Zeiten ausgebreitete Selbstberichterstattung A's läßt sich auf die folgenden Lebensthemen konzentrieren:

1. Alles, was A erzählt, hat einen Beziehungshintergrund, wie ein Basso continuo. Diese „Baß-Figur" (um in der musikalischen Metapher zu bleiben) beschränkt sich, wie in der Musik auch, auf einfachste Information: „Zuspruch", mal mehr, meist zu wenig; „um mich kümmern"; Erwachsene seien „Aufpasser"; deshalb entschließt er sich immer wieder zum „Abhauen". Einerseits vermißt er soziale Beziehungen, in denen er akzeptiert und gestärkt wird; andererseits hat er auch immer dann Schwierigkeiten, wenn diese Art von „Zuspruch", des „Sich-um-ihn-Kümmerns" formellere oder gar institutionalisierte Formen annimmt. Das gilt nicht nur für seine Beziehungen zu Mutter, Pflegevater, Erziehern und anderen Erwachsenen, sondern auch für Gleichaltrige. Nur zu ganz wenigen hält er vertrauten Kontakt („Ich bin meistens allein"). „Cliquen" mag er nicht; die sind ihm schon zu formell. Nur auf gleichsam zwanglose Formen von Verständigung und Einverständnis mag er sich einlassen. Er ist andererseits realistisch genug, formellere Settings für seine nähere Zukunft nicht auszuschließen: „Schule", „Berufsausbildung"; also keine „kriminellen Sachen" mehr, die ja immer in der Zwischenzone zwischen seinem Bedürfnis nach „Zuspruch" und der Abwehr von Verbindlichkeiten liegen, in den Phasen, in denen er „abhaut" und dabei (wiederum) die zuverlässige Kumpanei von anderen sucht. Man mag dieses Lebensthema also *„Geborgenheit in dichter sozialer Beziehung versus Vagabundenleben"* nennen.

2. Das „Vagabundieren" scheint überhaupt für ihn im Mittelpunkt zu stehen. Unter vorindustriellen, vormodernen Sozialverhältnissen wäre er vermutlich überhaupt nicht auffällig, kein Objekt besonderer pädagogischer Sorge (jahrelanges Vagabundieren war für viele Jugendliche des 15. bis 18. Jahrhunderts normal). Seine „Kriminalität" hält sich offenbar in bescheidenen Grenzen, auch wenn Jugendge-

richte das anders bewerten müssen. Seine Berichte über die vielen Zwischenphasen, in denen er auf „Trebe" war, sind lebendig und farbig, hören sich lustvoll an. Er will sich nicht bereichern, er will leben, wie Nomaden es tun. „Aufpasser" haben da für ihn keinen Lebenssinn, können nur vorübergehend akzeptiert werden, um dem Überlebenszwang in der modernen Gesellschaft Genüge zu tun. Im Grunde kann er „ganz gut alleine leben", „ganz frei irgendwie", wenn nur der „Zuspruch" nicht fehlt — wie Thomas Platter zu Beginn des 16. Jahrhunderts, der zwischen seinem 12. und 19. Lebensjahr in Mitteleuropa herumvagabundierte und dabei die Sehnsucht nach „Zuspruch", nach seiner Heimat und seiner Mutter, nicht verlor. Also ist sein Thema *eine archaische Form des Reisens*. Das eher Bodenständige, Beharrende liegt ihm nicht: Landleben ja, aber kein Ackerbau, kein Holz, kein Metall; statt dessen „immer reisen", und der ideale Kompromiß zwischen archaisch-ursprünglichem Begehren und moderner Realitätserwartung ist, „was man mit Hauptschulabschluß machen kann": „Lokführer"! Aber man ahnt schon, daß in diesem Berufswunsch ein romantischer Überschuß steckt, daß der Kompromiß zwischen Begehren und Realität brüchig ist, jedenfalls vorerst. Dennoch ist die Treffsicherheit, mit der A diesen Ausgleich ins Auge faßt, verblüffend: angesichts möglicher Alternativen, z. B. Matrose oder Reiseleiter oder Fernfahrer oder Vertreter etc. ist der „Lokführer" eine ziemlich passende Symbolisierung seiner nomadischen Wunschkonstellation: rasch von Ort zu Ort, in der Lokomotive allein, mit gesichertem „Zuspruch" durch den einen Arbeitskumpel, statt eines „Chefs" nur den Anpfiff zum Weiterfahren, nachts in immer anderen Hotels usw. — dies ist freilich nur A's Phantasie, mit realistischen Einsprengseln, nicht die alltägliche Wirklichkeit des Lokführers. Aber diese Phantasie und ihre Repräsentation bekräftigt sein Lebensthema: Nomade sein dürfen.

3. Neben den Beziehungsproblemen und den „Trebe"-Berichten (samt Kleinkriminalität) gewinnt ein drittes Thema unter dem Stichwort „Bulgarien" Kontur. „Bulgarien" ist wie das Code-Wort für ein Problem — und eine Problemlösungs-Bündelung. Durch den bulgarischen Großvater sichert es „Zuspruch" und zugleich, durch die zu erwartende Hauserbschaft, materielle minimale Sicherheit. „Landleben in Bulgarien" ist für ihn aber nicht die Idylle kleinräumiger Seßhaftigkeit, sondern eher freie Bewegung, „Berge und so . . . Tiere . . . Lämmer, Schafe . . . Ziegen", keine „Hausordnungen", offene Türen — und dies alles emotional gegründet in „Vertrauen". Die Stichworte „Bulgarien" und „Landleben" scheinen für ihn also zweierlei zu verbinden, zu integrieren: Der Zug in die Fremde und die Zuverlässigkeit naher Beziehungen. Seine Sympathie für Ausländer repräsentiert im Kern kein politisches oder verwandtschaftliches (über den Großvater) Motiv, sondern eines der seelischen Wirklichkeit: Identi-

fikation mit dem *Leben in der Fremde* mit *Reiz und Risiko eines solchen Lebens.* Dies scheint das dominierende Thema zu sein; es erlaubt A, seine anderen Themen, Motive und Erfahrungen aufzuheben, als reale Möglichkeiten in die Zukunft zu projizieren.

Wir müssen nun, im dritten Schritt der „Diagnose", nach möglichen pädagogischen Folgerungen fragen. Es ist offensichtlich, daß die *seelische Realität der Einbildungskraft* A's im Mißverhältnis steht zur gesellschaftlichen Realität befriedigender Überlebenschancen. A's Einbildungskraft und seine damit verbundenen Eskapaden (im wörtlichen Sinne) lassen sich schlecht in Vorstellungen von industriellen Lebenskarrieren einfädeln. Sie passen aber gut, vielleicht gar genau, zu einer älteren, aber deshalb nicht schon unaktuellen Bildungsidee — auch wenn dies hier zunächst weit hergeholt erscheint: In „Wilhelm Meisters Lehrjahre" beschrieb Goethe einen Typus von Bildung, Lernen und Erfahrung, der nicht in der Form pädagogisch institutionalisierter Lern-Settings verwirklicht wird, sondern im „Vagabundieren": Wilhelm lernt, bildet sich in seinen Jugendjahren u. a. im Milieu der „Fahrenden", einer nomadisierenden Theater- und Gaukler-Truppe. Es handelt sich also um ein Lernen am „Fremden", an zufälligen und überraschenden Konstellationen, jedoch immer auf dem zuverlässigen Grund von aufrichtigen sozialen Beziehungen („Zuspruch", „sich kümmern"). Das ist — um in einer modischen Vokabel zu sprechen — ein pädagogisches „Paradigma", das zum „modernen" Denken, zu geregelter Folge von Entwicklungs- und Lernschritten, zumal zu den institutionalisierten Jugendhilfe-Prozeduren und ihren normativen Erwartungen im Widerspruch steht. Aber A ist, wie viele seiner Altersgenossen, gerade durch *diesen* Habitus geschädigt. Man kann also Goethe, gegen seine modernen Verächter, ins Feld führen, denen er, seinen „Wilhelm" kommentierend, entgegenhält: Die meisten Menschen werden „nur durch eine harte Schule geführt, in welcher sie, nach einem kümmerlichen Genuß, gezwungen sind, ihren besten Wünschen zu entsagen, und das, was ihnen als höchste Glückseligkeit vorschwebt, für immer entbehren zu lernen". Sein „Wilhelm" aber lernt auf andere Weise, innerhalb eines Milieus, das manch eine Jugendhilfe-Verwaltung heute als „verwahrlost" bezeichnen würde. „Wilhelm Meister" ist zwar fiktionale Literatur; aber die Idee ist nicht weniger fiktional als andere, man brauche A und seinesgleichen nur durch ein curricular gestaffeltes Programm von Verhaltens-Änderungs-Prozeduren zu schicken, um eine befriedigende Existenz daraus zu machen. Lakonisch gesagt: Was Wilhelm Meister recht war, soll A billig sein.

Aber was könnte das heute heißen? Eine besondere Tätigkeit, gegenständliche Auseinandersetzung mit Materialien und Problemen, dies scheint, nach seinem Selbstbericht, wenig aussichtsreich. Bewegung, das Nomadische, das Fremde, der Wechsel von Situationen, dabei eine möglichst kleine, aber zuverlässige Bezugsgruppe oder auch nur Bezugsperson sind ihm wichtig. Die ersten und spontanen Phantasien des Interpreten: ein „Praktikum" in einer mobilen und zuverlässigen (was ist das?) Sinti- oder Roma-Familie oder in einem kleinen Wanderzirkus; jedenfalls irgend etwas, das zwischen „Zuspruch", „Nomade" und „Landleben" liegt, ohne den „Lokführer" zu vergessen. Was wäre für die Zwischenzeit hilfreich und sinnvoll? Wenn es stimmt, daß „Lehrjahre" (Goethe) als nomadisierende Reise eine Möglichkeit sind, und wenn überdies stimmt, daß A den „Zuspruch" als allererstes entbehrt, dann muß man ihn, in einer lockeren 1:1-Betreuung, von Ort zu Ort reisen lassen, und sei es nur für wenige Tage, und zwar so, daß dabei lediglich „Zuspruch" realisiert wird, nicht aber institutionelle Versorgung, Erlebnisplanung, Lern- und Erfahrungsprogramm und dergleichen. A sollte der „Pfadfinder" sein, der Pädagoge allenfalls der Kommentator. Auf diese Weise — so scheint uns — könnte es gelingen, A's Begehren (seine „besten Wünsche", wie Goethe schrieb) in seinen nächsten Lebensschritten derart aufzuheben, daß es nicht der kriminalisierenden Negation verfällt.

Beispiel B

Im Falle von A wurden die sprachlichen Äußerungen, die besonders relevant zu sein scheinen, schon locker nach thematischer Ähnlichkeit zusammengefaßt. Tatsächlich aber geht diesem Schritt naturgemäß voraus, daß alle Äußerungen, die für die Diagnose bedeutsam sein könnten, in der Reihenfolge aufgelistet werden, in der sie im Gespräch auftauchen. In der folgenden Diagnose verfahren wir in dieser Art; es wird dadurch durchsichtiger, daß die Ermittlung von Lebensthemen aus den Äußerungen der Jugendlichen auch ein sehr selektiver Prozeß ist, in dem manche Verzerrung oder Stilisierung dem Interpreten unterlaufen kann. Außerdem beginnen wir mit einem stichwortartigen Lebenslauf, der nur diejenigen biographischen Daten enthält, die B im Gespräch selbst mitgeteilt hat; und wir wählen auch sonst — auch damit unser Text nicht unnötig monoton wird — etwas modifizierte Darstellungsregeln.

Geburt im Dorf X
3 Jahre alt: Umzug der Familie in die Großstadt Y, „große" Mietwohnung, zwei jüngere Geschwister; Vater häufig abwesend
6 Jahre alt: Vorschulkindergarten
ca. 10 Jahre alt: Asthma-Diagnose; Vater arbeitslos
ca. 12 Jahre alt: Heimeinweisung. Zu Hause „ging es einfach nicht mehr"
Asthma bessert sich, aber ab und zu noch Atemnot
12 — 15 Jahre: Immer Ärger mit den Lehrern

ca. 15 Jahre: Sonderschulabschluß
16 Jahre: Berufsgrundbildungsjahr Holz- und Bautechnik
Häufiges Fehlen in der Schule
Heimwechsel

1. Die Erzieher nerven ihn.
2. *Mit Erwachsenen* hat er Probleme, unbestimmten „*Ärger*".
3. Der Vater ist „*groß*", „*Schlägertyp*", „*Ärger*" zu Hause.
4. „faul *geworden*", weil . . .
5. *Dem Vater war's egal*
6. Der Vater ist häufig „weggegangen"
7. Früher fand ich ihn gut, heute nicht mehr
8. Er war *groß, LKW-Fahrer* . . . „*was ich auch gern wollte*"
9. Später: *kein LKW mehr gefahren* . . . *nur noch zu Hause* (arbeitslos) gewesen
10. Alkohol war im Spiel
11. „*Ärger*" mit Schwester
12. „fast gar kein Verhältnis mehr" zu ihr
13. Vorschullehrerin „bekloppt"
14. „*bekloppter Lehrer*", ein „*großer dicker*", der „immer *nur recht* hat"
15. ein neuer Lehrer, „*der ist dick*", hat mir welche „geballert"
16. Erzieher sollten „richtig *durchgreifen*"
17. *Ärger* mit dem Erzieher
18. *Unsicherheit in der Selbstbeschreibung* seiner Situation in Gruppe/ Heim
19. Schule, Mathe: *immer ganz gut, immer voraus*
20. *Holz* macht mir Spaß (Chemie)
21. *Flugzeug Panzer Einzelkämpfer*
22. *Essen, Schlafen*, Basteln, Holzarbeiten, *Joggen, Karate, Schießen*
23. *keine Freunde*
24. „rauhe Typen", die „nerven mich", „geben nur an"
25. dto., „provoziert werden"
26. würde niemanden vermissen, höchstens „Frau W."
27. *LKW-Fahrer als Berufswunsch.* „Mein Vater hat gesagt . . ."
28. Sinn des Führerscheins: *„wegzukommen"*
29. *Vater:* „Stärke und so . . . *habe ich alles von meinem Vater*", „aber sonst das *meiste* von meiner Mutter"
30. „lange Strecken" (mit LKW reizen ihn)
31. „Tja, das *hab ich alles von meinem Vater*".
32. LKWs, Flugzeuge . . . „kann ich drauf", *Doppeldecker „sind mir viel zu langsam*"
33. Wanderungen nicht so gern, aber „Überlebenstraining", „*Einzel-kämpferausbildung*"
34. Gewichtheben
35. warum Korsika? „mal was anderes", „Ausland"
36. *„Kannst ja nicht immer auf'm alten Stuhl da sitzen bleiben*"

37. „Ich wollt nicht nochmal anfangen mit *Schlägertypen wie mein Vater*"
38. Was stellst Du Dir vor?: *„Irgendwo da, wo's ruhig ist"*
39. Mit Geld „da hab ich so'n bißchen meine Schwierigkeiten"
40. Drei Wünsche: Alles von vorne, kein Asthma, „Eigenes Haus . . . wo's ruhig ist"
41. Was für'n Gefühl hast Du (jetzt am Ende des Interviews)? *„Keins"*.

Bei der Durchsicht des Interviews und besonders der oben exzerpierten „signifikanten" Äußerungen fallen die folgenden Themen ins Auge:

— Es bedarf keiner professionellen psychologischen Kenntnis, um das Thema *„Vater"* zu identifizieren. Immer wieder kehrt B auf diese Erlebnis-Figur zurück. Immer wieder wird sie widersprüchlich charakterisiert: als bewundert und abgelehnt, als Vorbild und Abschreckung, als anziehend und abstoßend, als strukturierend und chaotisierend.

— Es gibt immer wieder *Ärger mit Erwachsenen*. Sie sind gelegentlich „bekloppt", gelegentlich wollen sie „immer nur recht" haben, manchmal sind sie zu stark, manchmal zu schwach; „klein" und „dick", aber zugleich „durchgreifend" scheint am ehesten akzeptabel zu sein; d. h.: in der Körperdimension überraschend und in der dazu scheinbar gar nicht passenden „Geist"-Dimension ebenso. Der akzeptable Erwachsene muß also offenbar aus derartigen Widersprüchen gemacht sein.

— Beständig hat B „Ärger" in *Beziehungskonstellationen*, die er aber nicht genau beschreibt. Zumeist handelt es sich um körperliche Auseinandersetzungen. Die einzige, wenn auch äußerst knappe Beschreibung einer Interaktion mit Folge und Veränderung ist rein spiegelbildlich (symmetrisch) konstruiert: „Zu Hause, da hatten alle Angst vor mir . . . dann im Heim . . . gings mir selber so". Ein reines Reiz-Reaktions-Schema, ohne das, was in der Literatur „Perspektiven-Übernahme" oder „Empathie" heißt.

— B *interessiert sich für LKW-Fahren, Flugzeuge, Joggen, Panzer*, für alles, *was schnell ist*, womit man woanders hin kommt. Das „Langsame" schätzt er, so scheint es, weniger („kleine Dicke", die zugleich fix im Geist sind, verblüffen ihn). Auch „Wanderungen" sind ihm zu gemächlich; man kommt dabei nicht weit genug. Alles, was dauert, was seine Zeit braucht, wofür Geduld erforderlich ist, bereitet ihm Beklommenheit (Asthma!). Er will von allem „weg". Wohin, das weiß er nicht. Nur: „Kannst ja nicht immer auf'm alten Stuhl da sitzen bleiben" (Nr. 36).

— Zu diesem starken Bewegungsimpuls steht scheinbar im Widerspruch das Bedürfnis nach Ruhe, nach statischer Kraft, nach dem erfüllten Augenblick. „Schlägertypen" „wie mein Vater" mag er nicht, aber er will Karate lernen (die Überlegenheit aus dem Stand!). Er wünscht sich Lebenssituationen, „wo es ruhig ist", wo nicht beständig Gegenwart auf Zukunft bezogen werden muß (mit Geld „da hab ich . . . Schwierigkeiten"). Er wünscht sich Situationen, in denen keine Frustrations-Toleranz nötig wäre. Ihm mißfallen die „deferred-gratification-patterns" unserer Kultur. Zyklische Situationen liegen ihm näher als lineare (sein erster von drei fiktiven Wünschen ist: „Alles nochmal!"). Seine Antizipationen sind deshalb abstrakt: wegkommen, „was anderes", „Ausland", „schießen". Konkret ist das Zirkuläre: Prügeln und geprügelt werden, groß und klein, der Einzelkämpfer, stärker oder besser sein.

— Am Ende des Interviews sagt B auf die Frage, was für ein *Gefühl* er nun habe: *„Keins".* Das steht zum Vorhergegangenen nicht im Widerspruch. Alle seine Äußerungen erscheinen eigentümlich emotionslos, so als sei für Gefühle kein rechter Platz. Er hat offenbar keine Freunde, auch würde er, bei längerer Abwesenheit oder Trennung von seiner Gruppe, niemanden vermissen, höchstens „Frau W.". Auch sein Vokabular enthält kaum emotionelle Töne, bis auf das Bedürfnis, „wegzukommen" und „Ruhe zu haben". Das läuft auf so etwas wie Interaktionsvermeidung einerseits und auf die Erwartung gleichsam technischen Interaktionsmanagements andererseits hinaus.

Die wesentlichen Themen B's scheinen also zu sein:

1. Die Ambivalenz starker Figuren, Bezugspersonen, durch die Vater-Erfahrung geprägt;

2. eine „egozentrische" Körperthematik, die eher auf Energie und Bewegung (selbstzentrisch) als auf Beziehungs-Figurationen hin orientiert ist;

3. ein Interesse an Leistung durch Einsatz gegenständlich gerichteter Kraft und an sehr raschen Erfolgserlebnissen;

4. ein Bedürfnis nach — wie wir es etwas umständlich formulieren wollen — „solipsistischen Oasen", nach Ruhe und Geborgenheit, nach In-sich-ruhen-Können, ohne mit Erwartungen konfrontiert zu werden.

Wenn für den pädagogischen Umgang mit Jugendlichen unter Problembelastung gelegentlich (oder gar in der Regel) kompensatorische Maximen (dies oder jenes sei auszugleichen, nachzuholen, zu korrigieren) zunächst weniger hilfreich sein sollten als Maximen zur Unterstützung vorhandener Stärke, dann lassen sich für den Umgang mit B zwei Grundsätze vorschlagen:

1. Unterstützung seines körpernahen Interesses an gegenständlicher Auseinandersetzung, an rascher Überwindung von Distanzen, an Kraft- bzw. Könnensbeweisen.

2. Respekt vor seiner Vermeidung von dichteren Gruppen-Kontakten, von schwierigeren persönlichen Beziehungen, von deutlicheren Verhaltenserwartungen, die sich auf personelle Interaktionen beziehen.

Konkrete Vorschläge fallen indessen schwer. B gab nicht nur sein Interesse an „Einzelkämpfern", „LKW-Fahren", „Schießen" oder „Fliegen" zu erkennen, sondern auch an Holzarbeiten, Basteln sowie sein Gefühl, in den Standard-Erwartungen „Mathematik" gut mithalten zu können (in der Schule); auch sein Interesse an „richtigem Durchgreifen", das er gelegentlich an Lehrern und Erziehern vermißte (vielleicht in Erinnerung an den in dieser Hinsicht freilich ambivalenten Vater). Für den erlebnispädagogischen Kursus auf Korsika hatten wir als Aufgabe den Bau einer Schutzhütte vorgesehen. Eine solche Aufgabe hätte den Vorzug, mehrere lebensthematisch wichtige Komponenten von B's „Lebensentwurf" zu verknüpfen.

— Er hätte, in der Rolle des „Bauleiters", eine *gegenständliche* (nicht eine emotionell bestimmte) Verantwortung;

— er dürfte *selbst* „durchgreifen", d.h. Arbeitsteilungen bestimmen, Tätigkeiten koordinieren (unter der Voraussetzung, daß dieses oder jenes Mitglied der Gruppe mitarbeitet);

— er könnte seine Fähigkeiten zeigen und vor anderen unter Beweis stellen, auch seine „mathematische" Kompetenz (z.B. in Form einer Bauskizze mit Maßangabe);

— er könnte schlechte, ineffektive Zuarbeiter „feuern" — und wäre dann mit den Folgen konfrontiert;

— er würde für sich selbst einen (wenn auch nur symbolischen) Ort der „Ruhe" selber herstellen (man könnte ihm, als beteiligter Pädagoge, für den Fall des gelungenen Abschlusses eine Urkunde ausstellen, aus der hervorgeht, daß die „Hütte" sein Eigentum ist);

— er hätte, am Ende, einen ruhigen Ort der Ferne, durch fast nichts als durch seine eigene Kraft hervorgebracht;

— er hätte vielleicht — durch die Auseinandersetzung nicht nur mit Material, sondern auch mit Mitarbeitern — schließlich eine Erfahrung gemacht, in der sich gegenständliche Auseinandersetzung mit der „Natur", Auseinandersetzung mit Zeit- und Frustrationsproblemen und mit personbestimmten Interaktionen verbinden.

4. Übersicht über die Diagnosen, Vergleich und Beurteilung

An den beiden Fall-Interpretationen (Diagnosen) der Jugendlichen A und B konnte deutlich werden, daß die Formulierung von „Lebensthemen" ein abstrahierender Schritt ist. Das Ermitteln eines Sinnzusammenhangs zwischen verschiedenen Äußerungen und dessen zusammenfassende Bezeichnung als „Thema" entfernt sich notwendigerweise von der konkret bestimmten, diesem einen Individuum zugehörigen Problemlage. Diese abstrahierende Entfernung, wie gering sie auch sein mag, ist notwendig, weil anders Verstehen überhaupt nicht zustande kommt; denn immer muß im Akt des Verstehens ein tertium comparationis, eine Brücke, der gemeinsame Bedeutungsanteil von mindestens zwei Dialogpartnern irgendwie geltend gemacht werden; mindestens zwischen diesen beiden muß es etwas Allgemeines geben, das nicht anders zu erreichen ist als durch Absehung von solchen Bedeutungs-Nuancen, die ganz und nur individuell sind. Die hermeneutische Bemühung wird deshalb nach zwei Seiten hin sinnlos:

— Die Absicht, den einzelnen Fall ganz und vollständig zu verstehen, und zwar so, daß das je Meinige in der Deutung gänzlich verschwindet und nur das je Andere und Individuelle zur Sprache kommt, wäre eine Wiederholung des Falles, vielleicht seine Imitation. Mit dieser wäre ich genau an der Stelle des anderen, hätte dann aber auch die gleichen Probleme, z. B. solche des Selbstverstehens, wie der andere. Ego und Alter aber sind verschieden. Auch wenn in gewissen Lebensmomenten diese Differenz als verschwundene erscheinen mag — das Verstehen des anderen als ein methodischer Vorgang (der übrigens nicht nur in der Wissenschaft, sondern auch im Alltag dauernd vorkommt) bedarf der Absehung vom schlechthin Besonderen oder Individuellen, muß sich also auf Verallgemeinerung einlassen.

— Am anderen Ende der so gedachten Skala steht eine Operation, die sich die notwendige Abstraktion zum Rechtfertigungsprinzip macht, das Allgemeine auf einer gleichsam sehr hohen Ebene ansiedelt und so hermeneutischen Bemühungen die (angeblich zuverlässigen) kategorialen Standards vorzugeben versucht. Auch in diesem Fall endet das, was den Namen Verstehen oder Hermeneutik verdient, jedenfalls dann, wenn aus der Diagnose das Wechselspiel zwischen individuellem Entwurf und seinen generellen Gehalten nicht mehr ins Spiel tritt. Sehe ich den einzelnen Fall nur noch nach Maßgabe generalisierter Strategien — z. B. der szientistischen, der sozialstaatlichen, der politischen, der kulturell formierten u. ä. — dann bleibt für hermeneutische Bemühungen kein Spielraum. Da solche Strategien sich leicht mit Interessen am Erhalt von Herrschaft und Sozialkontrolle, in Institutionen, Administrationen und kulturellen Formationen verbinden, darf man vermuten, daß hermeneutische Bemühungen auch einen politischen Sinn, eine politische Funktion haben: sie sind allen imperialen Gesten gegenüber, in Praxis und Wissenschaft, distanziert (eine „faschistische Hermeneutik" z. B. kann es, begriffslogisch, nicht geben).

Hermeneutische Diagnosen müssen sich also in diesem Zwischenfeld bewegen. Das hat man, mit einem einprägsamen Buchtitel, vor mehr als 15 Jahren in der Alternative „Verstehen oder Kolonialisieren" ausgedrückt (Müller/Otto 1984) und hat M. Brumlik dort in einer wissenschaftstheoretischen Erörterung differenziert zur Sprache gebracht. Die Konsequenz daraus für die Ermittlung von „Lebensthemen" der Jugendlichen ist schwierig zu ziehen. Was in der Ethnologie einmal, mit einem bösen Wort, als „Verkafferung" des Forschers bezeichnet wurde, nämlich das vollständige Aufgehen in der fremden Kultur, ist auch in der Sozialpädagogik möglich als distanzlose Identifikation mit den Klienten. In einem solchen Falle würde der Verstehensgewinn, der durch die Abstraktionen im Dialog ermöglicht werden könnte, aufgegeben. Andererseits — da der Dialog nur ein kleinstes Element in einem großen Netz von Kommunikationen ist, dem auch die szientistischen Abstraktionen zugehören — kann man sich nie sicher sein, ob die Abstraktion bei der Bestimmung eines Lebensthemas nicht so weit getrieben wurde, daß die Sinnrichtung, die im Text des Jugendlichen enthalten ist, verloren ging, daß sie gleichsam ausgedünnt wurde. Kurz: die Formulierung solcher Themen bleibt ein Risiko. Die Tabelle 1 enthält die Übersicht über die Ergebnisse dieser riskanten Operation.

Tabelle 1:

18 Jugendliche mit je zugeordneten diagnostisch ermittelten
Lebensthemen (A - M männlich, N - S weiblich)

A 1. Geborgenheit in dichter sozialer Beziehung versus Vagabundenleben
2. archaische Form des Reisens
3. Reiz und Risiko des Lebens in der Fremde

B 1. Ambivalenz von Bezugspersonen, die durch die
Vater-Erfahrung geprägt ist. Gegensätze in einer Person vereint

2. egozentrische Körperthematik, die eher auf Energie und Bewegung als auf Beziehungs-Figurationen hin orientiert ist. Interesse an Leistung durch Einsatz gegenständlich gerichteter Kraft
3. Bedürfnis nach einer „solipsistischen Oase", nach Ruhe und Geborgenheit, ohne Konfrontation mit Erwartungen. Zyklisches statt Lineares

C 1. abstraktes Selbst- und Weltverhältnis, Selbstbeurteilung und Einschätzung anderer nach Maßgabe von Klassifikationen, Wunsch nach sozialen Etiketten (Zugehörigkeit)
  2. „nicht tragbar sein"
  3. Wo ist das Ich zwischen Computer- und Feuerspielen? „Leibferne Sinnleere"

D 1. Was ist mein, was ist dein, was ist unser? Wunsch nach einem vertrauten Partner und Angst vor Konkurrenz und „Selbstverlust"
  2. Für sich und bei sich sein, Suche nach einem Bereich der Selbstfindung und Abgrenzung
  3. Selbst- und Fremdbestimmung. Was mit der Zeit tun, planen oder vergehen lassen?
  4. Tätigkeitsdrang und Ruhebedürfnis. Wie kann ich mir Situationen schaffen, die eine Balance zwischen Ruhe und Anspannung ermöglichen?

E 1. Schwierigkeiten mit „Müttern" und das Thema Essen („Zu Hause gab's nur Suppe")
  2. Die schwierige Balance zwischen aggressiven Impulsen und deren Folgen
  3. Käuflichkeit sozialer Kontakte
  4. „Binnenschiffer", Wunsch nach einer Quasi-Familie mit dichter Arbeitskooperation und „Auslauf"-Möglichkeiten

F 1. Schwierigkeiten mit Zukunft und Vergangenheit (Erinnern und Planen)
  2. Anpassungsprobleme an komplexe Sachverhalte und soziale Strukturen mit hohen kommunikativen Anforderungen und Wunsch nach einem Ort der Ruhe (solipsistische Oase)
  3. Schwierigkeit, einen sinnhaften Bezug zwischen Leib und Dingen herzustellen („Leibferne")
  4. Interesse an Leistung durch gegenständlich gerichtete Kraft und Überwindung von Widerständen, dabei Unterstützung durch männliche Bezugsperson

G 1. Ärger mit Vater und „Chefs", Wunsch nach Anerkennung aufgrund individueller Qualitäten und gemeinsamer Interessen versus Anerkennung über formale Referenzen, abstrakte Leistungen und Erwartungen
  2. „Reiseverkehrskaufmann", Wunsch nach einer Tätigkeit, die selbst und anderen Genuß bereitet. Suche nach einem Kompromiß zwischen abstrakt-formalem Äquivalententausch und gemeinsamen Interessen und gegenseitigem Engagement

H 1. Unsicherheit in Gruppen und Wunsch, „Koch zu sein, eine eigene Küche zu haben", Wunsch nach einem Zuhause, Schutz vor Konkurrenzkämpfen, Irritationen, Suche nach einem eigenständigen Bereich der Selbstfindung
  2. Diskrepanz zwischen Begehren und Realität, Wunsch nach einem „Konzept vermittelter Botschaften" zwischen eigenem Selbstbild und dem, das sich die anderen machen
  3. Soziale „Für-oder-gegen-Alternative" (schwarz-weiß)

I 1. Das Ich zwischen Gegensätzen (Vater und Mutter) und seine Lokalisierung in einer Art Mittelfeld
  2. Vermeidung von Situationen, die aufgrund eindeutiger Selbstlokalisierung in eine „emotionale Sackgasse" führen könnten: Spielverderber statt Spielverlierer
  3. Sich im Überwinden von Widerständen verwirklichen

K 1. „Ich brauch dich nicht", aber „hilf mir"
  2. Keinen Standpunkt finden können zwischen „Möglichem" und „Wirklichem", zwischen Eigenem („Ich") und Anderem („Du")
  3. Sich selbst nicht spüren können, keine verträglichen Formen des Sich-Spürens
  4. Wunsch nach vertrautem, zuverlässigem Setting mit geregeltem Tauschverhältnis (Lohn gegen Arbeit)

L 1. Vertrautes zuverlässiges Setting mit distanziert-sachlichen Beteiligungsformen
  2. „Selbstverwirklichung" durch den Einsatz von Körperkraft gegen Widerstände
  3. Wie kann ich denn überhaupt wissen, wer ich bin?

M 1. Suche nach einer „Pflege"-Familie
  2. Affekt und Distanz, pendelt in Beziehungen zwischen distanzlosen, unvermittelten (Affekt-)Handlungen und unvermittelbarer Distanziertheit
  3. Ständige Aktivität aus Angst vor Depression

N 1. Suche nach einem „Zuhause", nach Zugehörigkeit: Grenzgänger sein
  2. Man muß sich durchs Leben schlagen - oder man wird geschlagen
  3. Schwierigkeiten mit allem, was weiblich ist

O 1. Unsicherheit in bezug auf Verläßlichkeit von Beziehungen
  2. Wunsch nach Dominanz und Körperbeherrschung
  3. Anerkennung/Bestätigung durch männliche Bezugspersonen und durch eher männlich besetzte Tätigkeiten

P 1. Selbstbeweis durch Körperkraft in sozialen Beziehungen
  2. Schwierigkeiten mit der Balance von sozialer Nähe und Distanz
  3. Suchen nach selbstgesetzten Standards/Zielen
  4. Suche nach dichter sozialer Beziehung und Angst vorm Alleinsein

Q 1. Heimatlosigkeit und Wunsch nach vertrautem/verbindlichem sozialen Rahmen

2. Ablehnende Mütter, Wunschbild einer Mutter/Entwickeln eines realistischen Mutterbildes
3. Besinnen auf eigene Lebenserfahrungen und Suche nach sinnstiftenden Tätigkeiten
4. Bewältigung eigener Leiderfahrungen durch das Sich-Wiederfinden in Märchenfiguren und Glaube an positive Lebenswendungen

R 1. Diskriminierung (Hautfarbe) versus Anerkennung, Suche nach Tätigkeiten, die die eigene Besonderheit herausstellen
2. Suche nach zuverlässiger Geborgenheit mit zugleich großen Freiheitsspielräumen
3. Rivalitätskampf um Zuneigung und Zugehörigkeit

S 1. Konflikt mit der Mutter und Folgen für die Balance zwischen Eigen- und Fremdinteressen
2. Differenz zwischen Wunsch und Realität
3. Schwierigkeiten, „bei sich" zu sein und damit verträgliche Ausdrucksformen zu finden. Suche nach Schutz

Wie man sieht, gibt es, trotz der je „individuellen" Themenformulierung, viele Überschneidungen. Kontrolliert man die eigene (des Interpreten) Reaktion auf diese Liste, stellt man vielleicht fest, daß man zwei gegenläufigen Tendenzen ausgesetzt ist: einerseits erscheinen die Formulierungen zu weit entfernt von der vermutlichen konkreten Erlebnisweise der Jugendlichen; man möchte es also genauer wissen und, beispielsweise, das Transkript des jeweiligen Gesprächs nachlesen, um kontrollieren zu können, ob dies denn tatsächlich die je treffende Formel ist (um dies wenigstens in einem Fall prüfen zu können, befinden sich im Anhang die vollständigen Transkripte zweier Gespräche). Andererseits kommt einem unwillkürlich in den Sinn, was wir oben „Überschneidungen" nannten. Überschneidungen aber können einem nur in den Sinn kommen, wenn man bereits irgendein Konzept der Schnittmenge im Kopf hat: habe ich das Abstraktum „Erwachsene" im Kopf, dann bringe ich, schon bei der Formulierung eines Lebensthemas, den „unzuverlässigen Vater", die „bekloppten Lehrer", die „ekelerregenden Erzieher" und andere derartige Mitteilungen unter einen allgemeineren Begriff; der nächste Abstraktionsschritt liegt dann in der sich gleichsam spontan einstellenden Frage, ob hier nicht fundamentale Beziehungsprobleme angesprochen sind; diese mögen im einen Fall ihre genetische Vorgeschichte in der Vater-, in einem anderen Fall in der Mutter-Konstellation, in einem dritten in Peer-group-Rivalitäten haben. Unversehens ist damit die systematische Frage nach dem Recht von Abstraktionen in die genetische Frage nach der Herkunft von Problemkonstellationen hinübergewechselt; solche Fragen nach der Herkunft sind aber nur sinnvoll zu stellen, wenn man angeben kann, die Herkunft *wovon* man diskutieren möchte, z. B. die Herkunft einer aktuell beobachteten „Beziehungs-Thematik". Das bedeutet, daß das allgemeine Gerüst von Verallgemeinerungen und Abstraktionen, das wir im Kopf haben, allemal der Ausgangspunkt für die Konstruktion (oder „Rekonstruktion", wie es heute gern genannt wird) auch von „Vorgeschichten" ist.

Die Balance zwischen diesen uns, den Sozialpädagogen, unwillkürlich, aber auch notwendig auferlegten Attitüden von einesteils intimer Bemühung um die Sinnrichtung jedes einzelnen Falles, anderntneils von Verallgemeinerungs-Unterstellungen, mit denen wir, in der Verstehens-Absicht, operieren müssen, kann man als „Takt" bezeichnen. Nun ist freilich „Takt" ein Ausdruck, der sehr traditionalistisch anmutet und demgegenüber man deshalb andere Vorbehalte haben kann. M. Brumlik ersetzt ihn deshalb durch „Respekt". Dieser Respekt oder Takt bedeutet, so zu verfahren − in der Theorie wie in der Praxis −, daß das Verstehen dazu dient, dem anderen „die Sorge für sein eigenes Leben zu ermöglichen" (Brumlik in Müller/Otto 1984, S. 61). Eine „Klugheitsregel" nennt Brumlik, in Verwendung eines Ausdrucks von Kant, deshalb das, was den Drahtseilakt zwischen Individuellem und Allgemeinem leiten sollte, und er zitiert den folgenden Passus H. G. Gadamers zur Erläuterung:

„Wir verstehen unter Takt eine bestimmte Empfindungsfähigkeit für Situationen und das Verhalten in ihnen, für die wir kein Wissen aus allgemeinen Prinzipien besitzen. Daher gehört Unausdrücklichkeit und Unausdrückbarkeit dem Takt wesentlich zu. Man kann etwas taktvoll sagen. Aber das wird immer heißen, das auszusprechen, was man nur übergehen kann. Übergehen heißt aber nicht: von etwas wegsehen, sondern es so im Auge zu haben, daß man nicht daran stößt, sondern daran vorbei kommt. Daher hilft Takt dazu Abstand zu halten, er vermeidet das Anstößige, das Zunahetreten und die Verletzung der Intimsphäre der Person" (Gadamer 1972, S. 13).

Das hat Folgen für die sozialpädagogisch-hermeneutische Diagnose: Je weiter wir zur Abstraktion aufsteigen, aber auch je dichter wir an das Intim-Individuelle heranzugehen versuchen, um so eher sind wir in Gefahr, taktlos zu verfahren. Im ersten Fall wird das Individuum − um im Bild zu sprechen − mit gängigen Kleidermoden ausgestattet, im zweiten Fall wird es bis zur Nacktheit entkleidet. Die Hermeneutik sucht nach dem Dritten, nach einem Kleid, in dem das Intim-Individuelle und das Allgemein-Soziale zusammenkommen kann.

Mit derartiger Skepsis ist also der Versuch belastet, die ohnehin vielleicht schon beobachtete Taktlosigkeit der Formulierung von Lebensthemen, hier mehr und dort weniger, in die Richtung noch weitergehender Abstraktion zu treiben, wenn nun auch noch diese Themen einer sortierenden Klassifikation unterworfen werden. Allein: wie soll man klassifizieren, und welchen Zweck verfolgt man mit Klassifikatio nen? Ehe dieses Problem diskutiert wird, teilen wir tabellarisch mit, was wir getan haben (Tabelle 2, 3 und 4; es wurden hier vollständigkeitshalber auch die Themen mit aufgenommen, die während des Projekts anhand der Zweitinterviews nachträglich noch diagnostiziert oder spezifiziert wurden).

Tabelle 2:

Leibbezogene Themen

Differenzierende Kategorie	Thema
1. Körperkoordination; Feinmotorik; Leibversorgung; Spürenserfahrung	1. „Verlorenheit im Raum", Schwierigkeit, eine Balance zu finden zwischen seinem Ich, seinen unbewußten seelischen Impulsen und diese mit seinem Leib und der dinglichen Welt zu koordinieren (M) 2. Unsicherheit in Gruppen und Wunsch, „Koch zu sein", „eine eigene Küche zu haben", Schutz vor Konkurrenzkämpfen und Irritationen (H) 3. Schwierigkeit mit „Müttern" und das Thema Essen („Zu Hause gab's nur Suppe") (E) 4. Sich selbst nicht spüren können, keine verträglichen Formen des Sich-Spürens (K) 5. Ablehnende Mutter, Wunschbild von Müttern/ Entwickeln eines realistischen Mutterbildes (Q) 6. Tätigkeitsdrang und Ruhebedürfnis. Wie kann ich mir Situationen schaffen, die eine Balance zwischen Ruhe und Anspannung ermöglichen? (D) 7. „Sich spüren" durch Bewältigung situativer Herausforderungen (C) 8. Schwierigkeiten mit dem eigenen Leib, Fein- und Grobmotorik, Koordination im Auge-Hand- und Auge-Bein-Feld (E/A) 9. von Müttern im Stich gelassen werden; Angst, nicht regelmäßig mit Nahrung versorgt zu werden (A) 10. soziale Beziehungen mit zwanglosen Formen der Verständigung und mit Vertrauen auf zuverlässige Versorgung mit Essen (A)
2. Umgang mit Dingen; instrumentell vermittelter Bezug zwischen Leib und Welt; Stärke beweisen	11. Schwiergkeiten, einen sinnhaften Bezug zwischen Leib und Dingen herzustellen (F) 12. Sich im Überwinden von Widerständen verwirklichen (I) 13. Selbstverwirklichung durch den Einsatz von Körperkraft gegen Widerstände (L)

	14. egozentrische Körperthematik, die eher auf Energie und Bewegung als auf Beziehungs-Figurationen hin orientiert ist. Interesse an Leistung durch Einsatz gegenständlich gerichteter Kraft (B)
	15. Wo ist das „Ich" zwischen Computer und Feuerspiel, leibferne Sinnleere (C)
	16. Interesse an Leistung durch gegenständlich gerichtete Kraft und Überwindung von Widerständen, dabei Unterstützung von männlicher Bezugsperson (F)
	17. Anerkennung/Bestätigung von männlichen Bezugspersonen durch eher männlich besetzte Tätigkeiten (O)
	18. Diskriminiertwerden versus Anerkennung, Suche nach Tätigkeiten, die die eigene Besonderheit herausstellen (R)
	19. Wunsch, eigene Stärke zu entdecken durch Bewältigung situativer Herausforderungen, sich messen am Erreichen von selbstgesteckten Zielen (P)
	20. Unterlegenheit − Überlegenheit in sozialen Beziehungen, sich selbst beweisen durch Körpergewalt (P)
	21. Angst vor Unterlegenheit, Wunsch nach Dominanz und Stärke beweisen in sozialen Beziehungen (O)
	22. Wunsch nach dynamischen Bewegungen und dazu im Widerspruch stehender Ausdruck von statischer Kraft. Unsicherheit in männlicher Körperthematik, die durch die Vatererfahrung geprägt ist (B)
	23. eigene Stärke entdecken durch Überwinden von Widerständen (G)
	außerdem: Nr. 7, 4

Tabelle 3:
Beziehungsthemen

Differenzierende Kategorie	
1. Verständigung, Abstimmen wechselseitiger Erwartungen; Aushandeln von	24. Ärger mit Stiefvater und „Chefs", Wunsch nach Anerkennung aufgrund individueller Qualitäten und gemeinsamer Interessen versus Anerkennung über formale Referenzen, abstrakte Leistungen und Erwartungen (G)

Umgangsregeln; Überlegenheit/ Unterlegenheit in sozialen Beziehungen	25. „Reiseverkehrskaufmann", Wunsch nach einer Tätigkeit, die selbst und anderen Genuß bereitet. Suche nach einem Kompromiß zwischen abstrakt-formalem Äquivalententausch und gemeinsamen Interessen und gegenseitigem Engagement (G) 26. Affekt und Distanz. Hin und Her zwischen distanzlosen, unvermittelten Handlungen und unvermittelbarer Distanziertheit (M) 27. „Ich brauch dich nicht", aber „hilf mir" (K) 28. Keinen Standpunkt finden können zwischen „Eigenem" (Ich) und „Anderem" (Du), zwischen „Möglichem" und „Wirklichem" (K) 29. Käuflichkeit sozialer Beziehungen (E) 30. Wunsch nach vertrautem und zuverlässigem Setting mit geregelten Tauschverhältnissen (Arbeit gegen Lohn) (K) 31. Niedergeschlagenheit und aggressive Momente in sozialen Beziehungen als Ausdruck für eine emotionale Hin- und Hergerissenheit zwischen Nähe und Distanz (P) 32. Abhängigkeit von der Entscheidung anderer (R) 33. Schlagen und geschlagen werden − Autoritätsverhältnisse (N) 34. Ungelöster und mit Gewalt ausgetragener Konflikt zwischen Eigen- und Fremdinteressen in der Beziehung zur Mutter (S) 35. Schwierigkeiten, in Beziehungen mit Männern ein verträgliches Verhältnis von Nähe und Distanz zu bestimmen, Macht- und Ohnmachtgefühle in Liebesbeziehungen (O) außerdem: Nr. 20, 21, 17, 10
2. Vertrauen, Verläßlich- keit	36. Von den Müttern im Stich gelassen zu werden (H) 37. Suche nach einer Pflegefamilie (M) 38. „Binnenschiffer", Wunsch nach einer Quasi-Familie mit dichter Arbeitskooperation und „Auslauf"-Möglichkeit (E) 39. Was ist mein, was ist dein, was ist unser? Wunsch nach einem vertrauten Partner und Angst vor Konkurrenz und „Selbstverlust" (D) 40. Unsicherheit bezüglich der Vertrautheit und Verläßlichkeit in Beziehungen, Wunsch nach verläßlichen Freundschaften verbunden mit der Einhaltung vereinbarter Grundsätze (O) 41. „Sich durchs Leben schlagen" − der fehlende Vater (N) 42. Suche nach Geborgenheit, nach einem zuverlässigen Zuhause mit Möglichkeiten zur Selbstverwirklichung (R)

	43. Angst, auf sich selbst gestellt zu sein, Suche nach Geborgenheit in dichter sozialer Beziehung und Repräsentation von Stärke durch andere Personen (P)
	44. Kein Zuhause haben und der Wunsch nach vertrauten Personen/Beziehungen in einem verbindlichen Rahmen (Q)
	45. „Ich weiß nicht, ob mein Vater mit mir zusammenleben will" (L)
	46. Inwieweit kann ich meinem Gefühl vertrauen, mich auf jemanden zu verlassen, gibt es überhaupt Sicherheiten hinsichtlich der Glaubwürdigkeit anderer und der Zuverlässigkeit meiner selbst? (I)
	außerdem: Nr. 3, 5, 9, 21

Tabelle 4:
Ich-Entwurfs-Themen

Differenzierende Kategorie	
1. (Gruppen-) Zuge-hörigkeit, Selbst-lokalisierung	47. Abstraktes Selbst- und Weltverhältnis, Selbstbeurteilung und Einschätzung anderer nach Maßgabe von Klassifikationen, Wunsch nach sozialen Etiketten (Zugehörigkeit) (C)
	48. Geborgenheit in dichter sozialer Beziehung versus Vagabundenleben (A)
	49. Reiz und Risiko des Lebens in der Fremde (A)
	50. archaische Form des Reisens (A)
	51. „nicht tragbar sein" (C)
	52. Soziale „Für-oder-gegen-Alternative" (schwarz-weiß) (H)
	53. Das „Ich" zwischen Gegensätzen (Vater und Mutter) und seine Lokalisierung in einer Art Mittelfeld (I)
	54. Rivalitätskampf um Zuneigung und Anerkennung (R)
	55. Wo bin ich zu Hause? Auf der Reise – zwischen den Grenzen unterwegs. Wo will ich mich häuslich niederlassen? (N)
	56. „Ich werde aggressiv, wenn ich das Gefühl habe, unerwünscht zu sein" (E)
	57. Alleinwohnen und sich selbst versorgen versus Geborgenheit in dichter sozialer Beziehung mit Verbindlichkeiten (A)
	58. archaische Reisen, Abenteuer, Reiz und Risiko in einer technisierten, verstädterten Umwelt (A)
	außerdem: Nr. 39, 15, 37, 46, 18, 43

2. Anpassung und Abgrenzung	59. Anpassungsprobleme an komplexe Sachverhalte mit hohen kommunikativen Anforderungen und Wunsch nach einem Ort der Ruhe (F) 60. Suche nach einem eigenständigen Bereich der Selbstfindung (H) 61. Bedürfnis nach einer „solipsistischen Oase", nach Ruhe und Geborgenheit, ohne Konfrontation mit Erwartungen, Zyklisches statt Lineares (B) 62. Wie kann ich denn überhaupt wissen, wer ich bin? (L) 63. Für sich und bei sich sein, Suche nach einem Bereich der Selbstfindung und Abgrenzung (D) 64. Für sich sein und teilhaben; Erfahrungen mit unmittelbarer Gewalt, Suche nach Schutzräumen und selbstverträglichen Formen der sozialen Teilhabe (S) 65. Wie kann ich mir selbst ein dauerhaftes Zuhause schaffen? (Q) außerdem: Nr. 18, 2, 40, 49, 39, 58
3. Selbstentwurf, Balance zwischen Selbst- und Fremdbild; Umgang mit Zeit	66. Diskrepanz zwischen Begehren und Realität, Wunsch nach einem „Konzept vermittelter Botschaften" zwischen eigenem Selbstbild und dem, das sich die anderen machen (H) 67. Schwierigkeiten mit Zukunft und Vergangenheit (Erinnern und Planen) (F) 68. Selbst- und Fremdbestimmung. Was mit der Zeit tun — planen oder vergehen lassen? (D) 69. Schwierigkeiten, eine für sich verträgliche Form und Sprache zu finden, um über sich und Selbsterfahrungen authentisch zu sprechen (S) 70. Besinnen auf eigene Lebenserfahrungen und Suche nach sinnstiftenden Tätigkeiten (Q) 71. Wunsch, Erzieherin zu werden, überhöhte Ansprüche an die eigene Person (Q) 72. Schwierigkeiten mit weiblichem Sebstverständnis und Körperkonzepten aufgrund einer von Überlegenheit und Unterlegenheit geprägten Auffassung von Männer und Frauenrolle (O) 73. Selbstbild als Frau; Selbstwert und Konvention (Q) außerdem: Nr. 32, 27, 47, 26, 62

Die hier ins Spiel gebrachte Klassifikation, das wird jedem kritischen Leser auffallen, hat eine gewisse Künstlichkeit. Sie behielte die Künstlichkeit auch dann, wenn wir zu ihrer Rechtfertigung Autoritäten zitieren würden, beispielsweise Goethe oder H. Pleßner, die phänomenologischen Theoretiker der „Lebenswelt" oder psychoanalytische Autoren. Man könnte ja, womöglich mit gleichem Recht, auch andere Klassifikationen verwenden, beispielsweise diese:

— Themen der materiellen Reproduktion, der sozialen Orientierung, der seelischen Befindlichkeit, oder

— Themen, die eher kognitiv, und Themen, die eher affektiv profiliert sind, oder

— Themen, die sich auf Zeitstrukturen, solche, die sich auf Raumstrukturen, und schließlich solche, die sich auf Sozialstrukturen beziehen, oder

— Themen, die sich auf formelle Erwartungen, auf informelle Erwartungen beziehen und solche, die gar keine Erwartungsstruktur erkennen lassen — also alle drei einen normativen Bezug haben, oder

— eher auf Normatives bezogene Themen, eher auf Funktional-Systemisches bezogene Themen, oder

— Themen, die die aktuelle Befindlichkeit, und solche, die Entwicklungsprobleme zur Sprache bringen, usw.

Auch für diese Klassifikationen würde sich leicht je eine „theoretische" Rechtfertigung finden lassen. Man kann eben Geschichten über den Menschen auf vielerlei Weisen erzählen. Warum also ordnen wir die Geschichten, die die Jugendlichen uns erzählten, im Sinne der drei abstrahierenden „Meta-Geschichten" vom Leib, den Beziehungen und den Ich-Entwürfen?

Die Antwort ist nicht schlüssig möglich, sondern nur als plausible: Da unsere Diagnosen als pädagogische den Zweck haben, Bildungs- und Selbstbildungshilfen für solche Jugendliche zu finden, die unter gravierenden Verhaltensproblemen leiden, besonders im Bereich der Selbstkontrolle und der sozialen Interaktion, liegt es nahe, die Themen so zu klassifizieren, daß sich damit auch Anregungen, Hilfen, Interventionen verbinden lassen, die sich möglichst dicht auf diese Probleme beziehen. Im Anschluß an phänomenologische Argumentationen scheint die Vermutung sinnvoll zu sein, daß Probleme der eigenen *„Leibhaftigkeit"* in diesem Alter nicht nur von fundamentaler Bedeutung sind, sondern von den Jugendlichen auch zur Sprache gebracht werden können. Das starke und in der Jugendforschung immer wieder konstatierte Bedürfnis nach Körper-Inszenierungen, die verschiedenen „Sprachen", in denen es zum Ausdruck gebracht wird (Kleidung, Haartracht, Rede-Formen, auch pures Verhalten in Interaktionen), machen diese Kategorie ebenso plausibel wie das „Leib-Apriori", die kaum bestreitbare Behauptung nämlich, daß soziale Interaktionen, Selbstbewußtsein, Selbstbild und Selbstwertgefühl besonders in solchen Lebenssituationen eine entscheidende Voraussetzung in leibgebundenen Erfahrungen haben, in denen es um den Erwerb elementarer Kompetenzen oder um die Verarbeitung von Ich-Irritationen („Identitäts"-Problemen, wie es heute zumeist heißt) geht. Beides fällt in der Früh-Adoleszenz zusammen.

Die ebenfalls in dieser Lebensphase immer wieder beobachteten Tendenzen zur Emanzipation aus der Herkunftsfamilie und besonders, in unserem Fall, aus den institutionellen Settings, häufig belastet durch Problemstände der Vergangenheit, mißlungene soziale Konstellationen, auch Erfahrungen mit der eigenen Unfähigkeit, aggressive Impulse nicht dissozial auszuagieren, Außenseiter- oder Sündenbock-Erfahrungen, teils schwerwiegende Autoritätsängste, und dies alles dicht angeschlossen an das Verhältnis zum eigenen Leib, haben uns veranlaßt, die entsprechenden Mitteilungen in der Klasse *„Beziehungsthemen"* zusammenzufassen.

Schließlich drängen die Lebensstrebungen in dieser Phase, alle neueren Jugendstudien zeigen das, in ein häufig unsicher erscheinendes Zukunftsfeld hinein; der „weg-von"-Tendenz korrespondiert eine „hinzu"-Tendenz, wenngleich die Ziele häufig diffus, häufig stereotyp sind, jedenfalls eine Suche nach neuem Stil, neuen Identitätsentwürfen und nach der Selbstlokalisierung in sozialen Verhältnissen. Die neuerdings in der Familien- und Jugendforschung vordringlich diskutierte „Individualisierungs"-Hypothese — die Beobachtung nämlich, daß Sinnfindungsbewegungen des Jugendlichen, über die immer bekannt gewesene Charakteristik der frühen Adoleszenz hinaus, heute insofern schwieriger geworden sind, als die sozialstrukturelle relative Freisetzung des Jugendalters nun nicht mehr mit überzeugenden und kollektiv verbindlichen Sinnmustern kompensiert werden kann — diese Hypothese spitzt sich bei den Jugendlichen unserer kleinen Stichprobe zu der seelisch dramatischeren zu, daß nämlich „Individualisierung" nicht nur Vereinzelung bedeuten kann, sondern nun als soziale Vereinsamung droht, auf die man um so heftiger reagiert; wir nennen diese Themenklasse „Ich-Entwürfe".

Den Praktiker wird es nicht verwundern, wenn er nun, im Vergleich dieser drei Themen-Klassen mit den je zugeordneten Einzelthemen, viele Überschneidungen feststellt. Das weist noch einmal darauf hin, daß die „Themen-Klassen" Abstraktionen sind, Gesichtspunkte, mit deren Hilfe die Aufmerksamkeit gerichtet wird. Wenn beispielsweise für den „Diagnostiker", den Interpreten der Selbstmitteilungen eines Jugendlichen, dessen schwierige und leidvolle Erfahrungen in dem Thema zusammenzulaufen scheinen „Wie kann ich denn überhaupt wissen, wer ich bin?", dann ist sofort ersichtlich, daß eine solche Frage mit allergrößter Wahrscheinlichkeit nicht nur die Ich-Entwurfs-Thematik zur Sprache bringt, sondern auch in Hinsicht auf ihre Leib-

und Beziehungskomponente verstanden werden muß; erst durch solche Erläuterungen verliert sie ihre eigentümliche abstrakte Allgemeinheit, die, in der formulierten Form, schließlich auch für die intellektuellen Protagonisten in den Romanen Max Frischs geltend gemacht werden könnte, womit sie sich freilich von der sozialpädagogischen Besonderheit unserer Problemstellung allzuweit entfernt hätte.

5. Themen und Tätigkeiten

Während der dreijährigen Projektzeit wurden von uns, wie schon erwähnt, insgesamt 18 Diagnosen verfaßt. Jede Diagnose endete mit einer pädagogischen Aufgabenstellung, mit Tätigkeitsvorschlägen oder zumindest mit einem Aufgabenprofil, das nach unserer Vermutung zur psychosozialen Stabilisierung des Jugendlichen beitragen könnte. Diese aus den Selbstberichten der Jugendlichen herausgelesenen Tätigkeiten und Aufgaben enthalten also, stärker als die Bestimmung der Lebensthemen, ein hypothetisch-prognostisches Moment; es ist der im engsten Sinne „pädagogische" Teil der Diagnose, und er war eine konkrete Nahtstelle mit dem Praxisprojekt, wesentlich dafür, daß es sich um Diagnosen handeln sollte, die Vermutungen über den künftigen Umgang mit den Jugendlichen enthalten. Die diagnostischen Beschreibungen wurden also mit einer auf Tätigkeiten bezogenen Hypothese verknüpft. Die Hypothesen hatten, als praktische Empfehlung, etwa die folgende allgemeine Form:

Wenn Ihr (die Praktiker) den Jungen X oder das Mädchen Y mit derjenigen Tätigkeit dauerhaft konfrontiert, die wir aus seinen Gesprächsäußerungen entnommen haben, dann steigt die Wahrscheinlichkeit, daß sie sich im Hinblick auf ein persönlich befriedigendes und sozial akzeptables Verhalten stabilisieren.

Die Diagnosen waren gegenüber verallgemeinerten Vorschlägen (z. B. Gewöhnung an einen geregelten Tagesablauf, körperliche Grenzen testen, Konflikte anders als durch Gewalt lösen oder Frustrationsspielräume einüben) konkreter und brachten nur solche zur Sprache, die eine bestimmte Tätigkeit/Aufgabe dieses Jugendlichen darstellten und das Gruppensetting sowie die örtlichen Gegebenheiten berücksichtigten.

Die Tabellen 5 — 7 enthalten alle Tätigkeiten/Aufgaben, die innerhalb der Diagnosen vorgeschlagen wurden, aber auch solche, die dann tatsächlich während des Praxisprojektes zum Zuge kamen. Diese zweite Gruppe von Tätigkeiten ist eine im einzelnen schwer rekonstruierbare Mischung, die sich aus den diagnostischen/prognostischen Hypothesen, den tatsächlich realisierten Neigungen der Jugendlichen, den Vorlieben/Überzeugungen der Erzieherinnen und Erzieher und den situativen Bedingungen ergab.

Tabelle 5:
Leibbezogene Lebensthemen, diagnostisch/prognostisch vorgeschlagene und zusätzlich realisierte Tätigkeiten; in Klammern die Chiffren der Jugendlichen nach Tabelle 1

Differenzierende Kategorie	II Diagnostisch-prognostisch vorgeschlagene Tätigkeiten	III Zusätzlich realisierte Tätigkeiten
1. Körperkoordination, Feinmotorik; Leibversorgung; Spürenserfahrung	– sensomotorisches und handwerkliches Training (M/E) – Kochen, Einkaufen (E/H) – Holzhacken, Grillen, Feuermachen (K) – Wanderungen (D) – versorgende Tätigkeiten auf dem Bauernhof, Behüten einer Kindergruppe (Q)	Gartenarbeit, Rollschuhfahren, Geschicklichkeitspiele, Schwimmen, Wasserski, Mountainbike fahren (M) Angeln (E/D) Surfen (K) Feuer machen, Grillen, Fallen bauen, Retten und Bergen, Holzhacken (C) Wandern (alle) Jungtiere versorgen (Q) Schwimmen, Tauchen, Arbeit im Restaurant, Fische ausnehmen (E/D) Kochen, Backen (H) Einzelbiwak (K) Arbeit in Bäckerei und Restaurant, Briefe an Mutter schreiben, Gartenarbeit für warme Mahlzeiten (A)
2. Umgang mit Dingen, instrumentell vermittelter Bezug zwischen Leib und Welt; Stärke beweisen	– Maschinen und Motoren bedienen und warten (F/O) – Schutz- und Nothelfer, Ausbildung im KFZ-Bereich, praktische Rettungsübungen (I) – Bau einer Schutzhütte (B) – leibnahe Tätigkeiten (C) – handwerkliche und landwirtschaftliche Tätigkeiten (O/P) – Nähen, Malen, Werken, Färben von Stoffen (R) – Körperkraftbezogene Tätigkeiten mit Holz (L) – naturnahe, situative Herausforderungen (Wandern und Klettern) (O) – Traktor fahren (O)	Wandern, Kraftspiele, Holz sägen und hacken (B/F/L) Mauern und Möbel bauen (B/F) Angeln (B/F) Retten und Bergen (C) Abseilen (L/B) Schwimmen (L/B) Wandern (alle) Tauchen (F/C) Joggen (B) Fahrräder und Mofa reparieren (O) Schmuck herstellen, Malen (R)

Tabelle 6:
Beziehungsthemen, diagnostisch/prognostisch vorgeschlagene und zusätzlich realisierte Tätigkeiten

I Differenzierende Kategorie	II Diagnostisch-prognostisch vorgeschlagene Tätigkeiten	III Zusätzlich realisierte Tätigkeiten
Verständigung, Abstimmung wechselseitiger Erwartungen; Aushandeln von Umgangsregeln; Überlegenheit/Unterlegenheit in sozialen Beziehungen	– Planen einer Reise, Reiseleitung (G) – Briefe schreiben (M/K) – Tätigkeiten, die Abgrenzung, Überschaubarkeit von Ursache und Wirkung ermöglichen (K) – Stuhl bauen (K) – Kochen (E) – Handeln (K) – Unterrichtung im Umgang mit Ämtern (N)	Einzel- und Gruppengespräche Ballspiele (K, P, S, R)
Vertrauen, Verläßlichkeit	– Kochen (H/E) – Schutz- und Nothelfer (I) – Unterrichtung im Umgang mit Ämtern (N) – Nähen, Malen (R) – Situative Herausforderungen bewältigen in einer 1:1-Situation (Q, P)	Briefe schreiben (L/R/Q) Arbeiten bei einer Restaurantfamilie (M/E) Arbeiten bei einem Bäcker (I/A) Angeln (D) Abseilen (I/B) Wohnwagen einrichten (R/Q) eigene Biographie besprechen (alle) Fahrten allein mit einem Erzieher (alle) Kanu und Schiff fahren (I/B)

Tabelle 7:
Ich-Entwurfsthemen, diagnostisch/prognostisch vorgeschlagene und zusätzlich realisierte Tätigkeiten

I Differenzierende Kategorie	II Diagnostisch-prognostisch vorgeschlagene Tätigkeiten	III Zusätzlich realisierte Tätigkeiten
(Gruppen-) Zugehörigkeit, Selbstlokalisierung	– leibnahe Tätigkeiten (C) – kleine Reisen mit 1:1-Betreuung (A) – Kochen (H) – Schutz- und Nothelfer (I) – Reisetagebuch (N)	Retten und Bergen, Reise planen und organisieren (C) Wandern (A) Arbeiten bei Restaurantfamilie und Bäcker (A/I/M) Einzel- und Gruppengespräch (alle) Briefeschreiben (L/R) Frisieren (H/R) Wohnwagen einrichten (R) Kleider nähen und bemalen (H)

Anpassung und Abgrenzung	– Maschinist (F) – Kochen (H) – Schutzhütte bauen (B) – „körperkraftbezogene" Tätigkeiten mit Holz, Maltherapie (L) – Malen, Nähen, Färben (R) – Angeln (D/H)	Wandern, Einzelbiwak (A) Möbel und Einrichtungsgegenstände für die eigene Wohnung bauen (Q) Frisieren, Skulptur bauen, Kleider bemalen, Zeichnen und Malen (H) Stuhl bauen (B) Fotografieren (L) Elektriker (D) Wohnwagen einrichten (S)
Selbstentwurf, Balance zwischen Selbst- und Fremdbild, Umgang mit Zeit	– Tagebuchführen (S/Q) – Konkrete sinnlich-leibliche Spürenserfahrungen zur Sprache bringen, leibnahe Erfahrungen und körperlich herausfordernde Situationen ermöglichen, wie z. B. Wandern und Reiten (S) – Maschinen warten (F) – Malen, Schreiben von Gedichten, Rolle als „Rechtsanwältin" (Q) – körperlich anstrengende Tätigkeiten, handwerkliche und landwirtschaftliche Tätigkeiten, Maschinen bedienen, männlich besetzte Tätigkeiten (O)	Angeln (D) Buchführung (F) Kochen, Frisieren, Skulpturen bauen, Kleider bemalen, Zeichnen und Malen (H) Sich selbst verpflegen (R) Briefe und Gedichte schreiben (S) Fotografieren (S/L/G) Wochenbericht schreiben (Q) Gruppen- und Einzelgespräche (alle) Wandern, Schwimmen (S) Schulunterricht und -nachhilfe (Q) Schmuck herstellen, Kleider entwerfen, Rollenspiele, Schminken, Masken herstellen, Kollagen zur Frauenrolle anfertigen (alle Mädchen) Abseilen (I)

Man kann die Informationen, die in diesen drei Tabellen enthalten sind, in verschiedenen Richtungen interpretieren. Es liegt nahe, mit einer Interpretationsrichtung zu beginnen, die das theoretische Interesse, zunächst jedenfalls, zu befriedigen scheint: die aus den Diagnosen gewonnenen *Tätigkeitsvorschläge* weichen zumeist von den tatsächlich realisierten nicht allzuweit ab. Obwohl die Erzieherinnen und Erzieher die einzelnen Vorschläge der Diagnosen sehr unterschiedlich aufgegriffen haben — die Männer eher, die Frauen weniger —, folgten doch alle dieser pädagogischen Aufmerksamkeitsrichtung. Sie verschoben zwar, situativ gebunden, die vorgeschlagenen Tätigkeiten zu anderen hin; sie ermöglichten auch Tätigkeiten (wie „Schmuck herstellen"), die sich der Themenklassifikation nicht ohne weiteres fügten, vor allem auch in ihrem prospektiven Sinn sich den „Diagnostikern" (Männer *und* Frauen!) nicht überzeugend erschlossen; sie akzeptierten aber offensichtlich den hermeneutischen Gesichtspunkt (alle in Spalte III aufgeführten Tätigkeiten sind in den Erzieherinnen- bzw. Erzieher-Protokollen enthalten), sowohl in seiner diagnostischen als auch prognostischen Variante: daß nämlich *einerseits* „Verstehen von Jugendlichen" nicht nur heißt, den Sinn ihrer sprachlichen Äußerungen nachzuvollziehen, sondern auch, die Bedeutung ihrer leibhaft-gegenständlichen Tätigkeit zu ermitteln; und daß dies wiederum, *andererseits*, eine pädagogisch-prognostische Bemühung vernünftig erscheinen läßt, die nach dem bildenden oder therapeutischen Sinn solcher Tätigkeiten fragt.

Weniger plausibel (mehr läßt sich bei derart geringen Fallzahlen kaum sagen) ist demgegenüber die *Zuordnung von Tätigkeiten zu Lebensthemen*. Sie scheint im Falle der Beziehungsthemen eher zu gelingen als in bezug auf die anderen beiden Kategorien. Darin wird eine Ungenauigkeit in der Verwendung des „Tätigkeits"-Begriffs deutlich, mehr vielleicht noch seiner Übertragung in Beobachtungs-Prozeduren. Tätigkeiten wie Angeln, Kochen, Fotografieren, Briefeschreiben, Gruppengespräche-Führen, Kleider-Bemalen usw. können zwar im Sinne der drei Themen-Kategorien klassifiziert werden, aber nur oberflächlich. So geschieht es, daß dort, wo schon der oberflächliche Blick eine Beziehungs-Thematik erkennen läßt — vor allem durch Wort, Schrift und beobachtbare Interaktion —, die Klassifikation zu gelingen scheint; im Falle der anderen, besonders der auf die Leibthematik bezogenen Tätigkeiten aber fällt auf, daß diese, wenn man sie sich genauer veranschaulicht, eine viel größere Komplexität anzeigen, als durch die reduzierende Themen-Klassifikation nahegelegt ist: es gibt keine leibthematische Tätigkeit in den Tabellen, von der nicht, bei detaillierter Beobachtung und Beschreibung, behauptet werden könnte, sie beträfe ebenso wie Leibhaftes auch die Beziehungs- und Ich-Entwurfs-Probleme der Jugendlichen. Damit wird nicht nur das phänomenologische Leib-Apriori bekräftigt, sondern ein wichtiger weiterer Schritt hermeneutischer Diagnosen nahegelegt: hermeneutisches Verstehen darf sich offenbar nicht auf sprachliche Materialien beschränken, dann jedenfalls nicht, wenn es in sozialpädagogischem Interesse geschieht; es muß auch diejenigen Lebensvorgänge sich zum Gegenstand der Deutung machen, die in der sprachlichen Mitteilung gleichsam nur als Stichwort auftauchen („Zu Hause gab's nur Suppe"). Es wird dann vermutlich zum Vorschein kommen, daß die lebensthematische Relevanz von leibnahen Tätigkeiten ein Problemspektrum enthält, das mit unserer Klassifikation nicht zureichend abgebildet ist.

Die Tabellen und die darin vorgenommenen Klassifikationen lassen sich noch in einer dritten Hinsicht kritisch interpretieren, nämlich mit Bezug auf das Verhältnis von *Wissenschaft und Praxis*. Vergleicht man die diagnostisch ermittelten mit den tatsächlich realisierten Tätigkeiten, dann fällt ein Unterschied ins Auge, der mit der Differenz zwischen der Schreibtischtätigkeit des Diagnostikers und der Komplexität, jedenfalls aber Andersartigkeit der Praxis, der tatsächlichen Lebensvollzüge zu tun hat. Das ist ein Anlaß für Selbstkritik des Wissenschaftlers in seinem Verhältnis zur Praxis oder, wie es gelegentlich auch heißt, zum „Alltag" (Thiersch 1986) sozialpädagogischen Geschehens. Der professionelle Blick — nicht nur der des Wissenschaftlers, sondern auch der des ausgebildeten Sozialpädagogen — ist offensichtlich stilisierend, verfällt der Subsumptionssuggestion seiner Kategorien und gerät dadurch, jedenfalls häufig, in Differenz zu dem, was tatsächlich geschieht. Natürlich ist auch dieses, das „Tatsächliche", nur in seiner Erscheinungsweise gegeben, z. B., in unserem Fall, in den protokollarischen Mitteilungen der Erzieher-Wochenberichte. Daß sie uns Zuverlässigeres über „die Wirklichkeit" mitteilen als die Selbstaussagen der Jugendlichen oder die kategoriengeleiteten Deutungsresultate der Wissenschaft, ist kaum auszumachen. Zuverlässig aber können wir sagen, daß es offenbar verschiedene Hinsichten der Wirklichkeitskonstruktion gibt. Das gilt sozialpädagogisch besonders dann, wenn man akzeptiert, daß „Wirklichkeit" auf mindestens zwei Weisen konstruiert wird: jede Handlung, sei sie nun „alltäglich" oder sonstwie beschaffen, bringt sich die je eigene, passende Wirklichkeitsweise hervor, betont dieses, läßt jenes zurücktreten, erzeugt so diejenige Perspektive, in der sich „Wirklichkeit" für den Handelnden konstituiert. Was so für die praktische Einstellung gilt, gilt auch für die theoretische; auch sie konstituiert in ihren Begriffen („Konstrukten"!) das, was ihr als Wirklichkeit in den Blick kommt. Die beiden Spalten unserer Tabellen erlauben einen kritischen Vergleich zwischen beiden, wenngleich nur in erster Annäherung an das Problem. So tritt beispielsweise deutlich die größere Komplexität in der Spalte III, die ja die Praxis zu repräsentieren versucht, hervor. Aber auch die entgegengesetzte Beobachtung gibt zu denken: im Hinblick auf Beziehungsthemen (Tabelle 6) war die Phantasie in der praktischen Situation nicht reichhaltiger als die gedankliche Vorwegnahme der Diagnostiker. Das nehmen wir als Hinweis darauf, daß die Sozialpädagogik, mindestens jedenfalls unsere wissenschaftliche Begleitgruppe, einen Stand der Interaktionsdiskussion erreicht hat, der mit den Praktikern weitgehend übereinstimmt. Dieser Befund enthält aber auch den kritisch zu beurteilenden Sachverhalt, daß die Praxis im Hinblick auf leibbezogene und auf Ich-Entwurfs-Thematik beträchtlich mehr enthält, als der theorieorientierten Diagnostik einfällt (Tabelle 5 und 7).

Derartige Beobachtungen zeigen ein hermeneutisches Defizit der Sozialpädagogik an. Mit Ausnahme der Verwendung „narrativer" oder „schwach strukturierter", „offener" Interviews mit Jugendlichen, deren Interpretationsmethodik dem Stand der qualitativen Sozialforschung entnommen wird und insofern auch den hermeneutisch-methodischen Traditionen zugehört, bleibt Hermeneutik als Methode für Verstehensoperationen immer noch zumeist in der Ebene von philosophisch mehr oder weniger begründeter Programmatik oder allgemeinen Appellen an Verstehensbereitschaft stecken (vgl. z. B. Brumlik 1984, Mollenhauer 1985, Parmentier 1989, Thiersch 1986). Was sie insbesondere für die Sozialpädagogik leisten könnte, ist allenfalls für Interview-Auswertungen bekannt oder für diejenige Sorte sprachlicher Protokolle, die im Konzept „objektiver Hermeneutik" (vgl. Oevermann 1976, 1979) verwendet werden. Für die eher ästhetischen Äußerungen Jugendlicher, Körperhabitus und Kleidergestus, gibt es zwar erste Schritte für das, was Jugendliche mit intensiver Beteiligung ihres Körpers tun; es gibt indessen, wenn wir recht sehen, kaum eine einschlägige Diskussion, die sich die hermeneutisch-methodischen Probleme dieser Art von Lebensäußerungen zum Thema macht. Das ist eigentlich überraschend; denn wenn, wie es unwidersprochen heißt, gerade der „Alltag" für die Sozialpädagogik ein wesentliches Orientierungsfeld sei oder sein sollte (Thiersch 1986), dann nimmt es wunder, wenn in diesem Feld die nichtsprachlichen alltäglichen Verrichtungen eine so geringe Aufmerksamkeit finden. Im folgenden versuchen wir, einige Schritte in diese Richtung zu gehen, zunächst freilich nur auf der Suche nach brauchbaren Hypothesen.

6. Einiges zur Begründung der Aufmerksamkeit für Tätigkeiten

Daß der Mensch sich nicht nur innerhalb sozialer Beziehungen bildet, auch nicht nur auf dem Weg über die Sprache, sondern auch in Auseinandersetzung mit seinem Leib und dem, was ihm sinnlich gegeben ist, ist ein Gedanke, der alt und fast trivial ist. Gleichwohl hat die pädagogische Theorie ihn nahezu ausschließlich nur für die Kindheit ausgelegt. Herder meinte es jedenfalls viel allgemeiner, als er 1778 schrieb:

„Wenn also aus unsern Sinnen in die Einbildungskraft, oder wie wir dieses Meer innerer Sinnlichkeit nennen wollen, Alles zusammenfließt und darauf unsere Gedanken, Empfindungen und Triebe schwimmen und wallen: hat die Natur abermals nichts gewebt, das sie einige, das sie leite? Allerdings, und dies ist das *Nervengebäude.* Zarte Silberbande, dadurch der Schöpfer die innere und äußere Welt, und in uns Herz und Kopf, Denken und Wollen, Sinne und alle Glieder knüpft. Wirklich ein solches Medium der Empfindung für den geistigen Menschen, als er das Licht fürs Auge, der Schall fürs Ohr von außen sein konnte. Wir empfinden nur, was unsere Nerven uns geben; danach und daraus können wir auch nur denken. (...) Ich kann mir überhaupt nicht denken, wie meine Seele etwas aus sich spinne und aus sich eine Welt erträume, ja nicht einmal denken, wie sie etwas außer sich empfinde, wovon kein Analogon in ihr und ihrem Körper sei." (Herder 1953, S. 717 ff.)

Was Herder damals noch sehr vorsichtig formulierte („Analogon"), kann heute zuverlässiger geltend gemacht werden: in der pädagogisch-phänomenologischen Diskussion ist es unstrittig, daß selbst für die reflexiven Akte des Bewußtseins der Leib das Fundament bilde (vgl. Meyer-Drawe 1984); und auch die physiologische, entwicklungsinteressierte Forschung belehrt uns darüber, daß das Leibliche nicht nur ein „Analogon" des Geistig-Seelischen, sondern dessen Quelle sei, mindestens aber ein beständiges Austauschverhältnis zwischen beidem existiere (vgl. Ayres 1984, Oerter/Montada 1982). Dieser Austausch findet seine besonders sensiblen Phasen, in denen in dieser Hinsicht mehr und Folgenreicheres geschieht als in anderen. Die Kindheit ist sicher die wichtigste dieser Phasen, und die Forschung hat deshalb im Hinblick auf sie die Probleme am differenziertesten ausgearbeitet, von den Hypothesen Fröbels zum Kinderspiel samt seiner Begründung der „Spielgaben" bis zu Piagets Theorie des Symbolspiels und den Arrangements der „Spiel-Therapie" u. ä.. Das Jugendalter aber blieb aus derartigen Aufmerksamkeiten ausgespart. Das hat vermutlich, besonders für sozialpädagogische Zusammenhänge, verschiedene Gründe.

— Das Jugendalter wurde beschrieben als Phase der Ich-Konturierung, der Suche nach Lebenssinn, nach sozialer Lokalisierung, nach „Identität" im Durchgang durch die „Diffusionen", denen 14 — 18jährige (ungefähr) ausgesetzt sind. Als das wesentliche Medium, in dem solche Diffusionen und Problemstellungen geklärt werden können, galt die Sprache. Darin unterscheidet sich Sprangers Theorie des Jugendalters von 1928 nicht von den Jugendforschern der Gegenwart, die sich der Instrumente qualitativer Sozialforschung bedienen.

— Eine solche, eigentlich am typischen Mittelschichtjugendlichen orientierte Perspektive für theoretisches Nachfragen ist aber im Hinblick auf diejenigen Jugendlichen, die in sozialpädagogischen Maßnahmen betreut werden, besonders wenn sie mit schweren Verhaltensproblemen zu tun haben, irgendwie unpassend. Zwar regulieren auch sie viel und Wesentliches über den sprachlichen Austausch, aber gleichsam nur auf der Vorderbühne. Auf der Hinterbühne ihrer sozialen Inszenierungen — viele von ihnen bestimmen ja ohnehin die gesellschaftliche Hinterbühne für das eigentliche Feld ihrer Selbstverwirklichungen — herrschen andere Formen der sozialen Interaktion, andere Praktiken der Selbstvergewisserung. Das ist für Sozialpädagogen keine Neuigkeit. Daß sich in der Klientel von Jugendhilfe-Einrichtungen — in Heimen, Wohngruppen, psychiatrischen Kliniken usw. — die Fälle häufen, in denen niedriger sozioökonomischer Status, schwieriges familiales Herkunftsmilieu, somatische Beeinträchtigungen, regionale Benachteiligungen usw. kumulieren, ist längst bekannt und braucht hier nicht noch einmal nachgewiesen zu werden. Um so überraschender aber ist es gerade deshalb, daß die sozialpädagogische Forschung — darin von der Praxis deutlich unterschieden — aus diesem Offensichtlichen und in unzähligen Texten immer wieder appellativ zur Sprache Gebrachten kaum Konsequenzen gezogen hat. Unsere Vermutung ist diese: Die Sozialpädagogik hat sich *einerseits* lange Zeit und aus guten Gründen vorwiegend mit ihren institutionellen Bedingungen befaßt; *andererseits* hat sie sich auf ihre „Klienten" gleichsam interaktionistisch konzentriert, durch die heftige Rezeption derjenigen Handlungs- und Forschungsperspektiven, die sich in Konzepten wie „Kommunikation", „Deutungsmustern", „Gesprächstherapie", „Beratung" u. ä. andeuten. Die pädagogischen Probleme aber liegen nach wie vor im Zwischenfeld: Die Institution stellt nur eine, freilich wesentliche, ihrer Bedingungen dar; der verbale Kommunikations- und Beratungsfall tritt, nach Maßgabe der alltäglichen Zeitbudgets, etwa eines Heimes, nur selten ein; dazwischen aber liegt die sozialpädagogische Praxis, angefüllt mit einer schier unüberschaubaren Fülle von Vor richtungen und Tätigkeiten, die zwar zumeist auch sprachlich kommentiert werden, deren sinnliche Gestalt aber eine je eigene Bedeutung hat — sozialpädagogischer „Alltag" eben.

— Wir vermuten für die Vernachlässigung von „Tätigkeiten" in der sozialpädagogischen Theorie und Forschung schließlich noch einen historischen Grund. Das sozialpädagogische Denken ist bis in die Gegenwart hinein mitbestimmt durch die pädagogische Geschichte der Anstaltserziehung. Diese, im 19. Jahrhundert formiert und weit in das 20. Jahrhundert hineinreichend, galt und gilt als das abschreckende Beispiel, das inzwischen gelegentlich zum Bilderbuch-Format stilisiert wurde, insbesondere in der manchmal allzu bereitwilligen Aufnahme der Thesen beispielsweise Goffmans oder Foucaults (Goffman 1971, Foucault 1976). Tätigkeiten wurden in solchen Kontexten zumeist assoziiert mit Kinderarbeit, Zurichtung für den Arbeitsmarkt, Ausbeutung; oder mit Unterprivilegierung, volkstümlicher (also auf soziale Unterschichten bezogener) Bildung, mit „praktischer" Begabung im Unterschied zur technischen und theoretischen. So ergab sich ein ideologisches Syndrom aus Kinderarbeit, Ausbeutung und (nur) praktischer Begabung, das historisch zutreffend diagnostiziert wurde, das aber zu merkwürdigen Vereinseitigungen, zu merkwürdigen Gleichsetzungen führte: Körperliche Tätigkeit ist Realisierung von (zugeschriebener) praktischer Begabung, ist Verfügbarkeit für den industriellen Arbeitsmarkt, ist Qualifikation von körperlicher Arbeitskraft und führt zu Ausbeutung. Konsequenz: sozialpädagogische Maßnahmen, die die körperlich bestimmten Tätigkeiten in die Aufmerksamkeit rücken, befördern diese Reihe und schaden deshalb — weil die Reihe bei der Ausbeutung endet — den Emanzipationsinteressen der Jugendlichen. Hingegen sei die sprachliche Distanzierung, die kritische Auseinandersetzung, das aufklärende Wort das wichtigste und letztlich entscheidende Medium der Bildung. Körperliche Tätigkeit war also im Verdacht, in die Reihe pädagogischer Zurichtungen von Arbeitskraft, diese wiederum in die Reihe industrieller fremdbestimmter Arbeitsteilungen zu gehören.

Derartige Gründe lassen sich geltend machen, wenn man erklären will, warum in der Sozialpädagogik, insbesondere in Theorie und Forschung der Heimerziehung, so wenig von Tätigkeiten die Rede ist — übrigens in auffallendem Unterschied zur Heil- und Sonderpädagogik. Hinzu kommt eine Schwierigkeit, die nun schon ganz dicht an der Sache liegt. Wenn man, im Sinne der oben zitierten Textpassage Herders, akzeptiert, daß das Leibhafte wenigstens ein „Analogon" des Seelisch-Geistigen sei, dann räumt man ein, daß die Tätigkeiten des Leibes eine symbolisierende Funktion haben können; mehr noch: Man faßt ins Auge, daß die leibliche Äußerung selbst eine *symbolisierende Tätigkeit* sein kann. Piaget hat dies für das Symbolspiel des Kindes erläutert; er hat allerdings sogleich hinzugefügt, daß dieser Zusammenhang auf die Kindheit begrenzt sei:

„In den Fällen, wo der Inhalt vom Bedürfnis nach Überlegenheit des Ich, nach Kompensation, nach Verarbeitung oder einfach nach Fortsetzung des wirklichen Lebens (Puppen usw.) zeugt, findet das Kind (ungefähr nach dem 7. Lebensjahr) immer mehr im wirklichen Leben − wenn es normal verläuft − Befriedigungen, die die symbolische und fiktive Assimilation überflüssig machen. Indem es größer wird, erweitert es seinen sozialen Wirkungskreis, und vor allem wird es einer stets wachsenden Anzahl wirklicher Personen gleichwertig (oder überlegen). Das Leben eröffnet ihm also die Mittel, zu kompensieren, zu liquidieren usw. in vielen Fällen, wo das Spiel bisher unverzichtbar war" (Piaget 1969, S. 187).

Hätte Piaget die Tätigkeiten Jugendlicher untersucht − die Beobachtungsprotokolle von seinen Kindern brechen noch vor dem Eintritt in die Pubertät ab −, so hätte er wohl feststellen können, daß in dieser Altersstufe Symbolisierungen wieder verstärkt hervortreten und eine ähnliche Funktion erfüllen wie das frühkindliche Spiel. In „Nachahmung, Spiel und Traum" bemerkt er sehr treffend, daß das Symbolspiel für das Kind ein unverzichtbares Mittel zur Konfliktbewältigung ist, weil es in einer Art „Zwischenrealität" die Gegebenheiten umstellen und neu ordnen kann. Genau diese Rolle spielen Tätigkeiten bei Jugendlichen hinsichtlich der noch nicht gelösten Konflikte der Kindheit, deren Bewältigung während der Adoleszenz ansteht (Blos 1978, Oerter/Montada 1982) − Piaget deutete das in der eingeschobenen Formel „wenn es normal verläuft" an −, aber ebenso auch prospektiv hinsichtlich der nun anstehenden Probleme sozialer Selbstlokalisierung und sinnvoller Ich-Entwürfe, die derzeit, wenn die Thesen zur „Individualisierung" jugendlicher Lebensläufe zutreffen, von besonders dramatischer Aktualität sind. Dies gilt natürlich ganz besonders für die Klientel sozialpädagogischer Einrichtungen. Die Schwierigkeiten, in diesen Hinsichten eine Balance herzustellen, manifestieren sich einerseits in ihren Lebensthemen, andererseits aber auch in den Tätigkeiten, denen sie nachgehen. Tätigkeiten wie Musikmachen oder -hören, Stilexperimente mit Kleidung und Frisur, Tagebuch- und Gedichteschreiben, Gruppenbildungen, Motorradfahren und Wohnversuche sind einige der Bereiche, in denen der Heranwachsende − um es mit den Worten Piagets zu sagen − versucht, „sein Ich in das soziale Milieu einzufügen" und „ebensosehr das Milieu an sein Ich anzupassen".

Die Rede vom leiblichen „Analogon", das das Geistige habe, ist nur *eine* von mehreren Richtungen, die man einschlagen kann, wenn von einer pädagogischen Begründung für die Aufmerksamkeit auf Tätigkeiten gesprochen werden soll. Man kann nämlich dies gelten lassen und dennoch behaupten, daß es keine Verstehens-Brücke zu diesem Leib-Geistigen des Anderen gebe; das wiederum würde bedeuten, daß jeder Versuch, die je individuelle Bildungsbedeutung von Tätigkeiten hermeneutisch zu erschließen, vergeblich ist. J. P. Sartre hat diese Position — wenngleich er in seiner Arbeit über Flaubert (Sartre 1977) ein überzeugendes Gegenbeispiel präsentiert — knapp und anschaulich skizziert:

„Die Seele Anderer ist also von der meinen durch den ganzen Abstand geschieden, der vornherein meine Seele von meinem Leibe scheidet, dann meinen Leib von dem Leib Anderer, endlich den Leib Anderer von deren Seelen. (. . .) Wenn die Seelen durch ihre Leiber getrennt sind, so sind sie voneinander unterschieden, wie dieses Tintenfaß von diesem Buche unterschieden ist, das heißt, daß man keinerlei unmittelbare Gegenwart der einen bei der anderen begreifen kann. Und auch wenn man eine unmittelbare Gegenwart bei einem fremden Leibe gelten läßt, so hindert mich noch die ganze Dichtigkeit meines Leibes daran, daß ich seine Seele erreiche" (Sartre 1974, S. 301 f.).

Solche Behauptungen sind indessen schwer aufrechtzuerhalten. Darauf wird insbesondere von der pädagogischen Phänomenologie immer wieder hingewiesen. So beschreibt K. Meyer-Drawe, in Anlehnung an den französischen Phänomenologen Merleau-Ponty, Intersubjektivität als „Zwischen"-Leiblichkeit:

„Auch das Bewußtsein des Anderen ist vor allem leibliches Zur-Welt-sein, d. h. daß ich seine ‚Psyche' in seiner konkreten Weise zu existieren finde, in seinem Handeln, in seinem Sprechen. Wenn ich dem Anderen begegnen will, muß ich ihn in dieser Beziehung, in dieser Zwischenleiblichkeit (intercorporéité), in dieser fundamentalen Vermitteltheit und nicht innerhalb einer abgeschlossenen Ich-Sphäre suchen" (Meyer-Drawe 1984, S. 179).

In dieser zwischenleiblichen Vermitteltheit liegt der Grund dafür, daß wir Fremd-Seelisches verstehen können, auch dann, wenn der Andere seine Handlung, seine Tätigkeit, seine Leibgesten nicht sprachlich kommentiert. Wenn wir also versuchen wollen, die pädagogische oder gar therapeutische Funktion von Tätigkeiten dem Verstehen zu erschließen, den Tätigkeiten also Vorgänge in der „Innenwelt" des Jugendlichen zuzuordnen, dann nehmen wir jene These von der „Zwischenleiblichkeit" in Anspruch. Das gilt nicht erst für den theoretisch interessierten Interpreten, sondern schon für die trivialsten Tätigkeiten und Interaktionen des Alltags und auch dann, wenn sie durch Werkzeuge vermittelt sind: Ballspiel, Baukasten, Bleistift; Kochen, Putzen oder Gartenarbeit; Schubkarre, das Abschmecken beim Essen, das Bearbeiten von Holz, Schwimmen und Angeln, Traktor fahren usw.. Ein Beispiel aus den Protokollen der Erzieher:

„25. 3.: Anschließend haben wir Abseilübungen gemacht. Von einem 10, 12, 15 m hohen, relativ steilen Felsen hinab haben wir uns an langen Seilen mit Karabinern und Sicherungsseilen abgeseilt und haben so die Vorübung für kleine Rettungsübungen in den Bergen durchgeführt. Hier ist aufgefallen, daß I sehr, sehr ängstlich ist: er verkrampft richtig, versucht seine Angst mit Witzen zu überspielen, wird albern, gesteht sich aber diese Angst kaum ein.

Dieses Abseilen ist wirklich eine Vertrauensübung, und interessanterweise klappte das Abseilen am besten, wenn er sich selbst sichern mußte, und nicht, wenn andere ihn sicherten.

26. 3.: I hat Angst und kein Vertrauen in die Fremdsicherung, aber so ganz, ganz langsam wird er auch sicherer, und ich erkläre ihm, daß diese Übung gerade für ihn sehr wichtig ist, einmal wegen dem Vertrauen, aber auch zum anderen, weil es sein Job ist, als Sanitäter in gefährlichen Situationen seinen Kollegen zu helfen". (Aus dem Wochenbericht der Erzieher während des Korsikaaufenthaltes).

Die Sphäre der Zwischenleiblichkeit wird hier durch das Seil gebildet, das zwischen Erzieher und Jugendlichem gespannt ist und über das die Reaktionen des einen auf den anderen übertragen werden und umgekehrt. Das Maß an Vertrauen, das der Heranwachsende gegenüber seinem Erzieher aufbringt, wird für ihn körperlich erfahrbar und für den anderen spürbar und sichtbar. Das läßt sich sogar auf eines seiner Lebensthemen beziehen: I hatte aufgrund seiner zahlreichen Beziehungsabbrüche während seiner Vergangenheit starke Zweifel an der Glaubwürdigkeit anderer und an der Verläßlichkeit von Beziehungen. Seine vorher nie angesprochenen Schwierigkeiten, anderen zu vertrauen, wurden nicht nur hier deutlich, sondern auch bei anderen Tätigkeiten und in Situationen, in denen enge Kooperation erforderlich war. Seine Vertrauensschwierigkeiten wurden ihm so immer wieder als leibliche Erfahrung bewußt.

Das Fallbeispiel kann zeigen, daß bestimmte Tätigkeiten den Jugendlichen dabei helfen, sich latente Konflikte zu vergegenwärtigen. Darin ist Erinnern eigener lebensgeschichtlicher Erfahrungen enthalten, Suche nach Tätigkeiten, in denen frühere Auseinandersetzungen wieder aktualisiert werden, und Vorgriff auf Zukünftiges. Das Kochen oder das Waschen der eigenen Kleidung beispielsweise hebt frühe Abhängigkeiten auf, ebenso das Motorrad- oder Mokickfahren. Dieses leibhaft-tätige Erinnern, die Suche nach symbolischen Lösungen, die „Rekapitulation" von leibhafter Vergangenheit (Oerter/Montada 1982, S. 268), enthält eine Zeitperspektive, die auch auf mögliche Zukunft verweist. Neben den Produktivitäten, die den Heranwachsenden helfen, ihre Vergangenheit und Kindheit besser zu verstehen, gibt es auch solche, die sie dabei unterstützen, Pläne zu machen, sich gleichsam in die Zukunft zu entwerfen und ihr Leben mehr und mehr selbständig in die Hand zu nehmen. Die in Tätigkeiten gesteigerte Selbstwahrnehmung ist auch ein Spiel mit Selbstentwürfen in dieser „Zwischenzeit" oder Übergangzeit von Kindheit zu Erwachsensein. Was Hurrelmann allgemein konstatiert, gilt deshalb besonders für alle leibnahen Lebensvorgänge:

„Jugendliche entwickeln ihre Individualität im sozialen Kontext, indem sie in einem Prozeß der Kommunikation mit anderen – Gleichaltrigen und Andersaltrigen – Interpretationsentwürfe des sozialen Kontextes und der eigenen Person darin austauschen und Bedeutungszusammenhänge definieren. Sie werden nur dadurch zur Teilnahme an sozialen Interaktionen fähig, daß sie nicht nur handelndes Subjekt sind, sondern sich selbst im Prozeß des Handelns auch als Objekt wahrzunehmen vermögen. Sie bauen auf diese Weise ein erstes Bild von sich selbst auf, in dem sie alle Erlebnisse der bisherigen Interaktion mit anderen reflexiv „auswerten" und zu einem in sich schlüssigen Entwurf, einem Selbstbild („Selbstkonzept") zusammenfügen" (Hurrelmann 1985, S. 26).

Wenn man bedenkt, daß der Leib Erfahrungen überhaupt erst ermöglicht, daß man sich selbst in seinen sozialen Bezügen nicht unmittelbar erlebt, sondern vermittelt über den Körper des Anderen, und daß „Distanz zur Umwelt und zum Selbst Leiblichkeit voraussetzt" (Luckmann 1979), dann sind „Selbstentwürfe" auch sinnlich leibhafte Vorgänge und in allertrivialsten Verrichtungen enthalten. Sie nehmen dabei auf das „Selbst" unterschiedlich Bezug und lassen es in seinen vielseitigen Facetten erscheinen: mal wird es in einem sozialen Zusammenhang lokalisiert, mal werden Kompetenzen und eigene Grenzen erfahren, mal werden diese verschoben und korrigiert. Selbstentwürfe stehen in einem Spannungsverhältnis dieser Komponenten.

Um den Text nicht mit theoretischen Erwägungen zu überfrachten, brechen wir hier die Reihe der Argumente ab, die zur Begründung der sozialpädagogischen Aufmerksamkeit für „Tätigkeiten" ins Feld geführt werden können. Da es sich dabei um Behauptungen handelt, die ihrerseits in der einschlägigen Literatur breit behandelt und begründet wurden — so in der Kognitionstheorie der Entwicklung, in therapeutischen und heilpädagogischen Argumentationen, der Sozialisations- und Jugendforschung, der phänomenologischen Theorie der Leiblichkeit —, wäre es eine unnötige Wiederholung, dies alles hier zu referieren. Die Hinweise mögen genügen. Wir wenden uns deshalb jetzt der Praxis zu.

7. Wie Tätigkeiten Lebensthemen zur Sprache bringen

Unsere oben erläuterte These besagt, daß es einen Zusammenhang gebe zwischen den diagnostisch ermittelten Lebensthemen der Jugendlichen und den einerseits prognostisch vorgeschlagenen, andererseits tatsächlich realisierten, allerdings dann mehr oder weniger erfolgreichen Tätigkeiten. Dieser Frage soll nun nachgegangen werden, und zwar nicht in der Form theoretischer Behauptungen, sondern als Fall-Beschreibungen. Es werden verschiedene Fälle geschildert, in denen jeweils eine Fragestellung, eine Eigentümlichkeit der Bedeutung bestimmter Tätigkeitsgestalten in den Vordergrund gerückt wird. Da gibt es Fälle, in denen Lebensthematik und Tätigkeitsgestalten in Kontinuität miteinander stehen, in denen auch die Tätigkeiten, als pädagogische Aufgaben für die Selbstbildung des Jugendlichen, nur unterstützt zu werden brauchen. In anderen Fällen enthalten zwar die Tätigkeitsgestalten die Lebensthematik, aber in unproduktiver, häufig auch selbst- und fremddestruktiver Form; hier zielt die pädagogische Frage nach der „Gegenwirkung" oder Verwandlung ab, nämlich ob sie sich überführen, transformieren lassen in solche, die sowohl sozial verträglicher sind als auch der je individuellen Bildungsbewegung förderlicher. In beiden Hinsichten aber, in Hinsicht auf Kontinuität/Unterstützung und in Hinsicht auf Überführung/Transformation/Gegenwirkung (beispielsweise hatte einer der Jugendlichen des Projekts von einer frühen Neigung zum Zündeln, dann zu Brandstiftung, dann zu gewalthaften Parties in Tiefgaragen mit „Molotow-Cocktails", dann zur tätigen Mitwirkung an Gewalthandlungen der Skinheads berichtet), können Tätigkeiten dazu führen, daß sich die Lebensthemen der Jugendlichen verändern. Dies ist der pädagogisch interessante Fall, denn man darf annehmen, daß in diesem die Tätigkeit etwas wie eine bildende Wirkung, eine lebensrelevante Veränderung zur Folge hatte.

Vorweg aber noch eine begriffliche Notiz: Wir verwenden den Ausdruck *„Tätigkeitsgestalt"*; wir tun dies in Anlehnung an die Gestalt-Psychologie und spätere phänomenologische Argumentationen. Eine Tätigkeitsgestalt ist demnach nicht schon in jeder beliebigen körperlichen Äußerung gegeben, sondern nur dann, wenn diese Äußerung als Sinn-Gebilde verstanden werden kann, als ein sinnlich wahrnehmbares Phänomen innerhalb des Feldes von Intersubjektivität bzw. Zwischenleiblichkeit also, das komplexere seelische Zustände oder „Gehalte" eines Individuums einer intersubjektiven Erfahrung zugänglich macht.

Bei den Jugendlichen unseres Projektes sind nicht unbedingt deren Lebensthemen problematisch, sondern die Gestalt, in der sie sich äußern. Ihre Aktivitäten sind Ausdruck für ihre Schwierigkeiten, eine Annäherung zu schaffen zwischen individuellen Bedürfnissen und gesellschaftlich akzeptierten Formen ihrer Befriedigung, also eine Balance herzustellen zwischen dem je individuellen Begehren und den sozialen Verwirklichungschancen. Sie können Zeichen einer Stagnation sein, für Ungleichgewicht zwischen Anpassung an soziale Gegebenheiten und deren Einverleibung, aber auch für nur ins Stocken geratene Kontinuität. Der Pädagoge muß den Fluß gleichsam wieder in Gang bringen, den Jugendlichen mit Aufgaben konfrontieren, die Bildungsbewegung unterstützen. Es geht also nicht nur darum, den Tätigkeiten entgegenzuwirken, die die Themen destruktiv aufnehmen, sondern auch um die Suche nach Aufgaben, in denen die Themen besser aufgehoben sind und die die bisherige Tätigkeitsgestalt in eine sozial verträgliche transformieren.

Zu suchen sind deshalb Tätigkeiten, die als „Gestalt" sowohl leibliche Selbstempfindungen zulassen als auch befriedigende Sozialbeziehungen ermöglichen, in denen Zuwendung nicht „erkauft" oder erdichtet werden muß, sondern durch die soziale Akzeptanz der eigenen produktiven Tätigkeit sich gleichsam zwanglos ergibt.

Der Fall D

Seine ersten zwölf Lebensjahre verbrachte D in häuslicher Gemeinschaft mit seinem Zwillingsbruder, einem jüngeren Bruder, einer ebenfalls jüngeren Stiefschwester und seiner Mutter. Seinen Vater kennt er nicht. Seine Mutter war über längere Zeit hinweg alleinerziehend, nebenbei ging sie noch arbeiten. An dieser Situation änderte sich nicht viel, als die Mutter erneut heiratete. Der Stiefvater kam aus Berufsgründen nur an den Wochenenden nach Hause. In der Zwillingsdyade gab es spätestens seit dem dritten Lebensjahr Schwierigkeiten. Der sich im Laufe der Zeit steigernde Streit zwischen beiden brachte D in die unterlegene Position, bis zur berichteten Aussage des Bruders: „Du gehörst nicht zu uns", als D 14 Jahre alt ist. Schwierigkeiten in der Schule gab es von Anfang an. Die Zwillinge besuchten die gleiche Klasse. Mit zunehmendem Alter nimmt der Streit zwischen ihnen zu. In der Orientierungsstufe wird er häufig so heftig, daß Gegenstände zerstört, andere Schüler mit hineingezogen und die Unterrichtsabläufe schwer beeinträchtigt werden. D's Konzentrationsprobleme steigern sich; er lernt nur bei intensiver Einzelbetreuung durch den Lehrer, bleibt dem Unterricht häufig fern, zerkaut Bleistifte und „schlägt mit dem Kopf gegen die Tafel". Im Alter von 13 Jahren sind die Konflikte zwischen ihm und seinem Zwillingsbruder so heftig und die Schwierigkeiten in Familie und Schule so stark, daß sich die Eltern entscheiden, die Zwillinge zu trennen, nachdem die psychologische

Betreuung einer Beratungsstelle erfolglos blieb und bei ihnen keine Bereitschaft zu einer systemorientierten Familientherapie bestand. D wird in einem Heim aufgenommen und dort wegen „Untragbarkeit" und aufgrund der uneindeutigen Haltung der Eltern bald wieder entlassen. Zu Hause kommt es rasch wieder zu Eskalationen, in deren Folge D in eine Jugendwohngruppe eingewiesen wird. Auch dort treten erhebliche Schwierigkeiten auf:

— Man beobachtet an ihm einen unerklärlichen „von ihm nicht mehr zu kontrollierenden Zustand psychischer Anspannung, er macht oft Nächte durch, zieht hin und her, von Einem zum Anderen und ist umtriebig bis zur völligen Erschöpfung".

— „Es fällt ihm schwer, reguläre Schulzeiten durchzustehen, er bleibt dem Unterricht oft fern, betrinkt sich und fährt mit dem Mofa eines Mitschülers umher."

— „Er besorgte sich ein Luftgewehr und schoß damit in der Gruppe umher."

— D nimmt immer häufiger Drogen (Haschisch, vermutlich auch Tabletten) und verkehrt in Drogenkreisen.

— Es kommt innerhalb der Gruppe oft zu Schlägereien, die D anzettelt.

— Es kommt zur Strafanzeige wegen Drogenbesitzes, möglichen Drogenhandels und Fahrens ohne Fahrerlaubnis.

— Im Alkoholrausch versucht er, den Wagen der Gruppe zu entwenden.

— Er sitzt Tag und Nacht am Computer und schläft kaum.

— Seine einzige Stütze scheint die Freundschaft zu einem fast schon Erwachsenen zu sein, den er regelmäßig zum Computerspiel aufsucht.

Anhand seiner Selbstaussagen resümieren wir zunächst seine Lebensthemen (vgl. hierzu auch Tab. 1):

1. „Was ist mein, was ist dein, was ist unser? Wunsch nach einem vertrauten Partner und Angst vor Konkurrenz und Selbstverlust." Seine Kindheit beschreibt D als einen ununterbrochenen Kampf zwischen ihm und seinem Bruder um Spielsachen, Anerkennung und Überlegenheit. „Wir haben uns gefetzt wegen Kleinigkeiten. Weil wir manche Sachen ganz gemeinsam hatten und manche Sachen auch so verschieden, da hat mich das eben aufgeregt teilweise. Und dann gab's jeden Tag Schlägerei." Auch in den Freundschaften zu Gleichaltrigen spiegelt sich ein ähnliches Konkurrenzverhältnis wie zu seinem Bruder

wider, mit dem er sich noch innig verbunden fühlt. Eng damit verknüpft ist sein nun folgendes Thema

2. „Für sich und bei sich sein, Suche nach einem Bereich der Selbstfindung und Abgrenzung." D ist wahrscheinlich oft daran verzweifelt, sich gegenüber seinem Bruder oder seinen Freunden einen eigenständigen Tätigkeitsbereich aufzubauen. Wahrscheinlich wurde jeder Ansatz dazu von vornherein durch Konkurrenzverhältnisse zerstört. Diese Situation beschreibt er folgendermaßen: „Ich mache gern was alleine, und dann kann ich's nicht ab, wenn einer, z. B. E, hinterherkommt. Man kann hier nirgends alleine hingehen und seine Ruhe haben, fünf Minuten später ist er da!" Auch haben seine Eltern und Erzieher ihn nach seiner Meinung nur wenig dabei unterstützt, sich einen eigenen Bereich zu verschaffen: „Das ist 'ne Sache, die ich bis heute nicht verstehe. Wenn ich mal wirklich Sachen habe, die mir Spaß machen, dann darf ich das nicht machen." Hinzu kommt, daß ihm die nötige Ausdauer und Frustrationstoleranz fehlen und es ihm schwer fällt, einen eigenen Zeitrhythmus zu finden.

3. „Selbst- und Fremdbestimmung. Was mit der Zeit tun, planen oder vergehen lassen?" Aufgrund seiner Selbstunsicherheit und diffusen oder labilen Ich-Abgrenzung erlebt er die von außen an ihn gerichteten Anforderungen als bedrohliche Fremdbestimmung, die er z. T. aggressiv abwehrt. Die Schule bietet ihm viele Beziehungsangebote, aber auf ihren Zeitplan will er sich nicht einlassen. Er schwänzt, aber weiß mit seiner Zeit nichts anzufangen. Am liebsten würde er, wie er sagt, mit seinem Bruder die Schule in die Luft sprengen, mit ihm gemeinsam in der Kanalisation untertauchen und ins Ausland flüchten, um sich dort unter einem Gullydeckel niederzulassen. „Aber was mit der Zeit tun? . . . irgendwann auftauchen und erwischt werden." D interessiert sich in diesem Zusammenhang für Spiele, am liebsten für solche mit labyrinthischem statt linearem Aufbau. Stundenlang spielt er am Computer Labyrinthspiele: „. . . ich habe ja da tagelang hintereinander am Computer gesessen − gegessen, Computer. Fast gar nicht geschlafen, und das hat mich dann aufgeregt, deshalb hab ich ihn auch verkauft wieder."

4. Sein letztes Thema hat etwas mit seinem Körper und seelischem Wohlbefinden zu tun. Es läßt sich nur schwer auf den Begriff bringen, weil die Jungen, so unsere Erfahrung, ihre Körperprobleme kaum sprachlich darstellen können. Vorsichtig formuliert heißt es: „Tätigkeitsdrang und Ruhebedürfnis. Wie kann ich mir Situationen schaffen, die eine Balance zwischen Ruhe und Anspannung ermöglichen?"

Kaum daß der Erlebniskurs begonnen hat, war D in Situationen verstrickt, in denen seine Schwierigkeiten zutage traten. In dem ersten Wochenbericht der Erzieher heißt es: „D und G entwickeln ein Zwillingsverhältnis, kaufen sich die gleichen Sachen, fahren im gleichen

Auto und machen gemeinsam Pläne, daß sie z. B. nach der Korsika-Zeit zusammen eine Wohnung beziehen wollen." Beide bildeten schon vor der Ankunft in Korsika eine starke Koalition gegen die anderen Jugendlichen. Doch sie war nur von kurzer Dauer. Sie gerieten in ihren Zelten, die sie gemeinsam teilten – das eine diente zum Schlafen, das andere als „Kleiderschrank" – in heftigen Streit darüber, daß jeweils der andere den meisten Raum für sich beanspruchte. Es gab eine körperliche Auseinandersetzung, in deren Folge sie sich nicht nur räumlich voneinander distanzierten.

D wurde innerhalb der Arbeitsteilung der Gruppe die Rolle des „Elektrikers" anvertraut, insbesondere war er zuständig für die elektrischen Aufladegeräte und sollte regelmäßig die für den allgemeinen Gebrauch gedachten „Akku"-Batterien aufladen. Er war nicht nur damit überfordert (im folgenden zitieren wir wieder aus den Wochenberichten der Erzieher): „Am kritischsten scheint es um D bestellt zu sein. Chaos, Ärger, dann Folgeärger, weil er im Chaos der Akkus untergeht, Alkohol, sein Logbuch zerfetzt." Auf den für alle obligatorischen „Wildnisunterricht" konnte er sich kaum einlassen: „Nach der Mittagspause Erste-Hilfe-Kurs, 40 Min.; während wir uns alle der Schockbehandlung und der Schocklagerung widmen, chaotisiert D. Er entzieht sich und will Brot backen. Das Brotbacken geht in seinem Chaos ebenfalls den Bach runter, es wird nichts. D suhlt sich im Dreck, sieht binnen kurzer Zeit aus, als ob man ihn zur Reinigung des Backofens einmal durchgezogen hätte."

Die Erzieher entschieden sich deshalb, D täglich für eine Weile aus dem Gruppenalltag herauszunehmen, der ihn sichtbar anspannte, und mit ihm gemeinsam zu angeln, um ihm so zur Entspannung zu verhelfen. D genoß es, mit einem Erzieher angelnd am Meer zu sitzen. Man mußte ihm nicht nur den sensiblen Umgang mit der Angel zeigen – anfänglich stolperte er über seine eigene Angel –, sondern auch zur nötigen Ruhe und Sorgfalt anhalten. Der Junge entwickelte ein solch starkes Interesse für diese Tätigkeit, daß er bald schon allein stundenlang am Fluß oder am Meer saß und angelte. Man ließ ihn gewähren, da er durch seine Tätigkeit Abwechslung in das Gruppenmenü brachte. Im Verlauf des Kurses fiel es ihm immer leichter, sich auf den vormittäglichen Unterricht einzulassen, trotz einiger „Rückfälle". Er wirkte nach außen wesentlich entspannter und ruhiger. In Situationen, in denen er für längere Zeit nicht angeln konnte, wie z. B. während einer mehrtägigen Inselrundreise, gab es wieder „die alten Probleme mit ihm". Als sich auch andere Jugendliche für das Angeln interessierten, kam es zu heftigen Streitereien, weil D befürchtete, daß man ihm sein Angelrevier streitig machen wollte. Die Erzieher faßten den Entschluß, ihn dabei zu unterstützen, auch im Beisein von anderen Jugendlichen seine Selbstsicherheit aufrechtzuerhalten. Die „Jagdgründe" wurden

kurzerhand aufs offene Meer verlegt, und man fischte in kleiner Beset-
zung vom Boot aus, was sich anfänglich konfliktreich gestaltete:

„Frühmorgens haben wir die Aalleinen wieder reingeholt, die wir
abends rausgelegt haben, diesmal war ich mit D und E los. Jeder kritisiert den anderen und bekommt seine eigenen Sachen kaum auf die
Reihe. D an der Pinne, E am Paddel, D kümmert sich darum, daß E
auch paddelt, vergißt aber dabei mit der Pinne zu steuern. E kritisiert
D, daß er nicht richtig an der Pinne steuert, und vergißt dabei das Paddeln."

Doch bald schon wurden unter D's Führung Angelexpeditionen mit
fast der gesamten Gruppe auf dem Meer unternommen. Um ihn an
normale Arbeitssituationen zu gewöhnen, schlug man ihm ein Praktikum auf einem Fischerboot vor. Doch er brach die Arbeit bei dem
Dorffischer schon nach wenigen Tagen ab, weil er frühmorgens (5.30
Uhr) nicht aufstehen wollte. Auch ein Arbeitsversuch bei einer be-
freundeten Restaurantfamilie scheiterte. Zurück in Deutschland, gerät
er schnell wieder in „Drogenkreise". Die Bewährungsauflage des Ge-
richts, regelmäßig einer Beschäftigung (Schule) nachzugehen, scheint
eine Überforderung zu sein. Er bleibt mehr und mehr dem Unterricht
fern, kommt nachts nicht zur Gruppe zurück, er nimmt immer häufiger Drogen und begeht mehrere Diebstahlsdelikte. Nachdem er in der
Gruppe nicht mehr „tragbar" ist — man befürchtete eine Drogenabhän-
gigkeit -, folgt eine kurze geschlossene Unterbringung in einer Psychiatrie. Danach kommt er in einer Pflegestelle unter, wo er sich bald
kaum noch aufhält. Er wird von der Polizei aufgegriffen und wegen
mehrerer Diebstahlsdelikte zu einer einjährigen Jugendstrafe verur-
teilt.

Dieses für alle Beteiligten trotz aller anfänglicher Hoffnungen depri-
mierende Ende der pädagogischen Betreuung D's zeigt, daß Sozialpädagogen in solcherart Projekten vor einem zweifachen Problem stehen:
Sie müssen nicht nur dem Jugendlichen innerhalb eines geschützten
pädagogischen Feldes weitab von den Standards einer technisierten
nordeuropäischen Lebenswelt zu einer Tätigkeitsgestalt verhelfen, in
der seine Lebensthemen im Hinblick auf seine psychosoziale Balance
produktiv aufgegriffen sind, sondern ihn auch dabei unterstützen,
diese Tätigkeitsgestalt nach und nach so zu verändern, daß sie sich
auch in die normalen mitteleuropäischen Verhältnisse einfädelt.

Bei D scheint mit Unterstützung der Erzieher eine erste Transforma-
tion gelungen zu sein. Die Verhaltensweisen und Tätigkeiten, in denen seine Lebensthemen bisher Gestalt annahmen, wie die mit körperlichen Auseinandersetzungen verbundenen Konkurrenzkämpfe,
sein Drogen- und Alkoholkonsum, das Boykottieren des Schulunter-
richts, seine Unkonzentriertheit und das ziellose Umherstreunen, wurden umgeformt in sozial verträgliche Produktivitäten, nämlich Köder

suchen, Angelhaken präparieren, Angel auswerfen, Aalleinen anfertigen, Fische ausnehmen und räuchern, Schulunterricht in Meeres- und Fischkunde. Der Fall zeigt, daß die Umwandlung problematischer Aktivitäten in eine anerkannte Tätigkeitsform ein durchaus konflikthafter und langer Prozeß sein kann, der mit vielen Rückfällen verbunden ist. Von allen genannten Tätigkeiten scheint das Angeln die von ihm in seinen Lebensthemen aufgeworfenen Probleme − wie schaffe ich mir eine Balance zwischen Ruhebedürfnis und meiner „Hibbeligkeit", wo und wie kann ich mir einen eigenen Bereich aufbauen, wo ich zu mir selbst finden und mich von den anderen abgrenzen kann − am besten aufzuheben (vgl. hierzu ausführlich „Tätigkeitslexikon" weiter unten). Das Angeln verbindet die von ihm oft als unversöhnlich empfundenen Gegensätze wie Ruhe und Tätigkeit, An- und Abspannung, Rausch und Realität. Wahrscheinlich war es das erste Mal in seinem Leben, daß er für sich einen stabilen Bereich innerhalb einer Gruppe aufbauen konnte, in dem er trotz seiner „sensitiven Grundhaltung" durch eine Tätigkeit eine innere Ruhe und eine gewisse „Ich-Stabilität" finden konnte. Daß das Angeln nicht nur einen Selbstzweck hat, weiß er in dem Abschlußinterview damit zu begründen, daß „die anderen was zu essen hatten". Während des Kurses war dieser Bereich immer wieder gefährdet; mal kam es zu Konkurrenzkämpfen, mal riß der Geduldsfaden, und die Angel landete im Meer. Die pädagogischen Interaktionen der Erzieher waren darauf gerichtet, diesen Auseinandersetzungsprozeß des Jugendlichen zu unterstützen und ihn zu bestärken, durchzuhalten. An das Angeln knüpften sich Gesprächserfahrungen über „Ruhefinden", Abgrenzung gegenüber anderen, die Wirkung von eigenen Stimmungen auf andere und umgekehrt. Das Angeln konnte als Metapher verwendet werden, im Leben „die richtige Spannung zu halten", und dergleichen mehr.

Über sein Angeln auf Korsika nun sagt er dies:

„I: Ich hab ja von Angeln wenig Ahnung. Auf was kommt's denn da drauf an? Was ist das Wichtigste, was muß man berücksichtigen, so aus deiner Erfahrung?
D: Erstmal muß man Ruhe, ruhig sein, muß geduldig sein, und muß einem Spaß machen.
I: Wieso muß man ruhig sein?
D: Nee, überhaupt. Man darf sich nicht ärgern, wenn man 'n Hänger hat oder sowas. Muß in Ruhe alles fertig machen und nicht alles mit Gewalt oder so.
(. . .)
I: Was macht dir so am meisten Spaß beim Angeln?
D: Das Sitzen und das Fischefangen.
I: Zum Schluß, als du in der Wohngruppe warst, hast du ja so viel mit dem Computer gespielt. Was ist denn da der Unterschied so für dich? Was reizt dich da am Angeln mehr?

D: Mehr die Ruhe, ja, wie soll ich's sonst erklären . . . die Ruhe geht, oder die Hektik geht auf die Angel, auf die Angelschnur, von der Angelschnur auf den Haken, von dem Haken auf den Fisch. Und wenn man ganz ruhig ist und Geduld hat, dann beißt vielleicht einer an, und wenn man andauernd umherzappelt und dies und das macht, sich nicht auf's Angeln konzentriert, dann wird wahrscheinlich keiner anbeißen."

Die Schwierigkeit, die sich während des Projektverlaufs herausstellte, bestand darin, die „Erfahrungsqualität" des Angelns auf den „normalen" Alltag zu übertragen. Unter korsischen Bedingungen war das Angeln zu jeder Zeit möglich und fügte sich natürlich in den Lebenszusammenhang, es hatte sowohl individuell-therapeutisch als auch im sozialen Zusammenhang Sinn. In unserem System der gesellschaftlichen Arbeitsteilung läßt sich nur schwer eine Tätigkeit finden, die eine ähnliche Gestalt hat wie das Angeln und die Lebensthemen des Jugendlichen aufnimmt. Wir zumindest fanden auch nach langen Überlegungen keine Alternative. Dies traf auch auf die anderen Beschäftigungen zu, die mit dem Angeln indirekt verbunden waren, auch sie ließen sich nicht auf die hiesigen Verhältnisse übertragen bzw. verändern. Die Form, die der Junge auf Korsika entwickelt hatte, um mit seinen Schwierigkeiten umzugehen, war zu starr, er mußte sie mit der Rückkehr nach Deutschland wieder aufgeben. Vielleicht war das der Grund, warum D nach dem Korsikaaufenthalt noch einmal die bittere Erfahrung machen mußte, „in die alten Bahnen" zurückgeworfen zu werden. Sicherlich spielt dabei auch mit, daß der Auslandsaufenthalt relativ kurz war und die Erzieher ihn verständlicherweise schon sehr früh mit der Erwartung konfrontierten, sich in normale Schul- und Arbeitssituationen einzufügen. Wir vermuten, daß ein längerer Auslandsaufenthalt die Chancen seiner psychosozialen Stabilisierung weit erhöht hätte. Aber zumindest weiß er die Frage, wie ihm das Angeln jetzt zugute kommt, folgendermaßen zu beantworten: „Ich weiß jetzt eine Sportart, wo ich ruhig und länger ausdauernd dranbleiben kann", und auf die Frage, was man von einem Jugendlichen in seinem Alter erwartet: „Durchhalten".

Die Wahrscheinlichkeit, so unsere Hypothese, diese Jugendlichen auf längere Sicht in unsere Verhältnisse zu integrieren, ist bei solchen Tätigkeiten höher, die — leicht verändert — in der hiesigen technisierten nordeuropäischen Lebenswelt praktizierbar sind. Dies soll nun das folgende Fallbeispiel verdeutlichen.

Der Fall F

F wurde in einer Kleinstadt geboren, seinen Vater kennt er nicht, da sich die Eltern noch vor seiner Geburt trennten. Seine ersten 4 1/2 Lebensjahre verbrachte F in dem Haushalt seiner Großeltern. Die Mutter hatte nur wenig Zeit für ihn, sie arbeitete in einem Industriebetrieb. Die Entwicklung des Jungen verlief in den ersten 4 1/2 Jahren unproblematisch. Seine Lebenssituation änderte sich drastisch, als die Mutter F zu sich nahm, sie hatte inzwischen wieder geheiratet und einen zweiten Sohn zur Welt gebracht. Die Situation muß dort — so kann man der Akte entnehmen — für F anfangs sehr unüberschaubar gewesen sein. Die junge Familie wohnte in beengten Verhältnissen im Haus der Schwiegereltern, das gerade umgebaut wurde, seine neuen Großeltern standen ihm, dem Sohn aus erster Ehe, eher skeptisch gegenüber, so daß sich F nie recht heimisch fühlen konnte. F: „Meinen Vater kann ich auf den Tod nicht ab! Stiefvater!" Er habe nie Zeit für ihn gehabt: „Der ist arbeitsgeil, schuftet sich noch mal zu Tode!" Spielkameraden habe er damals nicht gehabt, „. . . ich hab ja noch nie gespielt", bis auf eine einzige Ausnahme: „Da hab ich immer Fahrräder zu Schrott gefahren, . . . immer alles zergurkt, Bordstein hoch, Bordstein runter".

Die Schwierigkeiten F's traten mit der Einschulung offen zutage, er hatte eine leichte Sprachstörung, seine Feinmotorik war so schwach entwickelt, daß er Probleme beim Schreiben hatte. Er war — wie seine Lehrerin feststellte — in allem viel zu langsam und noch sehr verträumt, als hätte er zu wenig Kontakt zu Gleichaltrigen gehabt. Es wurde die Erziehungsberatungsstelle eingeschaltet, F unterzog sich einer ambulanten Sprachheilbehandlung. Die häuslichen Probleme verschärften sich, er kehrte von der Schule erst spät abends zurück. Die Eltern klagten bei der Beratungsstelle über F's Desinteresse und daß er nicht spielen könne. Er selbst beschreibt in einem Interview seine damalige Situation folgendermaßen: „Schule hat sowieso nicht geklappt. Meistens denn immer so nachts um halb zwölf, eins nach Hause gekommen, hatten sowieso Terz und so. Ich wollte auch nicht mehr länger zu Hause bleiben. (. . .) Und denn wollt' ich von meinem Vater das Auto knacken, . . . bin aber nicht an' Schlüssel rangekommen, weil der hing in so'm komischen Kasten, aber ich hab den Scheiß-Kasten nicht aufgekriegt. Und dann hat mich irgend so'n Nachbarsbengel erwischt dabei, . . . und dann kam grad mein Opa runter. Und ich in Strümpfen getürmt, zwei Häuser, über drei Zäune, über die Autobahn, und denn irgendwann hat sich mein Stiefvater aufs Fahrrad geschwungen. (. . .) Na ja, und dann kam ich nach B. (eine Psychiatrie). Hab da 'n knappes halbes Jahr gelebt. Nach 'nem halben Jahr, das war im Dezember, am 7., nicht wie . . . in meiner Berichtsmappe (er meint seine offizielle Akte) am 14. steht, sondern am 7. kam ich dann nach Oja (er

meint das Kinderheim), (. . .) muß ich ja wissen, war ein Tag nach Ni-
kolaus!"

Die Integration F's in eine Wohngruppe des heilpädagogischen Kin-
derheims gestaltete sich von Anfang an sehr schwierig. In den Ent-
wicklungsberichten heißt es: „Er kann seine Gefühle und Bedürfnisse
nicht sprachlich artikulieren", oder „er kommuniziert mit uns nur über
körperliche Verweigerung", und „wenn er in seinem Alltag mit irgend
etwas nicht im Reinen ist, wirkt er hilflos, verschlossen, läuft unruhig
umher und kann kaum Kontakt aufnehmen". Zwei Versuche, ihn in
einer Regelschule zu unterrichten, scheiterten. F: „. . . ich hatte irgendwo keinen richtigen Bock, weil es zu viele Fächer sind, und ich, in
dem einen Fach gut und den Rest weiß ich gar nicht mehr". F heimin-
tern in Form von Einzelstunden zu beschulen, gestaltete sich schwierig. Weil er im Schulzimmer Angst bekam, mußte ihn die Lehrerin in
seinem Zimmer unterrichten, wenn er es nicht verweigerte. Erfolgrei-
cher schienen die Bemühungen des Werkpädagogen und der Bewe-
gungstherapeutin gewesen zu sein. Kurzzeitig scheint er sich für
Pferde und Hausmeisterarbeiten zu interessieren. Eine psychologische
Untersuchung kommt zu dem Ergebnis, daß „seine Lern- und Lei-
stungsmöglichkeiten altersentsprechend sind". F zeigt eine starke Ver-
unsicherung und Unzufriedenheit in bezug auf seine Familie. Immer
wieder tauchen Todesphantasien in Verbindung mit seiner Familie
auf. Er wünscht, daß seine Mutter „tot wäre." F lehnt zum Schluß
alle handwerklichen und schulischen Anforderungen ab und beschreibt seine letzte Zeit in der Wohngruppe so: „Bin ich Rentner geworden (. . .) Frührentner, hab nix mehr gemacht, kaum etwas (. . .)
Ich wurde gar nicht wach, ich wollte nicht wach werden!" Sein Tagesablauf: „Ausschlafen meistens, außer wenn ich mal 'ne Nacht durchge-
macht habe. Computer spielen, Video, Bierchen trinken, SAT 1
gucken, schlafen".

Wir haben F während des Kurses in zeitlichen Abständen insgesamt
viermal interviewt, und zwar deshalb, weil er beim ersten Interview-
Versuch mit größten sprachlichen Ausdrucksschwierigkeiten zu kämp-
fen hatte. Die transkribierten Gespräche dokumentieren nun aber im
ganzen eine erstaunliche sprachliche Entwicklung. Die folgende Zusammenstellung seiner Hauptthemen basiert also auf mehreren Interviews.

1. Das erste diagnostizierte Thema lautet: „F hat Schwierigkeiten mit
Zukunft und Vergangenheit, mit Erinnern und Planen." An seine
Kindheit kann er sich kaum erinnern, auch die Angaben über seine Erfahrungen in Psychiatrie und Heim sind spärlich. Er hat nur wenige
Erinnerungsbilder, die mit Emotionen belegt sind, zumindest kann er
sie sprachlich nicht zum Ausdruck bringen. Es fällt F schwer, vergan-
gene Ereignisse auf seinen gegenwärtigen Zustand zu beziehen, also

einfache biographische Kausalketten herzustellen. Und auf seine Zukunft möchte er schon gar nicht zu sprechen kommen, zu kompliziert und undurchschaubar könnten die Gegebenheiten sein, in die er sich da rein gedanklich begeben müßte.

2. „Es fällt ihm schwer, sich in komplexere Sachverhalte und Sozialstrukturen mit hohen kommunikativen Anforderungen einzubetten, er wünscht sich einen Ort der Ruhe." Die Schule hatte ihm zu viele Unterrichtsfächer, die Verhältnisse in seiner Familie sind ihm zu kompliziert und die Erwartungen seiner ehemaligen Erzieher lästig. F wünscht sich einen Ort, wo man ihn in Ruhe läßt, ohne ständigen Erwartungen ausgesetzt zu sein, er träumt vom Leben auf einer Luxusyacht, die ihm ganz allein gehört; wichtiger als Reisepläne wäre ihm allerdings eine gut ausgerüstete Hausbar. Seine Trägheit, sich auf abstrakte soziale Erwartungen oder unerwartete Situationsveränderungen einzustellen, zeigte sich auch im korsischen Alltag. Plötzliche starke Regenfälle setzten den Zeltplatz unter Wasser. Während alle mehr oder weniger chaotisch den Platz räumten und ihre Sachen bargen, lief F stur hinter einem Erzieher her und verlangte von ihm die Entsorgung seiner leeren Batterien, da dieser in seinen Augen dafür verantwortlich war.

3. „Er hat Schwierigkeiten, zwischen seinem Leib und den Dingen einen für ihn und für andere akzeptablen Sinnzusammenhang herzustellen." In dem Erstinterview rückt F die Dinge in Distanz zu seinem Körper. Bis auf das Zerstören der Fahrräder und dem versuchten Diebstahl des väterlichen Wagens findet man kaum Passagen, wo F sich als Verursacher von etwas durch eine körperliche Tätigkeit empfindet. Der Computer war fast das einzige, womit er sich vor dem Kurs beschäftigte. Auch die Signatur seines Körpers verriet dieses Vakuum einer leibhaften Sinnleere: F war dick und hatte noch „Babyspeck" und Falten. — Er wußte sehr wohl mittels seines Körpers sinnhafte Bezüge herzustellen, nämlich durch ein scheinbares Nichttun, durch das er im Heim oft im Mittelpunkt stand: „Ich hätte sie alle in die Klapse bringen können", resümiert er.

4. „F hat ein Interesse an Überwindung von Widerständen, an Leistung und Anerkennung durch den Einsatz gegenständlich gerichteter Kraft und den Wunsch nach einer männlichen Bezugsperson, die ihn dabei unterstützt." Die Zerstörung der Fahrräder und der versuchte Diebstahl des Wagens tauchen in den Erzählungen F's im Zusammenhang mit den erlittenen Frustrationen und der Ignoranz seitens des Stiefvaters auf.

Es ist zu vermuten, daß die Themen F's in einem ursächlichen Zusammenhang stehen mit der plötzlichen Veränderung seiner Lebenswelt im Alter von 4 1/2 Jahren, als seine Mutter ihn zu sich in noch ungeordnete Verhältnisse aufnahm. F hat wahrscheinlich deshalb nicht gespielt, weil es ihm nicht gelang, im Spiel die äußere Wirklichkeit an seine Wünsche anzupassen und umgekehrt die Wünsche an die Realität. Die Wirklichkeit war für ihn, so läßt sich vermuten, zu kompliziert, als daß er sie hätte imitieren können, die Distanz zwischen Begehren und Realem zu groß, um im Spiel dazwischen eine Brücke zu bauen.

Während des Aufenthaltes auf Korsika nun wurde F mit folgenden Tätigkeiten konfrontiert: Man übertrug ihm die Aufgabe des Maschinisten, er mußte mittels eines Kompressionsgerätes — bestehend aus Motor, Pumpe und diversen Druckschläuchen — die Tauchflaschen mit Luft füllen. Darüber hinaus war er zuständig für die Wartung des Kompressor- und Bootsmotors und der beiden Autos. Er wurde zum Kapitän und Steuermann des Motorboots ernannt, und er machte regelmäßig mit einem Erzieher die Abrechnung der Gruppenkasse. F schien jedoch damit noch nicht ausgelastet zu sein und suchte sich zwei weitere Aufgabenstellungen: Während der Mittagspausen zersägte er Holz für die allabendliche Gruppenbesprechung am Lagerfeuer. In den 4 Monaten hat F alle toten Bäume und Äste der näheren Umgebung des Lagers zersägt. Darüber hinaus übte er sich im Rangieren des PKWs auf dem Gelände, allerdings mit purer Körperkraft.

Nun darf man sich nicht vorstellen, daß F immer mit gleichem Engagement bei der Sache war. Die meiste Zeit war er voll dabei; es gab aber auch Phasen — meist, wenn er mit seiner Zukunft konfrontiert wurde -, in denen er seine bekannten Verhaltensweisen aus dem Kinderheim an den Tag legte und, wie es im Wochenbericht heißt, „den toten Mann spielte". Daß er sich dennoch immer wieder „aufrappelte", hing mit der Geduld und dem Zureden der pädagogischen Betreuer zusammen und damit, daß die oben genannten Tätigkeiten, wie wir vermuten, seine Lebensthemen produktiv aufgriffen. F's Themen erhielten durch diese Tätigkeiten eine für ihn und die Gruppe akzeptable Form. Denn für einen Jugendlichen, dem es schwerfällt, sich an Gegebenheiten mit hohen kommunikativen Erwartungen anzupassen, ist der Umgang mit Maschinen ein „Kinderspiel". Gegenstandsbezogene Tätigkeitsschemata sind einfacher zu erlernen als sozial-kommunikative. Die Bedienung einer Maschine, die Funktionsweise einer Mechanik folgt wie das Rechnen einem System von klaren, festgelegten Regeln. F, der eine Maschine auseinandernehmen kann und einfache Rechenoperationen beherrscht, fällt es zunächst leichter, sich an die „unbeseelte Objektwelt" anzupassen, deren Regeln überschaubar sind, die sich aus der Sache selbst ergeben und nicht ständig neu ausgehandelt werden müssen, wie bei uns Menschen. Dies gilt auch für die Zeitstruktur, sie wird durch den Rhythmus der Maschine und den halbstündigen Wechsel der Flaschen vorgegeben. Die Arbeit kommt F's Wunsch nach Ruhe und Ungestörtheit entgegen, denn zwischen dem Wechseln der Flaschen hatte er nicht viel zu tun, er mußte nur anwesend sein und ab und zu einen Blick auf den Druckmesser werfen. Die Tauchstation war für F nicht nur ein Ort verantwortungsvoller Tätigkeit, sondern auch der Ruhe und Spannung zugleich, wo er vor lästigen Erwartungen sicher war und ihn keiner zur Eile drängen konnte. Die Maschine konfrontierte ihn darüber hinaus auf einfache Weise mit seiner Schwierigkeit, sein Handeln und Denken auf Zukunft beziehen zu können. F: „Wir haben noch 1 3/4 l Öl, bis das verbraucht ist, das dauert noch eine Weile."

Motoren, Maschinen, ihre Reparatur und Wartung waren für F nicht nur Mittel, um den Umgang mit Dingen zu erlernen, sondern auch ein Medium, um die Wirklichkeit an seine Wünsche anzupassen und umgekehrt, die Wünsche an die Wirklichkeit. Und genau hierauf begründet sich die therapeutisch-pädagogische Bedeutung dieser Tätigkeiten. Der „Kompressor", so F, „ist wie 'ne Bombe. Kann jeden Moment hochgehen . . . und wir haben 'n Kreis im Umfang von ein Meter fünfzig. Ist 'n Riesenloch drin." In der Bedienung des Kompressors, der Tauchflaschen, des Geländewagens und des Bootes drückt sich stellvertretend der Wunsch nach Stärke, Überlegenheit und Durchsetzungsvermögen aus.

F's Tätigkeiten, das kann man aus obigem Zitat entnehmen, hatten auch einen sozialen Bezug und kamen seinem Wunsch nach Anerkennung und sozialer Integrität entgegen: „Ohne mich keine gefüllten Tauchflaschen", ohne ihn keine Luft unter Wasser. F wußte seine Aufgaben strategisch einzusetzen: übten die Erzieher auf ihn sozialen Druck aus, dann weigerte er sich, den Kompressor zu bedienen, sozusagen mechanisch Druck auszuüben. In dem Verschieben der Autos und dem Zersägen des Holzes nahm sein Thema „Überwindung von Widerständen durch Einsatz von körperlicher Kraft" eine sehr konkrete und für alle akzeptable Gestalt an. Er trug zur abendlichen Gruppenbesprechung am Lagerfeuer, die für ihn oft sehr strapaziös war, neben oder statt sprachlichem Material etwas anderes bei, nämlich Wärme. In brenzligen oder für ihn sprachlosen Situationen konnte er sozusagen ein entstandenes sprachliches Vakuum mit Holzauflegen füllen.

Auch in diesem Fall war es den Erziehern gelungen, die Lebensthematik des Jungen in sinnvolle und produktive Tätigkeitsformen zu übersetzen und ihm dabei zu helfen, sich von der destruktiven Ausdrucksgestalt seiner früheren Tätigkeiten zu lösen. Im Unterschied zu D ließ sich die Tätigkeitsgestalt seiner Lebensthemen so umwandeln, daß sie sich in einen Bereich unserer gesellschaftlichen Arbeitsteilung einfädeln konnte und zugleich eine Balance mit seinen individuellen Zufriedenheits-Bedürfnissen möglich schien. F absolvierte später ein mehrmonatiges Praktikum an einer Tankstelle mit angeschlossener Kfz-Werkstatt. Ein Erzieher mußte ihm während der ersten Wochen täglich beistehen und ihm „Übersetzungshilfen" geben. Da er mit

Kompressionsmaschinen vertraut war, übernahm er anfänglich nur die Bereifung und Reifenreparatur und später Aufgaben im Bereich der Autopflege, -reparatur und -wartung. Nach einem Jahr Arbeit als Angestellter der Tankstelle entschloß er sich, das Berufsgrundbildungsjahr zu absolvieren, um danach eine Lehre als Kfz-Mechaniker anzutreten. Er machte nebenbei seinen Führerschein und wohnte bis zum 18. Lebensjahr in einer Jugendwohngruppe. Das letzte Interview, das wir mehrere Monate nach dem Kurs mit ihm führten, zeigt, daß er innerhalb eines Jahres fast ein anderer geworden ist.

8. Weitere Differenzierung von Lebensthemen und Tätigkeiten

Im Hinblick auf die Entwicklung ihrer Lebensthematik und die damit korrespondierenden Tätigkeiten lassen sich die am Projekt beteiligten Jungen und Mädchen in drei unterschiedliche Gruppen aufteilen. Bei einem Teil der Jugendlichen (etwa zwei Drittel, zu ihnen zählen auch die beiden letzten Fälle) blieben die Lebensthemen unverändert, nur die Tätigkeitsgestalt wandelte sich während des Kurses, vor allen Dingen nach der Rückkehr aus dem Ausland und noch einmal sehr stark nach der Beendigung des Kurses. Bei einem anderen Teil jedoch hatten sich nicht nur die Tätigkeiten verändert, sondern mit ihnen auch die Lebensthemen variiert, verschoben, „transformiert" (etwa 1/6 der Fälle). Wir konnten also beobachten, daß sich bei den Jugendlichen durch die Unterstützung der Erzieher, die spezifischen Lebensbedingungen, die Beschäftigungsmöglichkeiten der Praxis-Situation, aber auch aufgrund des eigenen Bestrebens, ihre Lebenssituation zu verbessern, sich nicht nur die Gestalt ihrer Tätigkeiten, sondern analog dazu auch ihre Lebensthematik veränderte. Es können so freilich „biographische Brüche" entstehen, wenn beispielsweise ein Thema, das lange Zeit im Vordergrund des Interesses stand, an Bedeutung verliert, nun von einem neuen, bisher gestaltlosen, „amorphen" Thema überlagert und wiederum Gegenstand von Gesprächen und Initiativen des Jugendlichen wird. Eine solche positive Entwicklung machte zum Beispiel Q, deren Erfahrungen gleich im Anschluß geschildert werden. Es müßte also erläutert werden, wie die Umformulierung, die Neu-Definition, die Ablösung eines alten, eher regressiven Themas durch ein anderes, eher prospektives geschieht, und zwar durch das Medium besonderer Tätigkeitsgestalten. Für das Jugendalter ist dies eigentlich der zu erwartende Fall, wenn es denn wirklich eine Phase von Identitäts-Krisen, von Lebensstilsuche, von Neu-Definitionen des Verhältnisses zu sich, zu anderen und zur Welt sein sollte. Indessen: Wir haben es in dieser Studie mit Jugendlichen zu tun — wie der letzte Fall eindrücklich zeigt —, die, wenngleich in ihrem Bewußtsein nicht unbedingt präsent, viel Mißglücken aus ihrer Vergangenheit zu bewältigen haben, deren bisherige Themen deshalb auch nicht so leicht erledigt werden können. Unter den Jugendlichen gab es also auch solche, deren Themen sich zwar veränderten, die aber nicht durch neue Zukunftsziele motiviert wurden, sondern von regressiven Wünschen beeinflußt wurden (etwa 1/6 der Fälle), wie zum Beispiel A. Doch zunächst zu dem Mädchen.

Der Fall Q

Die ersten Lebensjahre verbrachte Q, laut eigener Schilderung, bei der „Oma", weil die Mutter mit ihr „als Baby nicht klargekommen ist". Nach dem Tod der Großmutter wird sie in dem Haushalt der Mutter aufgenommen. Diese hat kaum Zeit für ihre Tochter, „meine Mutter ging nachts arbeiten und tagsüber hat sie geschlafen". Kurz vor ihrem 6. Lebensjahr lassen sich die Eltern scheiden, die Mutter verläßt ihre Kinder. Von ihrer neuen („Pflege-")Mutter, der Tante, fühlt sich Q gegenüber den anderen Kindern der Familie benachteiligt, ja sogar „abgelehnt": sie bekommt „Schläge wegen Schule, oder weil ich nicht genug im Haushalt geholfen habe". Die häusliche Situation spitzt sich zu, Q wird „auf eigenen Wunsch", wie sie selbst sagt, in einem Kinderheim aufgenommen. Auch dort fühlt sie sich ungerecht und „lieblos" behandelt, „ich war immer der Sündenbock für alles". Wegen ihres Alkoholkonsums muß sie die Gruppe bald schon wieder verlassen. Nach einem Psychiatrieaufenthalt kommt sie in ein anderes Heim. Dort sieht sie in einer Erzieherin anfänglich ihr Idealbild einer Mutter verkörpert. Doch auch in dieser Beziehung ist die Diskrepanz zwischen Wunschbild und den tatsächlichen Eigenschaften der Frau, von der sie die Mutterrolle erwartet, zu groß. Ihr erstes Thema läßt sich formulieren als: „Ablehnende Mütter, Wunschbild einer Mutter/Entwickeln eines realistischen Mutterbildes."

Während der ersten Wochen auf dem Bauernhof in den Pyrenäen interessiert sie sich besonders für folgende Tätigkeiten: abends den Stall ausstreuen, die Gänse eintreiben und füttern, ihr eigenes Küken versorgen, die Kuh melken und das Kalb mit Milch tränken. Q hatte, wenn auch nur für die Tiere, die Rolle der Mutter übernommen. Ihr Aufgabenbereich war für sie zu einem Experimentierfeld geworden, in dem sie sich mit ihren Enttäuschungen und belastenden familiären Erfahrungen auseinandersetzen konnte. Die Arbeit ging ihr verständlicherweise nicht immer leicht von der Hand, Anspruch — alle Tiere möglichst gerecht und liebevoll zu versorgen — und Wirklichkeit — schließlich gab es mehr als 2000 Gänse auf dem Hof — klafften anfänglich stark auseinander. Und da Q daneben noch anderen Interessen nachging, mußte sie sich oft selbst eingestehen, daß sie ihren Pflichten nicht immer voll und ganz nachgekommen war. Nicht nur dieser Konflikt war Inhalt zahlreicher Gespräche mit den Erzieherinnen, sondern auch ihre Schwierigkeit, zwischen eigenen Erwartungen gegenüber der Mutter und dem Verständnis für deren Eheprobleme und berufliche

Belastungen abzuwägen. Ihr „Mutterideal" wurde mehr und mehr in Frage gestellt, ihre Vorstellung, wie eine erwachsene Frau sein sollte, geriet ins Wanken. Der Gesprächsfokus und ihre Tätigkeitsinteressen verschoben sich, im Mittelpunkt der Unterhaltungen und Beschäftigung stand bald nicht mehr das Thema „Mütter", sondern Q's Unsicherheit mit sich, ihrer Körperlichkeit und ihrem Selbstbild als (fast schon erwachsene) Frau. Nun beschäftigte sie sich, angeregt von den Sozialpädagoginnen, mit der Nähmaschine, änderte ihre Kleider und entwarf eigene Schnitte, die sie an einem selbstgebauten Modell, einer Strohpuppe, ausprobierte. Angeregt von einem Ausflug in das spanische Innenland nähte sie sich ein spanisches Kostüm und lernte Flamencotanz. Gemeinsam mit den anderen Mädchen fertigte sie vom Gesicht Gipsmasken an, die ganz unterschiedlich bemalt wurden. Dabei entstand die Idee, sich nach eigenen Phantasiebildern zu schminken und zu verkleiden. Anhand der Fotos einer Sofortbildkamera wurde die eigene Vorstellung mit der tatsächlichen Wirkung überprüft. Q fertigte daneben noch Schmuck für den eigenen Gebrauch an und wurde mit der Aufgabe konfrontiert, Kollagen aus Zeitschriften zum Thema „Frauenrollen" anzufertigen. Auf dem Hof übernahm sie auch körperlich schwere Arbeiten, lernte Traktorfahren und einfache Autoreparaturen zu bewerkstelligen.

All diese Tätigkeiten bildeten für die Jugendliche einen Bereich, in dem sie im spielerischen Selbstexperiment eine Balance herstellen konnte zwischen ihren Selbst-Anteilen, die sie mehr und mehr entdeckte, Konventionen und ihrem eigenen Selbstwertgefühl (wie kann ich attraktiv sein, mich dabei gleichzeitig wohlfühlen und mit mir zufrieden sein). Das neue Thema heißt nun: „Selbstbild als Frau; Selbstwert und Konvention."

Im Übergang begriffen war auch das Thema „Heimatlosigkeit und der Wunsch nach einer vertrauten Person/Beziehung in einem verbindlichen Rahmen", das wir ihren Gesprächsäußerungen zu Beginn des Kurses entnehmen konnten. Die weitere Entwicklung verlief nun folgendermaßen. Q schilderte ihrer Betreuerin, zu der sie ein besonders enges Verhältnis entwickelte, ihre Vergangenheit als eine Aneinanderreihung von Orts- und sozialen Beziehungswechseln, ohne dauerhafte Bindungen. Die beiden Erzieherinnen stellten ihr daraufhin einen kleinen Wohnwagen zur Verfügung, in dem sie sich einrichten durfte. Q bemalte ihr „kleines Zuhause" von außen und innen, nähte Vorhänge und Kissenbezüge. Doch schon bald wurde es in Frage gestellt, sie mußte den Wohnwagen aus Raumnot mit einem anderen Mädchen teilen. Q geriet in eine Krise und äußerte immer stärker den Wunsch, nach dem Kurs eine eigene Wohnung zu beziehen. Ihr Thema hatte sich nun auf die Frage zugespitzt: „Wie kann ich mir selbständig ein dauerhaftes Zuhause schaffen?" Sie schrieb daraufhin einen Brief an ihren Vormund und an die Heimleitung, um die Möglichkeit eines betreuten Einzelwohnens zu klären. Als man ihre Zukunftspläne unterstützte, begann sie sich Einrichtungsgegenstände herzustellen, mit denen sie tatsächlich nach dem Kurs eine Wohnung bezog. Sie wurde dort anschließend im Rahmen einer „mobilen Betreuung" von einem männlichen Sozialpädagogen unterstützt.

Auch ihr drittes Thema und die damit korrespondierenden Tätigkeiten änderten im Verlauf des Projektes ihre Konturen. Q suchte sich, in Besinnung auf ihre erlittenen Benachteiligungen in Familie und Heimen, Aufgabenbereiche, die ihr so etwas wie Lebenssinn vermitteln könnten. Wir nannten das Thema deshalb: „Besinnen auf eigene Lebenserfahrungen und Suche nach sinnstiftenden Tätigkeiten." Schon nach wenigen Monaten steht für sie der Entschluß fest, den Haupt- sowie Realschulabschluß zu absolvieren und eine Ausbildung als Erzieherin einzuschlagen, um „den Jugendlichen zu helfen, ja irgendwie wegen meiner Vergangenheit". In der Woche, während der die Gruppe an der Atlantikküste Urlaub macht, darf Q die Rolle der Erzieherin für die Mädchen übernehmen, die sich auf dieses Spiel einlassen, und erstattet anstelle ihrer Betreuerinnen den Wochenbericht. Mit ihren Zukunftsplänen stellt sich für sie ein neues Thema: sie befürchtet „angesichts ihrer hohen Selbstansprüche, Erzieherin zu werden, zu versagen". Die Pädagoginnen bereiten sie daraufhin mit einer speziellen Förderung in „ihren schwachen Fächern" auf den bevorstehenden Schulbeginn vor. Tatsächlich konnte sie nach dem Kurs den erweiterten Hauptschulabschluß absolvieren. Viele ihrer Wünsche sind, wie sie in ihrem Abschlußinterview sagt, in Erfüllung gegangen, so daß ihr viertes Thema: „Bewältigung eigener Leiderfahrungen durch das Sich-Wiederfinden in Märchenfiguren und Glauben an positive Lebenswendungen", an Bedeutung verloren hat. Der von ihr während der Zeit in Frankreich begonnene Liebesroman liegt unvollendet im Schrank, ebenso scheint sie das Tagebuchführen zu vernachlässigen, „. . . ich habe keine Zeit mehr dazu".

Die Entwicklung dieses Mädchens verlief glücklicherweise recht unkompliziert und ohne nennenswerte Rückschritte. Auffallend ist auch, daß hier Tätigkeiten in jenem von uns postulierten leibnahen Sinne sehr stark in Beziehung traten zu kommunikativen Akten, Gesprächen, Unterstützung durch die Erzieherinnen, Tagebuch schreiben usw.. (Das ist Anlaß zu einer Geschlechterhypothese: Vielleicht ist „Kommunikation" für Frauen von vornherein ein viel leibnäheres Geschehen als für Männer?) Bei den anderen Mädchen und auch bei den Jungen gab es dann und wann Brüche oder schwierige Hürden zu überwinden. Im Vergleich zu Q ließ sich nicht bei allen ein solch gradliniger Entwicklungsverlauf beobachten. Dennoch veranschaulicht das Fallbeispiel, daß bei den Veränderungsprozessen Jugendlicher zwei unterschiedliche Momente von Bedeutung sind, nämlich *Erinnern* an eigene Herkunfterfahrungen, insbesondere erlebte konfliktreiche Situationen, und die Suche nach Lösungen beim *Planen* der eigenen Zukunft. Dies trifft freilich nicht nur für diese Jugendhilfeklientel zu, sondern allgemein für die Lebensphase zwischen dem 13. und 18. Lebensjahr. Dieser „zweiseitigen" Perspektive entsprechen die Lebensthemen der Jugendlichen, auch sie ermöglichen der Tendenz nach, beide Blickrichtungen vorzunehmen: zum Beispiel weist das Thema des Mädchens „kein Zuhause haben" auf erlebte Defizite der Vergangenheit hin, es stellt aber auch die Frage nach einem möglichen Zuhause in der nahen Zukunft und richtet Aufmerksamkeit und Tun auf ein konkretes Ziel (betreutes Einzelwohnen). Beide Aspekte werden (im Idealfall) durch die Tätigkeiten und „Musen" mehr oder weniger vermittelt unterstützt. Wie das Fallbeispiel zeigt, können praktische Aufgabenstellungen zu einem Wechsel der Blickrichtung anregen: Das Versorgen der Tiere ermöglicht dem Mädchen, nachdem sie ihren Erzieherinnen von den Abweisungen der Mutter berichtet hat, selbst diese Rolle zu übernehmen und ihre Vergangenheitserfahrungen aus der Perspektive der Mutter ein Stück weit nachzuerleben und dabei ihr Bild zu korrigieren. Gleichzeitig stellt sich das Mädchen die Frage nach dem „eigenen Selbst", nach einem möglichen Bild von sich als erwachsene Frau und verändert — auf ihre Zukunft blickend — ihre thematischen und praktischen Interessen: in Selbstexperimenten versucht sie mehr Sicherheit als Frau zu erlangen und sich Spielräume weiblicher Selbstentwürfe zu verschaffen.

Tätigkeiten setzen also unterschiedliche Akzente und haben verschiedene Reflexionsbewegungen zur Folge: Pflegen und Versorgen von Tieren stützt die Auseinandersetzung mit der Vergangenheit; Nähen, Frisieren, Schminken, Tanzen, wechselseitiges Fotografieren ermöglichen „Identitätsentwürfe", Stilsuche, Selbstlokalisierung in Gruppen und richten den Blick darauf, wie man sein *könnte*. Bei der Mehrzahl der Jugendlichen sind die Zukunftsentwürfe — das Ergebnis ihres „tätigen Erinnerns" — oft utopisch und realitätsfern; die Erfahrung, daß ihre Pläne und Kompetenzen innerhalb der üblichen Lebenszusammenhänge kaum Realisierungschancen haben, führt häufig zu schmerzlichen Enttäuschungen. Der Fall Q zeigt aber, daß sie mit Untertützung sensibler Pädagogen ihren Möglichkeiten nach auf realistische Ziele hin befragt werden können und sich diesen nach und nach annähern. Ihr Wunsch nach einem Zuhause fand in dem Angebot des betreuten Einzelwohnens eine Realisierungsmöglichkeit, sie konnte direkt darauf Bezug nehmen, z. B. durch das Briefeschreiben an den Vormund oder das Möbelbauen. Rückblickend auf ihre Erfahrungen faßte sie den Entschluß, Erzieherin zu werden. Die tatsächlichen Erzieherinnen, die nicht im selben Maße wie sie von diesen weitgefaßten Plänen beglückt waren, konnten ihr gleichsam eine Brücke bauen, auf der sie ihr Lebensthema zu einer Tätigkeit hinführen konnte, die an ihre gegenwärtige Situation anknüpfte: sich auf den Schulabschluß vorzubereiten und sich in einem Praktikum als Erzieherin zu versuchen.

Im Idealfall also lösen sich Phasen des Erinnerns, die durch Tätigkeiten mit eher retrospektivem Charakter unterstützt werden, und Phasen des Planens, prospektiver Selbstexperimente und selbstgestellter Aufgaben, die auf neue Lebensziele Bezug nehmen, wechselseitig ab. Allerdings sind bei der Jugendhilfeklientel die Herkunftserfahrungen oft so belastend, daß sie sich stärker noch als andere mit den Konflikten aus ihrer Vergangenheit konfrontieren und direkt oder symbolisch vermittelt in ihrem Tun darauf Bezug nehmen. Bei diesen Jugendlichen überwiegen Zustände des Erinnerns. Auch wenn sich dabei ihre Themen und praktischen Interessen verändern, kommen immer wieder neue und tiefgreifendere Fragestellungen zum Vorschein, die auf unbefriedigte Erwartungen der Kindheit hinweisen. Sie sind in der Praxis oft die schwierigsten Fälle, weil es den Pädagogen nicht immer gelingt, ihnen Aufgaben zu stellen, die ihre Probleme lösen helfen, oder weil sie, um Erfolge nachzuweisen, die Jugendlichen aus verständlichen Gründen mit Zukunftserwartungen konfrontieren, denen sie sich nicht stellen wollen. Die Schwierigkeiten, die dabei unter Umständen entstehen können, zeigt der folgende Fall.

Der Fall A

Die Lebensthemen des Jungen und seine familiären Hintergründe wurden weiter oben schon erwähnt (siehe Beispiel A, S. 37 ff.). Seine Entwicklung auf Korsika und die ersten Monate danach verlief folgendermaßen:

A's Verhältnis zur Gruppe war von Anfang an sehr ambivalent. Einerseits ergriff er während der täglichen Gruppenbesprechung das Wort, wenn es um Fragen der Gleichberechtigung innerhalb der Gruppe oder zwischen Erziehern und Jugendlichen ging. Er kritisierte die Stärkeren, sobald sie schwächere Mitglieder einschüchterten, und beschwerte sich über die „Cliquenwirtschaft": „. . . wir sind noch immer keine Gruppe". Auch war der Junge in vielem bereit, mit den anderen zu teilen — bis auf eine einzige Ausnahme, nämlich Nahrungsmittel. Andererseits führte er ein für die anderen provokatives „Vagabundendasein", er wusch weder sein Eßgeschirr noch seine Kleidung noch seinen Körper, so daß die Gruppe ihn bald „Oskar aus der Mülltonne" titulierte. Weil er sich kaum an die Hygieneregeln hielt, den Gruppenabwasch vernachlässigte und sich nach eigenem Belieben von der Gruppe entfernte, geriet er ständig ins „Kreuzfeuer der Kritik". Schon nach wenigen Wochen Zeltlagerlebens kam es zum Vertrauensbruch zwischen ihm und seinen Erziehern. Die Ursache dafür sieht A so: „. . . also kamen wir nicht gut aus dem Bett raus. Ja und dann am dritten Morgen meinte Z (der Erzieher): Ja, wir machen jetzt Holz für's Schwein und schließen Euch da aus, und dafür gehen wir essen." Aus Protest trat der Junge in einen Streik und verweigerte alle Gruppenaktivitäten. Es zeigte sich, daß immer dann, wenn die regelmäßige und ausreichende Essensversorgung für ihn in Frage gestellt war, wie auch z. B. während eines Hochwassereinbruchs, bei dem Jugendlichen Aggressionen oder symptomatische Erscheinungen wie Bauchschmerzen auftraten. Die für die anderen vielleicht sinnvollen Maßnahmen, wie die Verweigerung der Erzieher einzukaufen, als Antwort auf den nicht erledigten Abwasch, das Verschließen der Lebensmittel nach den Mahlzeiten und die hohen Erwartungen an die Selbstversorgung und Selbständigkeit trafen A an seinem „wundesten Punkt". Denn sein Vertrauen war noch ganz eng an die leibliche Versorgung geknüpft. Der vertraute Kontakt ließ sich zu ihm herstellen, sobald man ihn bekochte oder seine Arbeit mit warmen Mahlzeiten belohnte, wie zum Beispiel während der Gartenarbeiten für französische Familien.

A entzog sich mehr und mehr dem Leben in der Gruppe, er half statt dessen dem Dorfbäcker beim Backen und wohnte die letzten Wochen fast ganz bei ihm. Sein altes Thema „Geborgenheit in dichter sozialer Beziehung versus Vagabundenleben" hatte sich entsprechend verlagert, im Zentrum seines Interesses stand nun: „Soziale Beziehungen mit zwanglosen Formen der Verständigung und mit Vertrauen auf zuverlässige Versorgung mit Essen". „Nie wieder", so A, wollte er in einer Jugendwohngruppe leben und „nie wieder" sich auf Verbindlichkeiten und Regeln einlassen, auf die er keinen Einfluß hatte. So kam für ihn nach dem Auslandsaufenthalt nur noch betreutes Einzelwohnen in Frage. Mit dieser Betreuungsform war er aber völlig überfordert, wie sich später herausstellte.

Man braucht kaum therapeutische Kenntnisse, um festzustellen, daß die Konflikte und Schwierigkeiten des Jungen auf einem biographisch tieferliegenden Sockel basieren, nämlich „von Müttern im Stich gelassen zu werden, Angst, nicht regelmäßig versorgt zu werden". Dieses Thema nahm zuweilen für Außenstehende groteske Formen an. A häufte sich zu Beginn jeder Mahlzeit Berge von Essen auf seinen Teller, ohne auf die anderen Rücksicht zu nehmen, schloß sich im Auto ein und verschlang alles; oder er bedrängte den Kochdienst mit der Frage, ob denn auch für alle − insbesondere ihn − genug zu essen vorbereitet würde. Er klagte über einen „harten Bauch" und ständige Bauchschmerzen. Man mußte ihn ärztlich behandeln lassen wegen einer Bauchnabelentzündung. In vertrauten Situationen, während man ihn bekochte, sprach er über die erlittenen Vernachlässigungen während der Kindheit. Ein Versuch, mit der psychisch kranken Mutter brieflich Kontakt aufzunehmen, mißlang.

Sein drittes Lebensthema, „archaische Form des Reisens", fand eine Entsprechung bei den vielen Wanderungen. Wie er selbst sagt, hat er das Bergwandern für sich entdeckt. Auf seinen Wunsch hin bestieg er gemeinsam mit einem Betreuer den „Monte Cinto". Doch trat dabei ein neues Thema in den Vordergrund, nämlich seine erheblichen Schwierigkeiten im Bereich der Feinmotorik. Zum Rucksackpacken war er anfänglich nicht in der Lage, nur mit Unterstützung eines Erziehers konnte er sein Zelt aufbauen. Er scheiterte bei dem Versuch, Hähnchenkeulen zu würzen. Beim Reisen war er oft frustriert von seiner Ungeschicklichkeit. Während der Arbeitsprojekte war er nur als „Handlanger zu gebrauchen" und meistens auf einen Erzieher angewiesen.

Wenn er auch in vielem sehr ungeschickt war, konnte er doch den Reiz und das Risiko des Lebens in der Fremde genießen, wie eine große Anzahl von Unternehmungen belegt. Das Thema hat für den Jugendlichen auch nach der Rückkehr in Deutschland nie an Bedeutung verloren. Er fühlt sich auch hier aufgrund seiner bulgarischen Abstammung als Fremder. Aber nicht nur deshalb konnte er sich in seiner neuen Einzimmerwohnung nicht heimisch fühlen. Der Junge war sowohl mit der Eigenversorgung als auch mit den Schulpflichten überfordert, und auf die Verbindlichkeiten, die sein neuer Betreuer von ihm erwartete, wollte er sich nicht einlassen. Er ging auf Trebe und schloß sich einer Gruppe von Skinheads an. Wenig später griff ihn die Polizei auf, nachdem er mit einem anderen Jugendlichen einer Frau die Handtasche entrissen hatte, um sich Lebensmittel zu kaufen. Fatalerweise stellt sich die Frage nach der sicheren Beköstigung in der Haftanstalt nicht.

Dieses „bittere Ende" der sozialpädagogischen Bemühungen zeigt, daß es dem Jugendlichen nicht gelang, den Teufelskreis, institutionelle Zuwendung — Ärger mit Verbindlichkeiten — Vertrauensprobleme — Trebegang — Konfrontation mit der Unselbständigkeit — institutionelle Maßnahme, zu durchbrechen. Mehr denn je führte ihm das Leben auf Korsika die ungelösten Kindheitsprobleme vor Augen. Für ihn gab es keine greifbaren Ziele in der Zukunft, die eine Realisierungschance hatten. Er war buchstäblich an die Vergangenheit gekettet. Im nachhinein gesehen hätte eine heilpädagogische sensorische Integrationsbehandlung zum Ausgleich seiner feinmotorischen Defizite und eine 1:1-Betreuung mit dem Ziel, ihm mehr Sicherheit in der Eigenversorgung zu geben, seine Entwicklung fördern können. Die Erfahrung, daß nicht nur das Produkt, sondern auch die Tätigkeit des Kochens eine lustvolle Angelegenheit sein kann, hätte ihm viel geholfen.

Dieses Fallbeispiel zeigt, daß eine genaue Kenntnis der Herkunftserfahrungen dieser Jugendlichen erforderlich ist, um ihnen effektiv helfen zu können, und zwar mit Aufgabenstellungen, die auf ihre erlebten Problemerfahrungen Bezug nehmen. Diese sollen nun im folgenden Abschnitt in der Art einer Typisierung dargestellt werden.

9. Herkunftserfahrungen und Aufgabenstellungen

Biographische Hintergründe, Symptome und institutionelle Zuschreibungen für diese Art von Jugendlichen sind gut erforscht. Ein Großteil stammt aus Familien, die wirtschaftlich, sozial und psychisch sehr belastet waren oder sind (vgl. v. Wolffersdorff/Sprau-Kuhlen 1990, S. 79 ff.). Probleme wie Alkoholismus, Gewalt, körperliche und sexuelle Mißhandlungen, Trennungen, Streit und Aggressivität zählen u. a. zu den biographischen Erfahrungen. Ein anderer Teil wurde während der Kindheit vernachlässigt oder abgeschoben, ihnen fehlten zuverlässige Bezugspersonen. Wieder andere stammen aus intakten Familien mit durchschnittlichem oder überdurchschnittlichem Einkommen. Ihre Familienerfahrungen sind jedoch gekennzeichnet durch rigide Beziehungsstrukturen (vgl. Hosemann 1984) oder durch starke ambivalente Bindungen. In Anlehnung an familientheoretische Konzepte hat man drei heuristische Typen unterschieden (vgl. v. Wolffersdorff/Sprau-Kuhlen 1990, Hosemann 1984, Stierlin 1980): Jugendliche, die von Eltern und Heimen oft abgeschoben worden sind, Jugendliche mit langandauernden Gewalterfahrungen und solche mit ambivalenten Familienerfahrungen bei gleichzeitig hoher Bindung an die Eltern.

In Anlehnung an derartige Typisierungen und eigene Projekterfahrungen haben wir versucht, die Herkunftserfahrungen dieser Klientel zu klassifizieren und jeder Klasse spezifische Aufgaben zuzuordnen, die ihre psychosoziale Stabilisierung fördern könnten. Tabelle 8 stellt das Ergebnis im Überblick dar; berücksichtigt man eine bescheidene Population von 18 Jugendlichen und eine relative begrenzte Anzahl von Aufgabenstellungen innerhalb eines erlebnispädagogischen Settings, auf das sich unsere Erfahrungen stützen, dann kann es sich dabei nur um eine erste Annäherung handeln.

Wie sich schon bei dem letzten Fallbeispiel zeigt, zählen zu den schwierigen und auch sehr aufwendig zu behandelnden Problembereichen die Folgewirkungen der *Vernachlässigung der leiblichen Versorgung und Störungen der sensomotorischen Entwicklung* bzw. der sensorischen Integration während der Kindheit. Eine Behandlung ist deshalb umständlich, weil die Defizite, da sie weit in die Kindheit zurückreichen, allerhand Folgeprobleme nach sich gezogen haben, wie Außenseiterpositionen in Gruppen, Lernschwierigkeiten, Schulängste und

Tabelle 8:
Klassifizierung der Herkunftserfahrungen

Herkunftserfahrungen	Lebensthemen	Tätigkeiten mit vermutlich heilender Wirkung
frühkindliche und kindliche Vernachlässigung — a) der leiblichen und emotionalen Versorgung	Mütter und Essen, Berufswunsch Koch, körperliches Wohlbefinden, Leibversorgung, Vertrauen verknüpft mit leiblicher Versorgung	Kochen, Backen, Tischdecken, Essen, Frisieren, Massieren, Schwimmen, Einkaufen, Backofen bauen, Zimmer einrichten, Wäsche und Körper waschen, Nähen, Lagerfeuer machen, Holz-hacken, Badewanne bauen, Saunen, Küche einrichten, Angeln
b) der sensomotorischen Entwicklung und sensomotorischen Integration	Körperkoordination, Ungeschicklichkeit, Feinmotorik, Umgang mit Leib und Dingen, Gleichgewichtsstörungen	Schwimmen und Tauchen, Ball- und Geschicklichkeitsspiele, Rollschuh- und Skateboardfahren, Trampolinspringen, Fahrradfahren, Kraftspiele, Wandern, Angeln, Reiten
Abschieben und mangelnde Verläßlichkeit in sozialen Beziehungen	Zweifel in die Verläßlichkeit von sozialen Beziehungen und die Glaubwürdigkeit anderer, Trennungsschmerz und Enttäuschungen von den Eltern, Wunsch nach Familie und eigenen Kindern, Bindungslosigkeit, Käuflichkeit sozialer Beziehungen	1:1-Betreuung: Einkaufen und Kochen, Wandern, Klettern, Abseilen, Kanufahren, Reiten, Briefe-, Tagebuch- und Autobiographieschreiben, Gespräche, Zimmer einrichten
Ambivalenz von Loslösung und Anklammerung	„ich brauche Dich nicht – hilf mir", Abstimmen wechselseitiger Erwartungen, Aushandeln von Umgangsregeln, Selbsteinschätzung, eigener Standpunkt im sozialen Umfeld	Regel-, Gemeinschafts- und Rollenspiele, Möbelbauen, Abseilen und Kanufahren, gemeinsame handwerkliche Tätigkeiten, Handeln und Tauschen, Lohnarbeit, Briefe schreiben, Telefonieren, Einzel- und Gruppengespräch, Angeln, Autobiographie schreiben
Gewalterfahrungen, sexueller Mißbrauch und Familienchaos	Anpassungsschwierigkeiten in Gruppen oder Situationen mit hohen kommunikativen Anforderungen, Schwierigkeiten im Umgang mit Zeit und Zeitrhythmen, Schutz- und Abgrenzungswünsche („solipsistische Oasen"), Schwierigkeiten, über sich und seinen Körper zu reden, Überlegenheit/Unterlegenheit in sozialen Beziehungen, Nähe-Distanzprobleme	Schutzhütte bauen, Mauern, eigenen Stuhl oder Bett bauen, Zimmer einrichten, Tagebuchschreiben, Fotografieren, Angeln, leibliche Spürenserfahrungen (Wandern, Reiten, Schwimmen, Tauchen), Gartenarbeit, Motor- und Maschinenwartung, Gespräche, Dokumentieren, Rollen-, Gemeinschafts- und Regelspiele

Stigmatisierungen. Hinzu kommt, daß diese Jungen und Mädchen mit den einfachsten Tätigkeiten oft schon überfordert sind und ihr Vertrauen, aufgrund der häufig erlebten Beziehungsabbrüche und Unverläßlichkeit der Sorgeberechtigten, nur schwer zu gewinnen ist. Von den 18 Jugendlichen, die an den Kursen teilnahmen, ließen sich insgesamt vier Jungen eindeutig diesem Typ zuordnen (die Fälle A, E, H und M). Die Jungen kommen selten direkt auf ihre Schwierigkeiten und Ängste zu sprechen, weil die Ursachen dafür weit zurückliegen. In ihren sprachlichen Äußerungen berühren sie deshalb das Thema eher indirekt, wie: „Also, die (seine beiden Schwestern, Anm. d. Verf.) kriegen bei uns jeden Tag 'ne Suppe zu Hause, ne, weil mein Vater verdient zwar gut, und meine Mutter kriegt auch nicht schlecht Geld, und dann trotzdem nur Suppe, weil sie sich immer das Teuerste vom Teuersten kauft und . . . die hat auch meinen Vater gereizt, wenn alle zu Hause waren, . . . gab's auch jeden Tag nur Suppe . . ." (Fall E, Erstinterview). Daß es in seinem Elternhaus nur Suppe gegeben habe, scheint die wichtigste Kindheitserinnerung dieses Jugendlichen zu sein. Das damit angesprochene Thema „Essen" taucht immer wieder während des Interviews auf, und zwar in immer neuen Konstellationen (Suppe, Tasse, Geschirr wird zerdeppert, Schulbrote geklaut, um Freunde zu „kaufen" usw.), und zieht sich so durch seine gesamte Lebensgeschichte, jedenfalls in der Version, die er erzählt. Die fehlende Zuwendung und materielle Versorgung kann sich in Sätzen ausdrücken wie „wir hatten keine richtige Küche" (Fall H) oder unabhängig vom Essen direkt auf die Mutter Bezug nehmen: „Sie hat mich nicht erzogen. (. . .) Sie war arbeiten, und ich war halt den ganzen Tag alleine. (. . .) Einmal habe ich zu ihr 'n Schimpfwort gesagt . . . Da hat sie mir eine geballert" (Fall A, Erstinterview). Auch ihre Wünsche weisen mittelbar auf Defizite hin: „ich möchte später mal 'ne eigene Küche haben" (Fall H), oder „Koch will ich werden" (Fall H) und „ich wünsch mir 'ne schöne nette Pflegefamilie für mich" (Fall M). Die von ihnen erlittenen Entbehrungen während ihrer Kindheit zeigen sich bei einigen auch in ihrem Eßverhalten: „15. 3. Eine kleine Frühstücksepisode: E — das zieht sich auch die nächsten Tage weiterhin durch — haut sich dermaßen dick Margarine drauf aufs Brot, und die anderen Jungs regen sich fürchterlich darüber auch, wir auch. Und E, weil dann die Margarine alle war, schmierte sich dann Palmin aufs Brot" (Wochenbericht der Erzieher). Oder: „A: Alles geht durch den Magen, er stopft alles in sich rein: haben, haben, haben! Süßigkeiten, und mit Verlaub gesagt: er frißt wie ein Schwein!" (Wochenbericht).

Das Essen ist häufiger Kristallisationspunkt von Streitereien — „E haut D ein mit Überdosis Margarine verziertes Brot ins Gesicht, weil D sich darüber beklagt, daß E wieder zuviel Margarine nimmt" (Wochenbericht). Bei diesen Jugendlichen ist das Kochen ein Bereich, der ganz besonders mit sozialer Anerkennung besetzt ist:

„Es gab Pellkartoffeln mit Zaziki, und H war der Koch. Und der anerkannte Koch, der soviel Lob eingeheimst hatte, baute Mist. Er hat den gesamten Zaziki, auf den sich alle gefreut haben, dermaßen verwürzt, so daß er kaum zu genießen war. (. . .) Thema auf der Gruppenbesprechung: Lob kannst du einstecken, aber Kritik nicht. Weil H war kurz davor zu explodieren." (. . .) (Einen Tag später:) H fand es besonders „toll, daß keiner übers Essen gemeckert hat, und war ganz stolz, daß er einen tollen Salat hingekriegt und ganz toll gegrillt hat" (Wochenbericht).

Die Vernachlässigung während der Kindheit drückt sich auch im Verhältnis zur Körperhygiene und im Umgang mit Kleidung aus: „Wir nennen ihn (A) ‚Oskar aus der Mülltonne' oder Huckleberry Finn." „Er (E) hat wirklich bald nichts mehr zum Anziehen, und das, was er zum Anziehen hat, ist zerfetzt" (Wochenberichte der Erzieher).

Dementsprechend körperbezogen sollten auch die pädagogischen Aufgabenstellungen sein, mit denen man diese Jugendlichen konfrontiert. Die Tätigkeiten können direkt auf die Leibversorgung anspielen, wie Kochen, Tischdecken, Essen, Backen, Frisieren, Waschen, oder ihr leibliches Wohlbefinden mehr indirekt ansprechen wie Einkaufen und Backofenbauen. Innerhalb von Gruppen brauchen sie erheblich mehr Zuwendung und Rücksichtnahme auf ihre emotionalen Ansprüche, die eng an die Versorgung gebunden sind, als andere. Nicht nur bei den Erlebniskursen für Jungen, sondern auch im „normalen Heimalltag" scheint es insbesondere den männlichen Erziehern Schwierigkeiten zu bereiten, die Tätigkeiten um die Leibversorgung als elementaren Bereich der Zuwendung und für eigenständige pädagogische Projekte ernstzunehmen. Der folgende Textausschnitt beschreibt dies exemplarisch:

„So führen zwar auch männliche Erzieher viele Versorgungstätigkeiten aus und tun dies zum Teil auch gerne, zum Beispiel auch Kochen und Backen während der Wochenenddienste. Da sich diese Leistungen in Form von Sonderveranstaltungen abspielen oder als ‚erzieherische Maßnahmen' durchgeführt werden — etwa als wöchentlich gefechtsmäßig durchgeführter Großputz —, wird der Zusammenhang zwischen Versorgung und emotionalen Bedürfnissen (z. B. nach Geborgenheit, nach Nahrung als ‚Gabe') dabei aber nie selbstverständlich. Die Versorgung mit Nahrung, Kleidung etc., zumeist ohnehin durch zentrale Betriebe wie Küche oder Wäscherei gewährleistet, behält vorwiegend den Charakter von rechtlichen Ansprüchen, die nach administrativen Regeln erfüllt werden müssen. Die Auseinandersetzung mit den emotionalen Ansprüchen der Jugendlichen wird damit vorwiegend auf verbales Terrain verwiesen" (v. Wolffersdorff/Sprau-Kuhlen 1990, S. 229).

Geduld müssen die Erzieher nicht nur aufbringen, um die Jugendlichen vorsichtig zu mehr Selbständigkeit in diesen Bereichen anzuleiten, sondern auch hinsichtlich ihrer mangelhaften sensorischen Integration. Es lassen sich ganz verschiedene Störungen im Bereich der Wahrnehmung und Körperkoordination beobachten, z. B. im Auge-Hand-Feld: „A ist sehr ideenreich, wenngleich es ihm mit der Umsetzung seiner Ideen noch hapert . . ., aber auffällig ist, daß er feinmotorisch absolut nicht fit ist. Nageln, haut er ständig daneben, mit 'ner Machete eine Kerbe zwecks Wegmarkierung in den Baum hauen funktioniert auch nicht. Hähnchenschenkel würzen: er streut also Riesenberge Salz auf eine Stelle . . ." (Wochenbericht der Erzieher); oder im Auge-Bein-Feld: „M ist getorkelt (Wanderung), umgeknickt, hat sich in den Dornen festgehalten, so daß er nicht umfällt, ist sehr wackelig auf den Beinen, hat irgendwie eine völlig seltsame Körperkoordination zwischen Hirn und Beinen, so daß er ständig am Straucheln war (. . .) M sammelt auch Würmer zum Angeln, allerdings nur einen, nimmt diesen Wurm, zieht ihn auf den Haken und schleudert den Wurm samt Haken Ralf ans Bein, dann gibt er auf" (Wochenbericht). Dieser Jugendliche (M) hatte sogar Gleichgewichtsstörungen, besonders in Streßsituationen.

Es zeigte sich, daß Jungen mit solchen Schwierigkeiten sich besonders für das Tauchen interessierten und hier eine Geschicklichkeit und Gewandtheit entwickelten, die man bei ihnen an Land nicht so beobachten konnte: „M ist begeistert und ausgesprochen diszipliniert im Wasser, ganz entgegen seiner Land-Unruhe", oder „. . . also faszinierend, wie ordentlich, diszipliniert, ökonomisch E sich sowieso im Element Wasser aufhalten kann, . . . wie akkurat man sich auf ihn bei dieser Tätigkeit verlassen kann (. . .) sein Job ist es, den entsprechenden Jäger . . . zu begleiten, tagsüber mit einem Ring, wo man die Fische aufziehen kann. Er stöbert die Fische auf, zeigt sie mir, und ich versuche sie zu schießen. Oder aber, wenn wir nachts harpunieren gehen, ist er verantwortlich für die Lampe . . ." (Wochenbericht der Erzieher). Obwohl das Tauchen mit Flasche oder wie hier nur mit Brille, Flossen und Schnorchel mühsam erlernt werden mußte, blieben die Jungen „bei der Stange"; wir zitieren nochmals aus den Wochenberichten: „A taucht mittlerweile gerne, wenngleich er nach wie vor immer noch so'n Materialchaot ist. Im Wasser fällt ihm ein, daß er viel zu wenig Blei mit sich hat, kommt gar nicht runter, er muß bei dem gesamten Tauchgang so einen Drei-Kilo-Stein mit sich rumschleppen."

Ein anderes Muster von Herkunftserfahrungen steht mit dem ersten in enger Verwandtschaft: es handelt sich um Jugendliche, die in ihrer Vergangenheit *häufig abgeschoben* wurden und sich von Eltern, Verwandten, Pflegeeltern, Freunden sowie Behördenvertretern im Stich gelassen oder benachteiligt fühlen. Von den 18 Jugendlichen blickten fünf Jungen und ein Mädchen auf solche Art von Erfahrungen zurück (nämlich G, D, I, L, N und Q). Im Unterschied zum ersten Problemtyp hat dieser zweite eine relativ stabile frühe Kindheitsphase mit halbwegs gesicherter materieller Fürsorge und emotionaler Zuwendung erlebt. Verwirrungen und Entbehrungen treten erst später auf. Einige der Kinder, die man diesem zweiten Typus zuordnen kann, wurden wegen der wirtschaftlich schlechten Situation der alleinerziehenden Mutter oder des Vaters nach der Scheidung an die Großeltern oder an Pflegefamilien abgegeben. Meist scheiterte der Versuch einer Integration des Kindes in die „reorganisierte Familie", also nachdem die Mutter oder der Vater wieder geheiratet hatte, weil die Spannungen und die Distanz zwischen Stiefvater oder -mutter und den Kindern aus erster Ehe zu groß waren, so daß es erneut enttäuscht wurde (diese Erfahrungen machten D, N, L und Q). Ein Junge (I) pendelte über Jahre zwischen den neu gegründeten Haushalten der Mutter und des Vaters hin und her, bis eine stationäre Unterbringung erfolgte.

Obwohl diese Jugendlichen derart von Enttäuschung und Trennungsschmerz heimgesucht wurden, ist ihre Selbstbeschreibung der Trennungssituation häufig eigentümlich distanziert: „. . . und dann ging das mit meinen Eltern nicht mehr ganz so gut (. . .) und dann, als ich 6 Jahre alt war, dann hatten sich meine Eltern scheiden lassen (. . .) und dann sind meine Mutter und meine beiden Geschwister mitten in der Nacht zu meinem Opa gegangen, in der Nacht, wo sich die getrennt haben, meine Eltern — sind wir hingegangen, und dann hat keiner aufgemacht — tja, und dann sind meine Geschwister und meine Mutter bei meinem Opa geblieben . . . Ja und dann wurden wir drei Geschwister aufgeteilt" (Erstinterview Q). „Ja, ich war erst bei meiner Mutter, meine Mutter hat erst das Sorgerecht gekriegt bei der Scheidung, na und das lief nicht so gut, dann hat sie mich mit meiner kleinen Schwester auf die Straße gesetzt nachts, im Winter irgendwann, ja und seitdem hat mein Vater das Sorgerecht" (Erstinterview L). Die Ambivalenz in der Beziehung zum Elternteil, von dem sie sich abgeschoben fühlen, zeigt sich oft an psychosomatischen Symptomen: „Q erzählte uns, daß sie jedesmal, wenn sie ihre Mutter wiedersieht, einen Herpesausschlag am Mund bekommt" (Wochenbericht der Erzieherinnen). Der andere Teil der betroffenen Jungen und Mädchen äußert starke Haßgefühle und Ablehnung gegenüber der Mutter: „Sie hat doch noch zwei andere Kinder, ich hab noch einen Bruder, der ist 4 Jahre alt, und einen, der ist 12 . . . die sind von meinem Stiefvater. Warum steckt se den denn nicht ins Heim? Der ist noch frecher als ich! Als ich war — also nicht jetzt bin, sondern als ich war. Noch frecher, baut noch mehr Scheiße! Warum steckt sie ihn denn nicht ins Heim? . . . Wenn meine Mutter den ins Heim steckt oder einen von beiden oder beide, dann macht mein Stiefvater se kaputt! Also geht ja nicht, also muß se mich ins Heim, ich muß von zu Hause weg, ich hab sowieso keinen Vater, was soll denn der ganze Scheiß?" (Erstinterview N). Die Spannungen zwischen einem der Jungen und seinem Stiefvater eskalierten in einem Diebstahl und einer Strafanzeige durch den Vater: „Das war so, ich hab dann zum 1. April, weiß ich noch ziemlich genau, meinem Vater 1750 Mark geklaut, weil ich irgendwie gedacht hab, ja, wenn ich ihn beklaue und sag, ich geb dir die nur wieder, wenn du erst mal erzählst, was eigentlich ist, ne, warum du, was weiß ich, nicht arbeitest und überhaupt . . ." (Erstinterview G).

Ihre Lebensthematik steht — in allen Fällen — in einem Spannungsverhältnis zwischen dem Wunsch nach engen vertrauten Beziehungen in einem geschützten Rahmen und ihrer Unsicherheit gegenüber der Glaubwürdigkeit und Zuverlässigkeit anderer Personen. Dies macht den Umgang mit ihnen in der Praxis oft so schwierig: „L hält wie ein Eisberg etwas tief in sich verschlossen, eine große Enttäuschung vielleicht; und all das, was wir machen, was wir machen können, scheint bestenfalls dazu geeignet zu sein, die Spitze ein wenig zu lüften, was sicherlich auch schon was ist. Aber der verborgene Energiepool wird bestenfalls nur gestreift" (Wochenbericht der Erzieher). Das Vertrauen dieser Jugendlichen ließ sich nur schwer gewinnen, ihr Ängste zeigten sich bei bestimmten Tätigkeiten. I zum Beispiel war trotz seiner sportlichen Kondition im Vergleich zu den anderen bei der praktischen Tauchausbildung übervorsichtig. Er verweigerte das Tauchen, weil er Angst vor der Wechselatmung hatte, d. h. wechselseitige Atmung mit einem Partner aus einem Tauchgerät unter Wasser. Während einer Abseilübung von einem leichten Schräghang verkrampfte er, ähnlich wie B, seinen Körper.

Nach der neuesten Forschungslage wird für diese Jugendlichen Einzelbetreuung empfohlen, um ihnen Gewißheit und Zuverlässigkeit zwischenmenschlicher Beziehungen zu geben (Hosemann 1984, Birtsch 1986, Freigang 1986, Planungsgruppe Petra 1987, Sonnenfeld 1986, v. Wolffersdorff/Sprau-Kuhlen 1990). Allerdings sollte man dabei bedenken, daß diese Form der Betreuung auf persönliche Grenzen der Erzieher stößt. Man kann aber in ähnlichen Settings Situationen herstellen, die die belastenden Erfahrungen des Jugendlichen, insbesondere sein schwaches Vertrauen thematisieren und ihm situativ das Gefühl der Zuverlässigkeit des Partners geben, z. B. durch Tätigkeiten wie Klettern, Abseilen, Kanufahren, Tauchen, gemeinsames Kochen, Einkaufen u. a..

Ein dritter Problemtyp von Jugendlichen stammt aus „ordentlichen" Familien mit durchschnittlichem bis überdurchschnittlichem Einkommen. Es handelt sich um Familien, die sich „normalerweise" nie an die Jugendhilfe wenden würden. Was die Erfahrungen der Heranwachsenden kennzeichnet, ist eine starke Bindung an einen Elternteil (meist die Mutter), beide schwanken in ihrem Verhalten zwischen *Ablehnung und Anklammerung*. Oft blicken sie auf zahlreiche Ausbrüche (Trebe) aus ihren Familien zurück, aber wie „von einem ‚unsichtbaren Gummiband' gezogen inszenieren sie, wenn sie ausreißen, stets auch ihre schnelle Rückkehr, lassen sich unbewußt ‚erwischen' oder kommen von selbst zurück" (v. Wolffersdorff/Sprau-Kuhlen 1990, S. 115). Bei der Untersuchung der Klientel von Selbsthilfeeinrichtungen in Berlin konnten Hosemann/Hosemann (1984) bei einer Fallzahl von insgesamt ca. 100 Jugendlichen, die diese Hilfe in Anspruch genommen hatten, 22 Fälle dieser Gruppe zuordnen, wir hingegen nur einen einzigen. Dies kann angesichts der geringen Teilnehmerzahl Zufall sein, sicherlich ist es ein Indiz dafür, daß bessergestellte Familien nur in äußerster Not den institutionellen Jugendhilfeweg selbst einleiten oder selten Maßnahmen dieser Art beanspruchen. Für die Schwierigkeiten des genannten Falles mag folgende Interviewstelle exemplarisch stehen: „. . . na ich krieg meistens alles vor'n Arsch getragen, weil's früher so war! (. . .) So zum Beispiel jetzt morgens zur Schule fahren, ne, dann drängelt sie (Mutter), daß ich runterkomme, angezogen, und dann bin ich unten, ne, will natürlich dann zum Bus gehen, und dann sagt sie, ach, du hast doch Zeit, . . . Tee trinken! Na, und dann wollt' ich eigentlich mit dem Bus fahren, dann sagt sie: ach, dann fahr ich dich! Und dann hab ich mich dran gewöhnt" (Erstinterview mit K). Seine Beziehung zu seiner Mutter war geprägt von dem Muster einer doppeldeutigen Botschaft, das man sich metaphorisch als Sweatshirt vorstellen kann, welches auf der Vorderseite die Aufschrift trägt „ich brauche dich nicht" und auf der Rückseite „hilf mir". Die wechselseitigen Botschaften innerhalb der Familie vermittelten einerseits den Wunsch nach mehr Unabhängigkeit voneinander und andererseits nach Versorgen und Versorgtwerden. Im Grunde genommen konnten beide Eltern eines nicht: Ja zu sagen, wenn sie ja meinten, und nein, wenn sie nein meinten. Diese ständigen familiären Unklarheiten führten zu erheblichen Frustrationen bei dem Jungen. Aufgrund dieser familiären Situation hatte er es schwer, sich selbst, seine Kompetenzen und Wünsche klar einzuschätzen und einen eindeutigen Standpunkt in seinem sozialen Umfeld einzunehmen. Der Jugendliche wurde auffällig, weil er im volltrunkenen Zustand Glasscheiben und Mobiliar zerstörte oder mit dem Firmenwagen seines Vaters von der Polizei aufgegriffen wurde. Die Arbeit mit ihm war nicht wegen der Lebensbedingungen vor Ort, also auf Korsika, schwierig, die dem Jungen völlig ungewohnt waren, sondern deshalb, weil er auch hier die „Nabelschnur" zur Mutter aufrechterhielt und fast täglich mit ihr telefonierte, z. B. über seine Ängste, daß seine Eltern sich von ihm trennen wollten oder man ihn in die Psychiatrie abschieben wolle. Ohne hier anhand nur eines Fallbeispiels riskante Verallgemeinerungen zu treffen, läßt sich dennoch vermuten, daß man diesem Typ durch Regel-, Gemeinschafts- und Rollenspiele, wenn auch nur situativ, einen sozialen Standpunkt im Gruppengefüge ermöglichen kann. Regelspiele versetzen diese Jugendlichen in ein Handlungsgeschehen, in dem sie soziale Beziehungen anders erleben können. Die Interaktion der Spieler untereinanders sind durch klare, verständliche und für alle verbindliche Regeln bestimmt. Ein selbstgebauter Stuhl kann ein sicheres Standbein in einer Gruppe sein. Klare und eindeutige Botschaften müssen, dieses erzwingt die Lage, beim Abseilen und Kanufahren ausgetauscht werden; und bei fast allen handwerklichen Tätigkeiten werden die Grenzen der eigenen Kompetenzen sachlich vor Augen geführt. Jugendliche mit dem hier beschriebenen Erfahrungshintergrund wünschen sich Situationen, in denen ihr diffuses Beziehungsnetz, in dem sie verfangen sind, aufgehoben wird, z. B. durch ein überschaubares Tauschwert-System, „weil ich auch mal was sehen will für 'ne Leistung" (K), ein System also, in dem die Standpunkte eindeutig geklärt sind (Meister-Lehrlings- oder Arbeitnehmer-Arbeitgeber-Verhältnis), sich Leistung gegen Leistung, Geld gegen Ware tauschen läßt und eine Verständigung über ein allgemeines Äquivalent möglich ist.

Gewalt und diffuse Familien- und Verwandtschaftssysteme bilden einen weiteren Problembereich, der diese Jugendlichen tief berührt und der lange Zeit tabuisiert wurde. Erst vor kurzer Zeit wurde es ein Thema der Öffentlichkeit (Bundesministerium für Jugend, Familie und Gesundheit 1979 und 1980, Kempe u. Kempe 1980, Zenz 1979, Honig 1982, Steinhage 1989). Im Vergleich zur Bundesrepublik Deutschland werden Hilfsmodelle und Therapien in den USA, Holland und Dänemark für Familien, betroffene Mädchen und Jungen schon länger praktiziert. Erste Hilfegruppen wie „Wildwasser" sind bei uns erst kürzlich auf den Plan getreten. Was die Behandlung dieser mißhandelten Kinder und Jugendlichen so schwierig macht, sind die weitreichenden und gravierenden Folgen für den Entwicklungs- und Bildungsprozeß. Die Betroffenen leiden, so die neuere Forschung, u. a. unter massiven Angstgefühlen, psychosomatischen Beschwerden, Depressionen, starken Scham- und Schuldgefühlen, sexuellen Problemen, frühreifem oder regressivem Verhalten, double-bind-Beziehungsmustern, Lernstörungen, Selbstdestruktion, dissoziativem Verhalten, Verlassenheitsängsten und Ablösungsproblemen (Steinhage 1989, Mitnick 1986, Larson 1986).

Dies ist nicht verwunderlich angesichts der elementaren Bedeutung, die Inzestverbot und Verwandtschaftssystem für die Bildung des Kindes haben: sie bieten Schutz, ermöglichen Rollendifferenzierung, regeln Zugehörigkeiten, Nähe und Distanz und unterstützen die Bildung des Ichs im Hinblick auf seine Leiblichkeit und auf die Beziehung zum Anderen (vgl. hierzu: Lévi-Strauss 1972 und 1975, Parsons 1964, Bourdieu 1976). Nicht nur in unserer Kultur werden deshalb Verstöße gegen diese Regeln zu Recht sanktioniert. Kinder und Jugendliche, die unter solchen Bedingungen aufwachsen, haben größte Schwierigkeiten mit dem Aufbau eines leibhaft befriedigenden Selbstverhältnisses und mit dem darauf sich gründenden sozialen Beziehungen. Von den insgesamt fünf Mädchen, die den Kurs belegten, ließen sich drei diesem Erfahrungstyp zuordnen, bei den 13 Jungen waren es nur zwei. Auffällig ist auch, daß die Mädchen (O, S und P) körperliche Gewalt und sexuellen Mißbrauch an sich selbst erlebt haben, während die Jungen nur indirekt als Zeugen dabei waren oder gleichsam nur „strukturelle Gewalt" durch den (Stief-/Vater) oder chaotische häusliche Verhältnisse erfahren haben (B und F). Innerhalb dieser Gruppe sind die Erfahrungen also je nach Geschlecht unterschiedlich; da die beiden Fälle B und F schon ausführlich dargestellt wurden, soll im folgenden von den Mädchen die Rede sein.

Bei ihnen gibt es starke Differenzen und Abstufungen, was Ausmaß und Form der Gewalt und das familiäre „Chaos" anbetrifft. Eines der Mädchen (R) lebte bis zu ihrem 14. Lebensjahr meist bei ihrer Großmutter, „weil meine Mutter noch zu jung war, war erst 16. In der Zeit war die überall und nirgends. Dann haben wir das auch noch versucht 'n halbes Jahr, daß wir zusammenleben, und da meinte irgend so'n Psychotherapeut, daß das Zusammenleben mit meiner Mutter nicht gehen würde. Weil die Bindungsperson, die Beziehungsperson für mich eben meine Oma war" (Erstinterview). In dem Haushalt der Großeltern lebte sie gemeinsam mit ihrem etwas älteren Onkel und ihren Tanten, mit denen sie als „Schwester" gleichbehandelt wird. Zeitweilig ist auch die Mutter anwesend. Im Alter von 8 Jahren nimmt ihre leibliche Mutter, nachdem sie geheiratet hat, sie wieder zu sich, die Ehe wird aber geschieden. So wechselt sie mehrmals zwischen ihren beiden „Müttern" in verschiedenen Verwandtschaftssystemen. Hinzu kommt, daß R farbig ist, ihr Vater, den sie kaum kennt, ist Schwarzer. Das Mädchen hat aufgrund ihrer Hautfarbe in der Schule und auf dem Dorf Diskriminierungen erlebt, „wie die immer geguckt haben, als wär' ich irgend etwas anderes, etwas Abartiges . . ." (Erstinterview). Ähnliche Erfahrungen machte auch P, „mindestens dreimal bis zum 6. Lebensjahr umgezogen"; und auf die Frage, wer sich während diese Zeit um sie gekümmert habe: „meine Tante, meine Oma — ich meine, meine Mutter wird sich wohl auch um mich gekümmert haben, aber das weiß ich nicht mehr so genau". Aber im Unterschied zu R erlebte P körperliche Auseinandersetzungen zwischen ihren Eltern und wird von ihrem Vater geschlagen: „. . . mein Vater, der ist so, der ist 'n bißchen brutal. Und wenn er, o.k., wenn ich Mist gemacht habe, ist klar, daß man paar hinter die Löffel braucht, ist o.k. Aber ich brauch nicht von hier bis hier blaue Flecke!" Das Macht-Ohnmachtgefälle und das Thema Überlegenheit und Unterlegenheit in den familiären Beziehungen spiegelt sich auch in ihren außerfamiliären Kontakten wider: mit einer Freundin „catcht" sie sich immer aus Spaß, „bloß dann wurde immer, aus Spaß wurde Ernst bei uns beiden . . . da haben wir uns richtig geschlagen". In einer ähnlich unübersichtlichen Familiensituation wuchs auch O auf: „. . . Geschwister hab ich genug! . . . also meine Mutter hat dreimal geheiratet, der ältere von uns ist 24, das ist A, dann Zwillinge B und C, dann D, dann E, der ist 18, der wohnt noch bei uns zu Hause, dann ich, und ich bin normalerweise 'n Drilling. Und mein

Drillingsbruder ist vor 11 Jahren mit 'nem Autounfall ums Leben gekommen, und ja F. Dann halt G und H, sind auch nochmal Zwillinge, dann I, die ist 6, und J, 4, und K ist 3". Sie sei aus zweiter Ehe, und ihre Mutter habe noch einmal geheiratet, als sie noch nicht einmal ein Jahr alt gewesen sei. Sie sei „das einzige Kind aus erster und zweiter Ehe, das zu meinem Stiefvater Papa sagt . . . Also ich war immer mit meinem Stiefvater zusammen". Die letzten Wochen zu Hause seien allerdings schlimm gewesen. „Also der Hauptgrund war ja, warum ich ins Heim gegangen bin, mein Stiefvater hat angefangen, mich zu begrabbeln". Auch bei ihr spielte in den außerfamilialen Kontakten zu gleichaltrigen Mädchen Gewalt eine Rolle; die Gründe für ihre Teilnahme an dem Kurs waren, nach ihrer Ansicht, Schlägereien und daß die Erzieher ihr vorwarfen, sie sei ein „Schlägertyp". Andere schwerwiegende Erfahrungen mit Gewalt und sexuellem Mißbrauch machte S. Seit ihrer Kindheit war sie Gewaltszenen ausgesetzt: „. . . und mein Vater hat immer, wenn meine Mutter betrunken war, hat er sie immer gepackt und hat se ins Bett reingeworfen, damit sie nur Ruhe gibt und schläft! Und dann hat meine Mutter gesagt: wenn du das noch einmal machst, dann hol ich's Küchenmesser und hau's dir rein! Und dann hat er ihr eine gegeben und so, dann hat sie so'ne kleine Nagelschere genommen und hat gesagt: ich stech dich! Dann hat er ihr sie weggenommen . . ., dann ist meine Mutter aus'm Schlafzimmer raus, in die Küche gegangen und hat so'n Küchenmesser, bin ich dann aufgestanden und hab zu ihr gesagt, sie soll das Messer weglegen . . . Dann ist er einen Schritt nähergekommen, dann hat sie meinem Vater das Messer durchs Bein durchgehauen! (Warst du dabei?) Mhm! Da war die ganze Küche voller Blut und alles! Und da hat's mein Vater mit so 'nem Handtuch abgebunden, und meine Mutter ist ins Schlafzimmer gegangen und hat gelesen und geraucht! Ich wollte dann, wir ham 'n Balkon gehabt, dann wollt' ich eigentlich vom Balkon springen und so. Und dann hat mein Vater gesagt: nee, mach das nicht, das geht doch alles wieder vorbei!" Nachdem der Vater die Familie verlassen hatte, wurde das Mädchen, sie war damals ungefähr 12 Jahre alt, von ihrer Mutter prostituiert, meist an Bekannte. Über diese sexuellen Vergewaltigungen hat das Mädchen bis kurz vor ihrem 18. Geburtstag, als die Heimunterbringung beendet werden sollte, geschwiegen.

Ihre seelisch schwerwiegenden Erfahrungen und Konflikte können diese Mädchen wahrscheinlich letztendlich nur im Rahmen einer Therapie bewältigen. Tätigkeiten können sie nur flankierend unterstützen und zu ihrer Stabilisierung vorübergehend beitragen. Bevor wir darauf zu sprechen kommen, sei noch auf eine Praxisbeobachtung hingewiesen: Das Verhältnis dieser Mädchen zu ihrem Körper ist eigentümlich distanziert. Sie berichten von ihren Mißhandlungen, als ob sie neben sich ständen, oder als ob sie das Gefühl hätten, daß nicht sie selbst mißbraucht worden wären, sondern jemand anders, um so die Berührungen nicht zu spüren (vgl. hierzu auch Mitnick 1986). Sie haben Schwierigkeiten, über sich zu sprechen. Das verdeutlichen die folgenden Stellen aus den Wochenberichten der Erzieherinnen: „Ich habe mir S gestern abend noch geschnappt, bin mit ihr in die Bar nach L. gefahren und hab versucht, mit ihr mal darüber zu reden. S geht's nicht gut, sie war auch, ja sie konnte nicht so richtig sagen, was los ist. Sie merkt, daß etwas los ist mit ihr, aber sie kann es nicht benennen. Ich hab dann so versucht, ihr so das zu sagen, was ich glaube, was sein könnte, und S konnte mit fast allen Dingen auch was anfangen, teilweise waren es Sachen, die ihr selber schon durch den Kopf gegangen sind, und andere Sachen, die für sie neu waren so von den Gedanken, mit denen sie aber auch schon was anfangen konnte. Es war nicht so, daß sie das so abtat und meinte: nee, das würde überhaupt nicht zutreffen. So war's nicht. Es fiel ihr jedoch ganz schön schwer, darüber zu reden, es standen ihr auch die Tränen in den Augen, aber S hat unheimliche Probleme, diese Tränen wirklich auch fließen zu lassen, und auch das war wieder mal Thema, daß sie das ganz schlecht kann."

Zu sich selbst zu kommen, ist für Mädchen mit dem oben geschilderten Erfahrungshintergrund also ein schwieriger Prozeß. Er setzt Schutz und Distanz zum sozialen Umfeld voraus. Oft suchen sich diese Mädchen Bereiche des Rückzugs und können sich dann aber nur schwer in das Gruppengeschehen einfädeln: „Körpererfahrungen: Es geht S sehr viel besser, seit sie ihren eigenen Wohnraum hat, in den sie sich zurückziehen kann, wenn sie es braucht, und sie braucht es von allen am meisten. (. . .) S ist nach wie vor ziemlich faul, obwohl ich denke, faul ist nicht der richtige Ausdruck. Sie ist schon den ganzen Tag irgendwie am Machen und am Tun, aber das sind immer so Sachen, die in ihrem eigenen Bereich sind, so Briefe sortieren, und dann wieder ihren Wohnwagen aufräumen und – also es ist schon so, ja ich würde es nicht als faul bezeichnen, sondern sie ist jemand, der immer wieder so'n Tritt braucht von uns oder von den Mädels, um irgendwie mal in Gang zu kommen. Ich glaube, sie könnte ohne weiteres so den ganzen Tag vor sich hindödeln, hier mal was machen, da mal was tun, und so wirklich den Tag rumkriegen. Ich glaube, daß sie ihre Energien, die sie in sich trägt, nicht adäquat einsetzt, sondern daß sie sich anstauen und sich dann irgendwann, wenn es ihr nicht so gut geht, völlig unkontrolliert entladen. Beispiel: die absolut unsinnige Zerstörung meines Autofensters. Im Alltag hat sie wenig Lust, sich körperlich anzustrengen. Sie vermeidet in fast allen Situationen, ihre Kräfte einzusetzen."

Neben speziellen Therapien (vgl. Mitnick 1986) lassen sich auch sozialpädagogische Hilfen denken, um diese Jugendlichen zu fördern: sie brauchen ein Setting mit einfachen, klaren Regeln, einer überschaubaren Rollenverteilung und nicht nur Schutzräume, sondern auch Aufgaben, die eine „Schutzfunktion" erfüllen, d. h. die ihnen helfen, am Gruppenleben aktiv teilzunehmen, und dabei eine Distanz herstellen, so daß sie die sozialen Regeln, komplexen Interaktionen und ihre eigenen Anteile im alltäglichen Geschehen gut ordnen und verstehen können. Es gibt Aktivitäten, die dies ermöglichen, z. B. Fotografieren, Tagebuchschreiben, Dokumentieren, sich einen eigenen Stuhl herstellen, eine Schutzhütte bauen. Bei den Jungen (vgl. die Fallbeschreibungen B und F) könnte der Umgang mit einfachen Maschinen, Kochen und Gartenarbeiten die Anpassung des individuellen Zeitrhythmus an die physikalische Zeit, an Naturzyklen oder an die institutionelle Zeit fördern. Weil die Betroffenen durch ihre Gewalterfahrungen sich von ihren Körperempfindungen „entfernt" haben und es ihnen schwerfällt, über ihre Gefühle und Stimmungen zu sprechen, sollte man ihnen einfache körperliche Spürenserfahrungen ermöglichen und mit ihnen über ihre Leiberfahrungen beim Wandern, Reiten oder Tauchen sprechen. Die Bewußtheit und die Sicherheit, über eigene Körperempfindungen zu reden, könnte sie dafür sensibilisieren, tiefere Schichten des „Selbst" zur Sprache zu bringen.

10. Kleines Tätigkeitslexikon

Bisher haben wir nur versucht, die beobachteten Tätigkeiten aufzuzählen, sie zu ordnen, sie den Lebensthemen zuzurechnen und diese oder jene Funktion zu erläutern. Dabei wurde immer unterstellt, daß die pädagogische Bedeutung von Tätigkeiten fraglos sei, sich sozusagen plausibel ergäbe. Aber ist das wirklich der Fall? Und wenn man zweifelt: wie wäre es zu prüfen?

Die geläufigste und wohl auch effektivste Form der Prüfung wäre ein empirisches Forschungsarrangement im Sinne von Feldexperimenten: eine hinreichend große Zahl von Fällen wird im Hinblick auf Ausgangsbedingungen sorgfältig beschrieben, beispielsweise mit dem Mittel einer mehrdimensionalen Verhaltens-Matrix (Beschreibungsinstrumente in diesem Sinne gibt es hinreichend); in verschiedenen Praxis-Arrangements werden die Jugendlichen dazu bewogen, sich mit verschiedenartigen Tätigkeiten einigermaßen dauerhaft auseinanderzusetzen; nach Beendigung dieser Feldexperimente wird geprüft — und dies könnte durchaus unter Verwendung verschiedener Prüfverfahren wie Verhaltensbeschreibung, Test, Interview u. ä. gedacht werden —, ob die in den praktischen Tätigkeiten vermittelte Auseinandersetzung der Jugendlichen mit ihrer Leiblichkeit und ihren Objektbezügen tatsächlich eine produktive Veränderung ihrer Verhaltens- und Lebensprobleme zur Folge haben. Es ist leicht einzusehen, daß dies, wenn es zu gültigen Ergebnissen führen soll, ein höchst aufwendiges Forschungsprogramm, zumal auch im Hinblick auf die Zusammenarbeit zwischen Wissenschaft und Praxis sein müßte.

Aber auch ein solches Forschungsprogramm würde, um halbwegs begründete Praxis-Entscheidungen für zu überprüfende Tätigkeiten oder Tätigkeitssorten treffen zu können, mindestens auf einige Vermutungen angewiesen sein, auf Hypothesen darüber, warum denn dieser oder jener Tätigkeit wenigstens die Möglichkeit zugesprochen werden könnte, in dieser oder jener Richtung pädagogische Wirkungen entfalten zu können. Freilich gibt es bereits solche Vermutungen: das Baseler Jugendamt hat solche Wirkung in denjenigen Tätigkeiten vermutet, die beim Überlebens-Training in Kanada notwendig werden; andere haben vermutet, daß die halbjährige Einsperrung auf einem Schiff mit den dort nötigen Tätigkeiten hilfreich sein könnte; wieder andere glaubten an die bildende und heilende Wirkung von Bergwacht und Seenotrettung. Wir glaubten an die Herausforderung, die von eher primitiven Lernorten ausgeht, von der Macchia auf Korsika oder dem Bauernhof in den Pyrenäen. In solchen Wahlen, Vermutungen oder Hypothesen steckt indessen nicht nur das zumeist magere Wissen darüber, was solche Jugendliche brauchen, sondern immer auch die Phantasie, die Projektion, auch die Frustration der Pädagogen: statt des normalen Heim- oder Klinik-Alltags soll etwas „ganz anderes" den Ausweg zeigen. Abenteuer- oder Erlebnis-Pädagogik — oder wie sonst man solche Bemühungen etikettieren will — ist mindestens immer auch ein Kompensationsproblem für sozialpädagogische Berufe. Die Zumutungen der immer auch ein wenig zwanghaften institutionellen Einbindungen möchte man, wenigstens vorübergehend, verlassen; die vielen Vergeblichkeiten in der Jugendhilfe-Routine, die gerade bei den Verhaltensschwierigen nicht ausbleiben, sollen in einer „Alternative" gemildert werden; das pädagogische „Ethos", in Erinnerung an Pestalozzi, Makarenko, Korczak und andere soll einmal so recht zum Zuge kommen können. Derartige Pädagogen-Erwartungen sind durchaus legitim. Man kann sie, wenn man derartige Bemühungen für hilfreich hält, auch psychoanalytisch aufklären. Man kann aber auch die darin enthaltenen Wünsche zu einer Art Umdefinition der Berufsrollen von Heimerziehern verwenden, etwa mit Hilfe der Maxime: Das Pädagogische im Umgang mit verhaltensschwierigen Jugendlichen spielt sich zum wenigsten im Medium des Wortes ab, dieses ist nur kommentierende Begleitung; das pädagogische Zentrum liegt demgegenüber in dem, was sie tun, wie sie sich gegenständlich mit bestimmten Aufgaben auseinandersetzen, was sie dabei gewinnen in der Bemeisterung des Verhältnisses zwischen Ich, Du und Welt.

Akzeptiert man diese Problemstellung, dann ist vielleicht plausibel, was wir auf den folgenden Seiten in knappster und essayistischer Form versuchen. Wir denken uns in einige der beobachteten Tätigkeiten hinein. Wir versuchen zu beschreiben, was dabei geschieht oder geschehen könnte. Wir verstehen unsere Lexikon-Reihe nur als eine kleine Beispiel-Reihe, deren Korrektur und Erweiterung wir uns wünschen. Wir verstehen sie als einen bescheidenen Schritt in die Richtung dessen, was als „alltagsorientierte Jugendhilfe" propagiert wird. Wir hoffen, daß derartige Tätigkeitsbeschreibungen, korrigiert und vor allem erweitert und verlängert, zu Hypothesen führen, die dann auch in aufwendigeren Forschungsvorhaben überprüft werden können.

Angeln

Das Angeln hebt uns nicht nur auf frühe Stufen der Werkzeugentwicklung innerhalb der Menschheitsgeschichte und läßt uns ein archaisches Glücksgefühl nachempfinden, nämlich die Überlegenheit des

Menschen gegenüber dem Tier, das er mittels eines einfachen Werkzeuges überlistet, sondern das Angeln spricht auch elementare Sinne an, den Gleichgewichtssinn, den Gesichtssinn, den Tastsinn, die Eigenwahrnehmung der Muskeln und Gelenke. Sie entwickeln sich, mit Ausnahme des Gesichtssinns, schon im Mutterleib. Daß Tastsinn und Eigenwahrnehmung für die körperliche und seelische Entspannung wichtig sein können, zeigt sich unter anderem beim Angeln.

Die Welt unter Wasser bleibt den Blicken und dem Gehör des Anglers verborgen, einzig mit seinem Tastsinn vermag er über einen Mittler, die Angel, in dieses Element vorzudringen. Das Werkzeug ist sozusagen ein „verlängerter Fühler", mittels dessen der Angler sich in eine ihm nicht zugängliche Welt vortastet. Besonders beim Angeln mit Grundblei, aber auch in etwas abgeschwächter Form beim Angeln mit Schwimmer tritt der Augensinn hinter Tastsinn und Eigenwahrnehmung zurück — zumindest solange der Haken unter der Wasseroberfläche ist. Fast der gesamte Körper ist beim Angeln Träger des Empfindungsvorgangs, besonders Finger, Hände, Arme, aber auch der Oberkörper; die Beine verharren — die Muskeln sind entspannt — in einer Ruhestellung, um das Beißen der Fische wahrzunehmen. Die sensible Handhabung der Angel, die Anspannung der Nahsinne, die Konzentration auf die leichtesten Zuckungen, die sich über Haken, Schnur und Angel am eigenen Leib bemerkbar machen und schließlich eine ganzkörperliche Reaktionsbereitschaft zwingen zu Entspanntheit des Körpers, zu einer ruhigen, ausgeglichenen Haltung.

Angeln kann Jugendlichen, die leicht reizbar sind und unter Konzentrationsschwierigkeiten und „Hibbeligkeit" leiden, unter anderem deshalb zu körperlich-seelischen Balancen verhelfen, weil es im Vergleich zu anderen leibnahen instrumentell gestützten Tätigkeiten eine klare Abgrenzung herstellt zwischen Ich, Leib und Werkzeug einerseits und der Objektwelt andererseits. Der Jugendliche wird nicht mit einer Flut von Reizen überschwemmt, die ihn zu spontanen Entscheidungen zwischen divergierenden Handlungsmöglichkeiten zwingen. Der Angler nimmt sinnlich nur wenige, aber in ihrer Bedeutung klare Impulse aus der Objektwelt wahr, auf die sich sein Interesse richtet; er kann in ihr außer sich kaum etwas bewegen (bis auf das Grundblei auf dem Boden). Er kann sich auch nicht handelnd in die Welt unter Wasser hineinversetzen, seine Handlungsmöglichkeiten über Wasser sind beschränkt. Indem er, um erfolgreich Beute zu machen, fast unbeweglich und sinnlich empfangend verharrt und sich auf die Wahrnehmung des eigenen Leibes konzentriert, ist er in hohem Maße bei sich. Bis auf einen einzigen Sinnesreiz, den er herbeisehnt, bewegt ihn nur wenig Äußerliches innerlich.

Der Jugendliche muß also — vermittelt über den im Angeln erfahrenen Pädagogen — nicht nur den Umgang mit Angel, Schnur und Haken, zielgenaues Auswerfen, verschiedene Fischarten, Köder- und Angel-techniken lernen, sondern auch die „richtige Haltung". Verhaltens-schwierige Jugendliche haben sie nicht von sich aus und brauchen oft einen Begleiter, der zu Ruhe und Geduld auffordert und durch seine Haltung beim Angeln ihm ein Vorbild ist (vgl. auch Albrecht 1988).

Bauen und Mauern, Herstellen von Möbeln

In seinem Aufsatz „Verlust des Hauses, Vertrauen der Dinge" be-richtet der Pädiater Alfred Nitschke von der Heilung eines zweiein-halbjährigen Jungen, der es mit ansehen mußte, wie die Wohnung der Familie vollständig niederbrannte. Seitdem war der Junge besonders schreckhaft, schrie des Nachts und konnte in der „Notwohnung" keine Ruhe finden. Er aß nichts mehr, eilte tagsüber zur Brandstelle und sagte: „Ich will heim". Nach einem Fieberanfall kam er in ein Kranken-haus, aber nach der Rückkehr in die Familie traten die alten Sym-ptome erneut auf. Während eines dritten oder vierten Krankenhaus-aufenthaltes kam man auf die Idee, ihm einen Kinderstuhl zu schen-ken, um ihm so ein Heimatgefühl zu vermitteln. Der Stuhl wurde ständiger Begleiter des Kindes, beide waren unzertrennlich, und er konnte schließlich, zusammen mit dem Stuhl, zu seiner Familie entlas-sen werden.

Die Zerstörung der elterlichen Wohnung durch den Brand ereignete sich während einer Entwicklungsphase, in der Kinder mit elementaren „Abgrenzungsleistungen" beschäftigt sind und anfangen, sich langsam von der symbiotischen Leibverbundenheit mit der Mutter zu lösen. Dies geschieht u. a. dadurch, daß sie lernen, ihren Leib von anderen Leibern und Dingen getrennt wahrzunehmen und eine Ordnung in ih-rer unmittelbaren dinglichen Umgebung zu erkennen. Das Kind ent-deckt die unterschiedlichen Eigenschaften der Dinge und kann sie von seinen Phantasieprojektionen trennen. Durch den Umgang mit ihnen und mit Hilfe der Sprache lernt es, sein „individuelles Ich" gegenüber den anderen („gemeinschaftliches Wir") hervorzuheben.

Der Junge wurde also mitten in diesem „ordnenden Prozeß" durch das Chaos und die neue Umgebung, in der er zugleich Altes, Bekanntes entdecken konnte, aber die gewohnte Ordnung vermißte, so verwirrt, daß er zu sich und zu seiner Umwelt kein Vertrauen herstellen mochte. Die mühsam hergestellte Ordnung der Dinge war ihm ent-rückt. Der Stuhl nun verhalf ihm dazu, wieder Vertrauen zu sich und seiner Umgebung zu finden, weil er die nötige „Abgrenzungsleistung" des Kindes unterstützte: Er grenzte ihn von den Leibern der anderen ab; der Junge konnte ihn überall mit hinnehmen, sich zu den anderen dazusetzen und dabei gleichzeitig für sich sein. Er konnte sozusagen aus einem geschützten Rahmen heraus die Welt betrachten und ordnen.

Diese „Ordnungs- und Abgrenzungsleistung" vollzieht das Kind ebenfalls in seinem Spiel und später, wenn es dazu übergeht, die Einrichtung seines Zimmers selbst in die Hand zu nehmen. Beobachtet man das kindliche Bauen, so lassen sich nur unschwer unterschiedliche Stufen entdecken, die mit seiner „Ich-Entwicklung" korrespondieren. Zuerst häufen Kinder die Bausteine ziemlich wahllos; wenn sie das gerichtete An- und Aufsetzen der Klötze beherrschen, werden die ersten Figuren erstellt oder Reihen gebildet, die vom Kind bezeichnet werden (Eisenbahn, Hund, Mann). Ab ca. drei Jahre legt das Kind erste Grundrisse (Stall, Garten, ein Haus), und mit etwa viereinhalb beginnt es Räume zu überbauen. Oft aber sind die Dachkonstruktionen so instabil, daß die Versuche abgebrochen und erst im Schulalter fortgesetzt werden. Sobald das Kind in die Schule kommt, kann es einen gebauten Innenraum in Zimmer aufteilen, die es dann mit Möbeln ausgestaltet. Erst danach gelingen ihm stabile Dachkonstruktionen. Etwa zur gleichen Zeit bauen Kinder ihre ersten Hütten aus Brettern und Ästen, die die primitiven „häuslichen" Höhlen aus Decken und Kissen ablösen (vgl. Nitschke 1962, Scheibner 1916, Fischer 1918, Krötzsch 1912).

Das Überbauen, Bilden und Aufteilen von Innenräumen geht also gleichzeitig einher mit dem Sich-Begreifen als selbständiges, in sich abgeschlossenes und innerlich differenziertes Wesen. Im Unterschied zu einer eher spielerischen Beschäftigung mit dieser Thematik während der Kindheit geht der Heranwachsende dazu über, sich einen eigenen, den Erwachsenen gleichwertigen Bereich zu schaffen, sich also einen Raum einzurichten, dessen Gestaltung nun mit der eigenen Person identifiziert wird: „mein Zimmer". Der Bau einer Hütte, das Sich-Einrichten in einem Raum mit selbst kreierten Möbelstücken scheint insbesondere bei Jugendlichen, die eine zerrüttete Biographie hinter sich haben und aus chaotischen Familienverhältnissen stammen, aus mehreren Gründen hilfreich zu sein. Die genannten Tätigkeiten erschaffen ein Zuhause, und zwar im Sinne einer Vertrautheit mit den unmittelbaren Dingen, gerade weil sie mit den eigenen Händen angefertigt wurden und mit einem selbst zu tun haben. Sie bieten nicht nur Schutz und unterstützen die notwendige räumliche und soziale Abgrenzung, sondern auch Gelegenheiten, sich auf sich selbst zu besinnen. Die Strukturierung eines eigenen Raumes kann so eine Bildungsbedeutung bekommen, die nicht nur ordnend auf das Welt- und Sozialverhältnis des Jugendlichen einwirkt, sondern auch seine Innenwelt zu strukturieren erlaubt.

Gartenarbeit

Nicht selten hat man es in der Heimerziehung mit Kindern und Jugendlichen zu tun, deren Zeiterleben und individueller Zeitrhythmus im Mißverhältnis steht zu der Zeitstruktur der Institutionen, in die sie sich einfügen sollen. Mit ihrer „Zappeligkeit", lauten und stillen Unmutsbekundungen während des Unterrichts treiben sie manchen Lehrer zur Weißglut. Man kann dies als eine Art Protesthaltung gegenüber der geforderten Anpassung an die physikalischen Zeitrhythmen des institutionellen Lernens interpretieren, gewiß aber kratzen diese Jugendlichen an unserem kulturellen Selbstverständnis von „Zeitökonomie". Nicht selten bringen genau diese Jugendlichen die Heimleitung in Legitimationsschwierigkeiten, und mancher Pädagoge zweifelt beim Studium ihrer Entwicklungsberichte an seiner Auffassung von Bildungsprozessen als linearer Fortschritt in der Zeit: Was soll man mit einem Jugendlichen machen, der nach einem Jahr Schulbefreiung trotz vielversprechender Prognosen des Psychologen noch immer den heiminternen Einzelunterricht boykottiert und an dessen Verhalten sich nichts geändert hat? Es scheint, als zöge sich das „Ich" dieser Jugendlichen, das durch die üblichen pädagogisch-therapeutischen Prozeduren – wie das Aufarbeiten früherer Defizite, Erziehungsplanung und Entwicklungserwartungen – in die Zukunft und Vergangenheit ausgedehnt wurde, im Hier und Jetzt zusammen: Sie leben nach dem Lustprinzip und sehnen sich nach Oasen der Ruhe und des Sich-Einfügens in das stetig Wiederkehrende.

Es ist schon viel gewonnen, wenn man solche Jugendliche zu einer dauerhaften Tätigkeit anregen kann. Besonders die Gartenarbeit könnte ihre Schwierigkeiten gut aufnehmen. Die Arbeitszeiten lassen sich vergleichsweise einfach auf ihren individuellen Rhythmus abstimmen. Die Tätigkeiten im Garten richten sich naturbedingt weniger nach der physikalischen Zeiteinteilung, sondern sind abhängig von Wetterlagen und vom Tages- sowie Jahreszyklus, von den Bewegungen des Lebendigen. Wie die Früchte der Arbeit, so knüpft auch deren Rhythmus viel dichter an die Leiblichkeit an. Der Zeitraum, auf den sich Planung und Aktivitäten erstrecken, ist für den Jugendlichen überschaubar, eine Vegetationsperiode dauert ca. 8 Monate. Kinder und Jugendliche lernen nicht nur die verschiedenen Pflanzenarten, ihre unterschiedliche Entwicklungszeiten und Eigenheiten, sondern auch Düngung, Kompostierung, Kellerung und Verwertung der verschiedenen Früchte. Darüber hinaus kann die Arbeit lohnbringend sein, man kann das Gemüse auf dem Markt verkaufen. Am wichtigsten aber ist, für verhaltensschwierige Jugendliche, daß Gartenarbeit eine zwanglose Balance zwischen eigener und „fremder" Zeit erlaubt, ein Reagieren auf Aufforderungen, die den eigenen Bedürfnis- oder Antriebshaushalt nicht verletzen, ein Antworten auf das Fremd-Lebendige, Nicht-Ichhafte, angesichts dessen das eigene Ich nicht zurückgesetzt zu werden braucht. Da das Zeitverständnis an die „Lebenszeit" der Pflanzen anknüpft und eng an konkrete Handlungen gebunden ist (im Frühling bestellen, säen oder pflanzen, im Sommer und Herbst ernten), bietet Gartenarbeit diesen Jugendlichen, die sonst Schwierigkeiten mit „mechanisierten" linearen Zeitschemata haben, Entlastung.

Kanufahren

Die Angewiesenheit auf den Anderen läßt sich in kaum einer Situation so gut nachempfinden wie beim gemeinsamen Anlegen mit einem Kanu an einer Uferstelle bei starker Strömung, womöglich noch kurz vor einem Gefälle oder Wehr. Nicht ohne Grund ist die Metapher „Wir sitzen im gleichen Boot" als Aufforderung gedacht, sich angesichts der ernsthaften Lage zurückzunehmen und auf das gemeinsame Ziel einzuschwenken: beim Kanufahren können divergierende Interessen unter Umständen für die Beteiligten feuchte Folgen haben. Beim Paddeln ist dies eine Sache der Abstimmung der Motorik auf den jeweils anderen. Allein schon um das Boot auf Kurs zu halten, ist gleicher Rhythmus und gleich starker Paddelschlag erforderlich. Oft braucht es lange, ehe sich zwei Partner aufeinander eingespielt haben, denn an Bord geht es nicht darum, sich und dem anderen zu beweisen, daß man stärker ist, jeglicher Wetteifer und -streit würde nur dazu führen, daß man sich im Kreis dreht, sondern um beidseitiges Kräftegleichgewicht, um die Abstimmung der Eigenbewegung mit der des Partners. Das Vorwärtskommen hängt nicht unbedingt vom Maximum des Kräfteeinsatzes ab, sondern davon, ob es gelingt, die eigenen Anstrengungen mit dem Kräfteeinsatz des anderen und den Naturbedingungen vor Ort in das rechte Verhältnis zu bringen, und zwar angesichts leiblich erfahrbarer Steuerungsprobleme. Paddeln zwingt zu Rücksichtnahme und gemeinsamen Absprachen: Wer gibt bei Gefahren die Richtung an, wer ist zuständig für die Steuerung des Bootes oder für das Festmachen, wer informiert sich über gefährliche und interessante Flußstellen im Flußwanderbuch. Im sogenannten „Kanadier", der mit einfachen Stechpaddeln vorangetrieben wird, ergibt sich dies aus der Sitzordnung, im Kajak, der mit Doppelpaddeln gelenkt wird, ist dies Sache situativer Absprachen. Da die Tätigkeit des Flußwanderns in einem Zweisitzerkanu eine gewisse Konzentration auf die eigene motorische Aktivität wie die des Partners erfordert und einen gemeinsamen Rhythmus bei gleichzeitiger Affektkontrolle voraussetzt, eignet sie sich sehr gut als eine Art Kooperationstraining für solche Jungen und Mädchen, die innerhalb ihrer sozialen Bindungen Schwierigkeiten haben mit dem Abstimmen wechselseitiger Erwartungen und dem Eingehen auf ihr Gegenüber.

Klettern und Abseilen

Wie selbstverständlich setzen wir uns auf jeden Stuhl, begehen Treppen und steigen ein in alle möglichen Verkehrsmittel. Daß dieses zur unbefragten Selbstverständlichkeit gewordene Vertrauen in die Verläßlichkeit der Dinge erst in einem durchaus konflikthaften Prozeß erworben wurde, wird uns allenfalls bewußt bei der Beobachtung von Kindern oder in Situationen jenseits der Alltagsroutine, z.B. in der Seilbahn. Wie vielschichtig ein solcher Prozeß sein kann, zeigt sich besonders beim Klettern und Abseilen, da hier neben der Zuversicht, daß die Dinge wie Seil, Karabiner und Gurt halten, noch zwei weitere Umstände hinzutreten, nämlich das Sich-verlassen-Können auf den Partner und ein Gefühl für die eigenen körperlichen Fähigkeiten und Vermögen.

Jugendliche in häufig wechselnden sozialen Bezügen und schwierigen familiären Situationen, die infolgedessen nur wenig Vertrauen zu sich selbst haben und sich in zwischenmenschlichen Beziehungen unsicher fühlen, können beim Abseilen und Klettern erfahren, daß sie sich sehr wohl etwas zutrauen und der Zuverlässigkeit eines Partners gewiß sein können. Eine Eigenheit des Bergsteigens besteht unter anderem darin, „daß jeder Seilpartner abwechselnd für Leben und Gesundheit des anderen verantwortlich ist und dann wieder in derselben Weise sich dem anderen anvertrauen muß" (Antony/Herkert 1989). Damit der oder die Jugendliche diese Grundregel leichter annehmen kann, ist ein behutsamer, durch den Pädagogen unterstützter Perspektivenwechsel hilfreich: Der Junge, das Mädchen seilt zunächst unter Obhut seines Erziehers eine andere Person ab, um sich ein Bild davon zu machen, was man von dem Partner erwarten muß, von dem man sich anschließend selbst sichern läßt, oder auch nicht.

Klettern und Abseilen kann vermitteln, daß Vertrauen erlernt werden kann. Die Tätigkeit eignet sich dazu, mit Jugendlichen differenziert über Schwierigkeiten im Vertrauen zu sprechen, da beim Klettern und Abseilen die drei Bereiche — Vertrauen zu sich selbst, zu anderen und zum Objekt — gesondert erfahren und betrachtet werden können: beim Klettern ist mehr das Selbstvertrauen angesprochen, beim Abseilen mit Fremdsicherung das Vertrauen auf den Partner und beim Abseilen mit Eigensicherung die Zuversicht in die Verläßlichkeit der Dinge. Diese soziale oder Beziehungs-Gestalt hat aber auch eine fast unmittelbare Resonanz in der eigenen Leiberfahrung. Soziales Mißtrauen hat Zittern und ängstliche Verkrampfung, auch Bewegungseinschränkung zur Folge; Zutrauen korrespondiert mit Entspanntheit, Gelassenheit, Lustgefühl, freier Beweglichkeit. Das Abseilen ist eine der wenigen Gelegenheiten, bei denen ein soziales Verhältnis sich unmißverständlich und sofort in der Gestalt von Körperempfindungen meldet.

Kochen und Waschen

In der Heimpädagogik und ganz besonders in Konzepten sozialpädagogischer Jugendwohngemeinschaften ist oft von Verselbständigung und Selbstversorgung des Jugendlichen als angestrebtes Ziel die Rede. Daß man dies durchaus im leibhaften Sinn verstehen kann, wird dabei allzuleicht vergessen. Denn sowohl Kochen als auch das Waschen des eigenen Leibes wie seiner „zweiten Haut", der Kleidung, sind elementare Tätigkeiten, durch die sich die Verselbständigung eines Jugendlichen sichtbar ausdrücken kann. Im Haushalt der Familie sind Küche, Waschküche oder Bad und Kleiderschrank u. a. die letzten Domänen, in denen — wenn auch in äußerst abgeschwächter Form — die Leibverbundenheit von Mutter und Kind noch besteht und reproduziert wird. Das Waschen der Kleidung, Kochen und Essen sind Bereiche einer subtilen Kontrolle der Mutter über den fast schon erwachsenen Sohn oder die Tochter und gleichzeitig elementare Tätigkeiten der Verselbständigung und „Abnabelung" vom „heimischen Herd".

Die beiden Tätigkeiten haben besonders für die Jungen und Mädchen eine elementare Bedeutung, die während ihrer Kindheit von ihren Müttern nicht sorgfältig oder unregelmäßig versorgt worden sind. Bei ihnen ist zwischenmenschliches Vertrauen noch ganz eng an die leibliche Versorgung geknüpft. Oft fällt es ihnen schwer, Vertrauen zu einem Erzieher herzustellen, der sie nicht unmittelbar versorgt; sie haben Schwierigkeiten, sich in größeren Heimen mit zentralen Versorgungseinrichtungen wohlzufühlen oder sich in Jugendwohngemeinschaften zu integrieren, die hohe Erwartungen an Selbständigkeit stellen. Der Erfolg hängt davon ab, ob es gelingt, mit dem Jungen oder dem Mädchen gemeinsam so zu kochen, daß nicht nur das Produkt der Arbeit, sondern die Tätigkeit selbst als befriedigend empfunden wird.

Da ansehnliche Kleidung und erfreuliche Gerichte noch immer als Maßstab des guten Geschmacks gelten, fördert die Bildung des Jugendlichen in diesen Tätigkeitsbereichen seine kulturelle Integrität und soziale Anerkennung, Essen war schon von jeher ein geselliges Vergnügen. Dabei ist eine gut zubereitete Mahlzeit weitaus mehr als eine einfache konventionelle Freundschaftsgeste, es drückt sich darin nämlich die Sorge für das leibliche Wohl des anderen aus. Kochen bildet nicht nur den Geschmackssinn, sondern beim Essen und durch Eßkultur erfahren nahezu alle Sinne ihre Grundausbildung in ihrer historischen kulturellen Eigenart (vgl. hierzu Pazzini 1990, S. 543 ff.). Kochen fördert nicht nur das Abschätzen von Gewichts- und Mengenmaßen, sondern auch das Vermögen zur Planung. Diese ist in vielerlei Hinsicht erforderlich: die Zusammenstellung der Speisen, das Menü, will durchdacht sein, Quantitäten müssen bestimmt und der Einkauf geplant werden. Auch das Kochen selbst erfordert Voraussicht, die mit der Qualität und Eigenart der noch rohen Produkte zusammenhängt, z. B. ihren verschiedenen Garzeiten oder der Geschmacksentfaltung der Gewürze. Zu lange gekochter grüner Pfeffer kann die gesamte Fischsuppe überwürzen. Es gibt wohl kaum eine Tätigkeit, bei der man das Abstimmen und Zusammentreffen verschiedener, gleichzeitig zu verrichtender Handlungsabläufe so gut erlernen kann wie beim Kochen. Man muß nicht nur die Garzeiten der vielen Gemüse- und Tierprodukte wissen, sondern auch eine Synchronität herstellen, was einen klaren Zeitplan erfordert. Schlußendlich kann jeder mittels des vielseitigen und üppigen Angebots an Kochbüchern sich nahezu alle Kulturen, die ja immer eine eigene Eßkultur ausgebildet haben, einverleiben.

Nähen

Die Herstellung von Kleidung ist eine der ältesten Tätigkeiten des Menschen. Bis in die Moderne war das Spinnen von Fäden und teilweise die Herstellung der Rohstoffe (Flachs und Wolle) in der Hand der Frau, während das Weben und das Schneiderhandwerk von Männern ausgeübt wurde. Das Spinnen war nicht nur die „Manifestation weiblicher Produktivität" (vgl. Treusch-Dieter 1982), sondern häufig auch Kernpunkt des geselligen Dorflebens. Die Versuche des Mannes, sich aus der vielschichtigen Abhängigkeit von der weiblichen Produktivität zu retten, finden ihren zynischen Ausdruck in dem Namen „Spinning Jenny" für die mechanische Spinnmaschine, die nach Engels' Auffassung die industrielle Revolution einläutete. Der Mann verfügte nun von der Herstellung des Fadens bis zur fertigen Kleidung über den Produktionsprozeß. Gleichzeitig und besonders durch die spätere serielle Produktion entstand eine Kleidermode, die mit der traditionellen Kleiderordnung der Stände und Zünfte brach. Die heutigen technischen Möglichkeiten erlauben es, ein von Modedesignern entworfenes Modell in unendlichfacher Ausfertigung zu reproduzieren. Demgegenüber gewinnt das selbstgefertigte Unikat an Bedeutung, es ist Ausdruck individueller Kreativität. Die Nähmaschine kann sozusagen die Spindel der Moderne sein, mit der sich die Frau gelegentlich ein verlorenes Terrain zurückerobert.

Der 6. Jugendbericht der Bundesregierung weist darauf hin, daß die Entwicklung von Körperkonzepten als wichtiger Bestandteil der Identität von Mädchen vernachlässigt worden ist. Neben anderen Tätigkeiten kann das Nähen von Kleidung Mädchen und Jungen dazu herausfordern, ihr äußeres Erscheinungsbild selbst zu entwerfen und sich ein eigenes körperliches Selbstverständnis herauszubilden. Das enthält die

Möglichkeit, gängige kulturelle und subkulturelle Klischees nicht nur nachzuahmen, sondern auch zu verändern, im Trennen und Wieder-Zusammenfügen, auch darin, mit Hilfe der Kleidung das Experimentieren mit dem eigenen „Selbst" zu symbolisieren.

Das Schneidern erfordert im Unterschied zu anderen Tätigkeiten eine besondere Sensibilisierung des Tastsinnes, der beim Kind nach der Ausbildung von Körperschemata und dem Erlernen des Gehens hinter den Augensinn zurücktritt. Läßt man sich bei der Auswahl und Verarbeitung des Stoffes zu sehr von seiner äußerlichen Erscheinung lenken, so kann sich dies u. U. fatal auswirken. Denn ein Kleidungsstück muß nicht nur nach außen gut *aussehen*, sondern sich nach innen auf der Haut gut *anfühlen*, und letztendlich entscheidet „der Griff", mit dem man die Qualität der Faser und deren Verarbeitung erfühlt, ob sich ein Stoff für ein Kleid eignet und später wie gewollt „fällt". Das Schneiderhandwerk setzt ein subtiles Zusammenspiel von Nah- und Fernsinn voraus. Nähen lehrt, daß beim Umgang mit der dinglichen Welt der Tastsinn, weil er als einziger gleichzeitig uns selbst und das Objekt spüren läßt, die beste Kontrolle ermöglicht (vgl. Plessner 1980, S. 335 f.).

Pingpong, Federball und Tennis

Daß man manche Spiele durchaus als „Beziehungssymbole" auffassen kann, liegt nach der von Freud in seiner erstmals 1920 erschienenen Abhandlung „Jenseits des Lustprinzips" vorgenommenen Deutung eines von ihm selbst beobachteten kindlichen Spiels sehr nahe. Jener von Freud beschriebene eineinhalbjährige Junge warf eine an einem langen Bindfaden befestigte und umwickelte Holzspule über sein verhängtes Bett. Sobald sie aus seinem Gesichtsfeld verschwunden war, kommentierte er den Sachverhalt mit einem langgezogenen O-o-o, um sie dann anschließend mit dem Faden, dessen Ende er noch in der Hand hielt, aus dem Bett wieder zu sich heranzuziehen. Das Erscheinen der Spule begrüßte er mit einem freudigen „Da". Das Spiel — Verschwinden und Wiederkommen — wurde von dem Knaben unermüdlich und lustvoll wiederholt. Freud sah darin eine „kulturelle Leistung" des Kindes: um das Fortgehen der Mutter besser zu ertragen und als Entschädigung für seinen „Triebverzicht", führte es sich ihr Weggehen und Wiederkommen im Spiel symbolisch vor Augen, aber mit dem Unterschied, daß *es* nun selbst bestimmen konnte, wann die Mutter zurückkehrte. Das „Garnrollenspiel" ist Symbol für die Dominanz, Abhängigkeit und Machtverhältnisse innerhalb der Mutter-Kind-Dyade.

Eine ähnliche „Beziehungssymbolik" hat das Drachensteigen, eine ganz andere aber Tischtennis und Federball. Beide Tätigkeiten zählen

u. a. immer noch zu den beliebtesten Teenagerspielen. Auch in dem weit perfektionierteren, ihnen aber sehr verwandten Tennis ist sie anwesend. Alle drei Spiele korrespondieren mit dem Wunsch des Adoleszenten, sich vom Elternhaus zu lösen und sich gleichsam von der das Generationsverhältnis betreffenden „vertikalen" (Mutter- oder Vater-Kind-)Dyade zu distanzieren. Sie signifizieren das Bedürfnis nach gleich starken Partnern und klarer Opposition.

Der durch diese Tätigkeiten bedeutete Beziehungstypus ist, verglichen mit dem des „Garnrollenspiels", ein wesentlich reiferer. Im Zentrum des Spiels steht nicht mehr die gewünschte und libidinös besetzte Leibverbundenheit mit der Mutter, die durch den Faden hergestellt wird, und das damit einhergehende Empfinden des Macht-Ohnmachtgefälles und symbiotischer Abhängigkeit, sondern Symbolisierungen der nun erreichten oder erwünschten Distanz innerhalb sozialer Beziehungen, z. B. durch abgetrennte Spielfelder und Grenzziehungen zwischen „Ich" und „Du" durch das Netz. Im Unterschied zum Spiel des Kleinkindes ist hier der Bezugspartner als relativ gleich starkes, aktives Gegenüber anwesend, die Standorte sind als polare Positionen abgesichert. Darüber hinaus repräsentiert das Spiel das Streben des Heranwachsenden, in seinen sozialen Beziehungen ein Gleichgewicht zwischen aktivem Geben (Aufschlag) und passivem Empfangen herzustellen, ein Prinzip, dem er in der Realität noch nicht ganz, dafür aber im Spiel gerecht werden kann. Gleichzeitig wird — ähnlich wie bei dem „Garnrollenspiel" — Überlegenheit und Unterlegenheit in sozialen Beziehungen thematisiert, das Thema wird aber „horizontal" in einer face-to-face-Situation im wechselseitigen Dialog (Ping-Pong) ausgefochten. Macht-Ohnmacht-Gefälle werden zugunsten eines klar ausgehandelten Regelkatalogs gleichberechtigter Partner aufgegeben, die kindliche Selbstbezogenheit durch die Herausforderung und Interaktion des Gegenübers eingeschränkt.

Die Spiele eignen sich besonders dafür, Jugendlichen, die aufgrund ihrer Familienerfahrung nur Gewalt und körperliche Überlegenheit als Mittel der Auseinandersetzung kennen, vermittelte Formen des Schlagabtausches vor Augen zu führen. Hilfreich können sie auch für die Jungen und Mädchen sein, die durch häufige Beziehungsabbrüche zu Gleichaltrigen oder Erziehern starke Nähe-Distanzprobleme verspüren und Schwierigkeiten haben, eine Balance herzustellen zwischen der Intensität ihrer Zuneigungsbekundungen und dem, was sie dem anderen abverlangen können, kurz für diejenigen, die in ihren sozialen Kontakten hin- und hergerissen werden zwischen distanzlosen unvermittelten Annäherungen und frustrierter unvermittelter Distanziertheit. Man kann ihnen gleichsam durch das Spiel klarmachen, daß es durchaus möglich ist, zu anderen Nähe herzustellen, ohne aufdringlich zu sein und ohne die Intensität der Kommunikation zu beeinträchtigen.

Schreiben und Fotografieren

Von allen Tätigkeiten, denen Jugendliche u. a. nachgehen, scheint die des Tagebuchschreibens bisher am besten erforscht zu sein. Die sogenannte Tagebuchforschung mißt dem Schreiben im wesentlichen vier Funktionen bei (zusammenfassend Soff 1989): Als eine Art „Reliquiensammlung" entspricht das Tagebuch dem Wunsch des Heranwachsenden, Erinnerungen zu sammeln und ein Stück weit eigene Lebensgeschichte zu schreiben, um sich so seine Einmaligkeit und Einzigartigkeit zu vergegenwärtigen — ein Ausdruck des jugendlichen Egozentrismus. Schreiben übt zudem eine „kathartische Wirkung" auf den Tagebuchautor aus, es dient als Ventil für die starken Gefühlswogen, von denen besonders Jugendliche innerlich bewegt werden. Eine dritte wesentliche Funktion des Tagebuchführens wird der „Selbstklärung" zugeschrieben, d. h. der Bewältigung von Gefühlen und Erlebnissen durch das klärende, ordnende Vorsichhinstellen derselben. Und schließlich wird es dem Bedürfnis des Heranwachsenden nach einem Vertrauten während seiner zum Teil dramatischen Ablösung vom Elternhaus gerecht, kurz das Tagebuch fungiert als illusionärer, heimlicher Gefährte.

Die jungen Autoren beschäftigen sich vorwiegend mit den zentralen Themenbereichen „Abhängigkeit und Loslösung von den Eltern", „Beziehungen zu Gleichaltrigen", „Lebensplanung und Beruf" sowie mit Ereignissen des Zeitgeschehens. Im Mittelpunkt ihrer literarischen Aufmerksamkeit aber steht die Auseinandersetzung mit der eigenen Person, das Entdecken und Ausloten tieferer Schichten des „Selbst", die Suche nach der eigenen personellen Einheit; und insofern ist das Jugendtagebuch ein „Entwicklungsbuch", ein Lebens-Kompendium.

Im therapeutisch-pädagogischen Sinn kann Schreiben und Fotografieren für diejenigen Jugendlichen hilfreich sein, die innerhalb ihrer Familien unmittelbarer Gewalt und sexuellen Mißhandlungen ausgesetzt waren oder in chaotisch-diffusen Familienverhältnissen aufgewachsen sind und dadurch in ihrem Verhältnis zu sich, zur sozialen sowie dinglichen Umwelt verwirrt sind. Meistens haben sie Schwierigkeiten, sich in ihrer Umgebung anzupassen, es fällt ihnen schwer, über sich und ihren Körper zu sprechen. Diese Jugendlichen haben mehr noch als andere das Bedürfnis nach Schutz, Geborgenheit, Orientierungshilfen; und es scheint in beiden Tätigkeiten gut aufgehoben zu sein. Denn Fotografieren und Schreiben ermöglichen, am Geschehen teilzunehmen und dabei gewissermaßen geschützt, für sich zu sein. Wenn auch die Perspektiven verschieden sein mögen, die man bei diesen Tätigkeiten zu einer Situation einnimmt, so verschafft man sich doch durch beide gleichermaßen eine Distanz zwischen „Innenwelt" und „Außen", zwischen sich als wahrnehmendes, erlebendes Subjekt und der Welt, auf die sich unser Interesse richtet oder die sich an uns richtet. Der Jugendliche, der über seine Empfindungen und über ein Geschehen schreibt oder es fotografiert, stellt sich zu beiden in ein klares, ordnendes Verhältnis. Die für den Menschen sonst übliche und charakteristische „frontale Gestelltheit" gegen sein Umfeld (Straus 1960), die unmittelbare Konfrontation mit den Gegebenheiten wird hier durch eine Art Filter ein Stück weit entschärft. Der Fotograf hält zwischen sich und dem Objekt seiner Aufmerksamkeit den Apparat; und während er durch den Sucher schaut, um die gewünschte Einstellung zu finden, rückt er es seinem Willen entsprechend zurecht. Der Abstand des Fotografen zum Objekt ist doppelt gegeben: gegenwärtig beim Akt des Ablichtens und im nachhinein bei der Betrachtung und Beschäftigung mit dem Produkt der Tätigkeit, z. B. wenn das Bild beschriftet und in die Sammlung eingefügt wird. Beim Schreiben, sei es nun eines Tagebuches, eines Briefes oder eines autobiographischen Romans, trifft mehr der letztere Aspekt zu: die Distanz zu einem Ereignis wird durch ein tätiges Erinnern hergestellt. Erinnern ist hierbei die Reflexion von Empfindungen, Wünschen, Ereignissen des Tages, der Woche oder in der weiteren Vergangenheit durch eine möglichst dichte Beschreibung. Wie der Fotograf tritt der Schreibende aus dem unmittelbaren Geschehen heraus, in eine Art zeiträumliches Vakuum, um sich und anderen ausgewählte Ausschnitte und Ansichten der Realität zu vermitteln und sie in eine Ordnung zu bringen, die ihm gefällt.

Daß dabei die Wirklichkeit nicht genau so abgebildet wird, wie sie objektiv erscheint, sondern individueller Veränderung unterworfen wird, ist nur verständlich. Und genau darin ist eine weitere therapeutisch-pädagogische Funktion erfüllt. Bei beiden Tätigkeiten gelingt eine Adaption sowohl der Wirklichkeit an das Begehren als auch umgekehrt der Wünsche an die Realität. Indem der Fotograf eine bestimmte Perspektive, Objektiv und Belichtungszeit wählt oder in der Dunkelkammer den Abzug beeinflußt, verschafft er sich von seinem Objekt eine Ansicht, die seinen Wünschen sehr nahe kommt. Gleichzeitig muß er aber auch Kompromisse schließen und seine Ansprüche auf die Situation und das Material einstellen. Ähnlich verändert auch der Autor beim Schreiben die Wirklichkeit, und zwar durch Über- und Untertreibungen, durch imaginative Ergänzungen und bewußte Weglassungen. Auf diese Weise kann er sich ein Stück weit mit den „Härten des Alltags" versöhnen. Ähnlich wie das Kind sich im Spiel die Welt noch einmal in klein vorstellt und sie dabei sich so hinstellt, daß sie seinen Wünschen entgegenkommt, sucht auch der Heranwachsende beim Fotografieren oder Schreiben immer wieder neue Anschlüsse zwischen innerem Begehren und äußerer Welt. Neben Malen und Zeichnen kommen die genannten Aktivitäten in ihrer Funktion dem kindlichen Symbolspiel sehr nahe.

Schwimmen und Tauchen

Man stelle sich nur einmal vor, man müßte einen Tisch mit übergezogenen Fausthandschuhen decken, und zwar mit derselben Gewandtheit, als ob man diese Dinger gar nicht anhätte — auf diese Weise kann man sich die Schwierigkeiten eines dyspraktischen Kindes, wenn auch nur annähernd, vor Augen führen. Die entwicklungsbedingte Ungeschicklichkeit eines Kindes geht auf eine Funktionsstörung des Gehirns zurück, aufgrund derer die Koordination und das Ordnen taktiler sowie vestibulärer (den Gleichgewichtssinn betreffende) Reize und propriozeptiver (die Eigenwahrnehmung betreffende) Empfindungen mit den Muskelbewegungen erschwert ist (vgl. Ayres 1984). Diese Art von Störung tritt meistens schon frühzeitig im Leben des Kindes ein und beeinträchtigt seine weitere Entwicklung. Auch im Jugendalter fehlt den Betreffenden die Fähigkeit zum motorischen Planen, und sobald eine neue Tätigkeit an sie herangetragen wird, stellen sich die alten Schwierigkeiten ungeschickter Bewegungsplanung ein: das Gehirn kann die bisher erlernten Schemata, d. h. Bewegungs- und Koordinationspläne, aufeinander kaum abstimmen und dem Sachverhalt anpassen. Die entwicklungsbedingte Ungeschicklichkeit ist eine der häufigsten Manifestationen von Störungen der sensorischen Integration bei Kindern mit Lernstörungen oder auch geringen cerebralen Dysfunktionen (Ayres 1984).

Nun wurde speziell für Kinder mit diesen oder ähnlichen Störungen eine sensorische Integrationsbehandlung entwickelt, die innerhalb der Heilpädagogik angewendet wird. Aber auch für den in diesem Bereich ungeschulten Sozialpädagogen oder Erzieher bieten sich Tätigkeiten an, den Koordinationsstörungen und der sensomotorischen Ungeschicklichkeit dieser Klientel beizukommen, zum Beispiel durch Schwimmen und Tauchen. Denn die Eigenschaften des Elements Wasser bringen es mit sich, daß die Koordination der Sinneswahrnehmung mit der Muskeltätigkeit, besonders der Arm- und Beinbewegungen, aufgrund ihrer Verlangsamung durch den Wasserwiderstand wesentlich leichter fällt als auf dem Land. Auch schon aus Gründen der Ökonomie bewegt sich der Taucher unter Wasser ruhig und bedacht, jeder Tauchlehrer hält seine Schüler dazu an, mit den Kräften hauszuhalten und unnötige, rasche Bewegungen zu vermeiden, um so den nötigen Sauerstoff zu sparen. Weil im Wasser die gewohnten Schwerkraftbedingungen abgeschwächt sind, das Körpergleichgewicht viel einfacher herzustellen ist und die Empfindung des eigenen Körpergewichts fast außer Kraft gesetzt ist, bieten Tauchen und Schwimmen besonders Jugendlichen und Kindern mit Übergewicht Entlastung. Schon durch leichte Handbewegungen kann der Leib in Schwebe gehalten werden; das Gefühl, sich hier elegant und geschmeidig zu bewegen, befreit zu sein von der Schwere ihres eigenen Körpers, der sie an Land auf Schritt und Tritt auch seelisch belastet, gibt ihrem Selbstvertrauen neuen Auftrieb.

Wandern

„Sich selbst und anderen Stärke beweisen durch Überwindung von Widerständen" scheint ein Thema zu sein, das besonders Jugendliche bewegt. Allerdings haben Produkte verschiedenster Industriebranchen altbewährte Modelle verdrängt, durch die dieses Thema ohne finanziellen Aufwand in spielerisch-geselliger Art zur Gestalt gebracht wird. Es scheint sogar, als haben die Medien das Thema vom leiblichen Erleben abgekoppelt. Ausdruck und Empfinden von Stärke werden oft nicht mehr über den Leib erlebt, sondern über Zeichen vermittelt wie Kraftfahrzeuge, Prestigeobjekte oder Filmidole.

Kinder und Jugendliche in Heimen haben darunter oft mehr zu leiden als andere, es fehlt ihnen der finanzielle Rückhalt durch die Familie, sie fühlen sich aus ihren sozialen Bezügen herausgerissen; ihre Kaufkraft reicht eben aus für den Erwerb eines Posters, auf dem ein Motorrad abgebildet ist, ein Mofa können sie sich im Unterschied zu Gleichaltrigen selten leisten. Daher ist es nur verständlich, daß sie aus diesem Dilemma heraus auf eine Art und Weise tätig werden, die für sie zwar billig, aber nicht unbedingt sozial verträglich ist; so kann denn ein nächtlich abgesägter Zigarettenautomat zum Beweis der eigenen Stärke dienen.

Die Aufgabe des Pädagogen besteht u. a. darin, Tätigkeiten zu finden, die das oben genannte Thema wieder an die Leiblichkeit anbinden und die für Jugendliche reizvoll sind. Hierzu zählen Wettkämpfe mit Körpereinsatz, handwerkliche Tätigkeiten oder aber das Wandern, insbesondere das Bergwandern. Es ist eine nur wenig instrumentell gestützte Tätigkeit, denn der Leib selbst ist alleiniges Mittel zur Überwindung von Steigungen, Gefällen, Bächen, Geröllfeldern sowie längeren Raumdistanzen und dabei gleichzeitig Träger aller lebensnotwendigen Dinge. Weil die Tätigkeit des Wanderns fast ausschließlich auf den eigenen Körper und seine Bewegung in einem Naturraum Bezug nimmt, ermöglicht sie mehr noch als andere ein direktes, unmittelbares Spüren eigener Stärken oder Schwächen; Kraft wird dabei nicht nur in Augenschein genommen wie beim Anblick einer Kurbelstange, sondern als leibliche Bewegung erfahren.

Dadurch, daß sich diese Art der Fortbewegung auf reine Selbstbewegung beschränkt, bekommt der Raum eine subjektive Tiefe: er wird leiblich erlebt, im Unterschied zum Zugfahren, bei dem man transportiert wird. Der Passagier nimmt die Landschaft durch das Fenster seines Abteils lediglich in Augenschein, sie riecht und schmeckt nicht mehr, zieht wie auf einer Leinwand an ihm vorüber und wird schließlich monoton (Waldenfels 1985). Sie büßt auf diese Art und Weise ihre Dichte und Hintergründigkeit ein, das Gefühl für Distanzen geht verloren. Der Wanderer hingegen weiß dies alles zu schätzen, er genießt den Anblick auf eine Landschaft, weil er sie mit allen seinen Sinnen wahrnimmt und in ihr selbst Entfernungen zurückgelegt hat, „Anschauungs-, Stimmungs- und Handlungsraum" (Waldenfels 1985) sind noch eins; er kann sich in ihr auch nicht verlieren, da er immer einen festen Standpunkt einnehmen kann, seine Betrachtung ist Reflexion eines „leibhaften Weltbewohners".

Im Wandern kann man geradezu einen gegenkulturellen Habitus der Fortbewegung erkennen, auch im Hinblick auf moderne Konzepte von Bildungsbewegungen in Form von Lernzielen, Curricula und empirisch erfaßbaren Lernfortschritten. Das Wandern ist eine „zielentlastete Bewegung" (Waldenfels 1985), der Weg und das Schreiten sind wichtiger als das Ziel, die Gegenwart bedeutender als die Zukunft, auch wenn man irgendwo ankommen will. Der Raum wird nicht geographisch objektiviert und durchmessen, vielmehr erschließen sich dem Wanderer immer neue unvorhergesehene Horizonte. Dabei ist die Zeit kein Faktor, den es optimal zu nutzen gilt, sondern in viel stärkerem Maße ein Fortschreiten von Gegenwart zu Gegenwart, das auch zeitweiliges Innehalten erlaubt.

Die Tätigkeit kann also Jugendlichen zu einer wichtigen Entlastung werden, die sonst Schwierigkeiten haben, sich in das konventionelle Konzept von Bildungszeit einzufädeln, und die Zukunftserwartungen ihrer Lehrer und Erzieher als sehr stark belastend erleben.

Der Pädagoge trifft sich hier in einer Rolle, die seiner ursprünglichen Bestimmung entspricht, er ist nämlich Begleiter, der dem Jugendlichen auf seinem Weg die lebensnotwendigen Dinge beibringt, wie das Lesen von Karte und Kompaß, Kenntnisse in Wetter-, Pflanzen- sowie Gesteinskunde und Geographie. Er zeigt ihm, wie man in der Wildnis Feuer macht und kocht, die Natur schützt, sich bei Gewitter verhält, er lehrt ihn, sich in einer einfachen Lebenswelt zurechtzufinden. Fragen und Schwierigkeiten ergeben sich beim Gang von selbst, der Pädagoge muß nichts an den Jugendlichen herantragen, ihn mit etwas konfrontieren, denn er geht die meiste Zeit neben ihm und läßt alles auf ihn zukommen. Ganz nebenbei entstehen auch — unterstützt durch die gleichmäßige Bewegung, Lockerung des Körpers und die Beanspruchung aller Sinne — Gespräche über wichtige Lebenserfahrungen und Lebensfragen; nicht ohne Grund wird in der Literatur von einer positiven Wirkung des Gehens auf das Denken hingewiesen. Wenn es auch einem Jugendlichen verständlicherweise schwerfällt, abgesteckte Ziele zu erreichen, beim Wandern ist es wahrscheinlich, daß es ihm gelingt.

10. Zusammenfassung

Blickt man zurück auf den vorliegenden Text, erscheint er wie ein Haufen von Mosaiksteinen, von denen einige die Konturen eines Bildes ergeben können, andere noch keinen rechten Platz finden. Als sicher darf jedenfalls gelten, daß wir zwar eine Reihe von Problemen zur Darstellung brachten, die als Konstruktionselemente einer sozialpädagogisch-hermeneutischen Diagnose verwendet werden können, daß aber praktikable diagnostische Verfahrensregeln erst in Umrissen deutlich werden. Diese Umrisse wenigstens lassen sich präzisieren. Wir wollen das dadurch versuchen, daß wir noch einmal an unsere praktischen und theoretischen Ausgangsfragen erinnern, die geltend gemachten leitenden Kategorien zusammenstellen, eine Perspektive für die mögliche Weiterarbeit an einem derartigen Projekt skizzieren und einige Bemerkungen zu dem von uns verwendeten „Bildungs"-Begriff machen.

1. Unsere *Ausgangsfragen* waren zunächst praktischer Natur. Erzieher in den verschiedenen Einrichtungen der Jugendhilfe, besonders in den stationären, haben, nach unserer Vermutung und Erfahrung, in der Regel diagnostische Kompetenzen nicht in das Selbstbild ihrer Professionalität integriert. Diese werden den dafür besser qualifizierten Berufsgruppen überlassen — den Ärzten der Kinder- und Jugendpsychiatrie, den Heimpsychologen, den professionell ausgebildeten Therapeuten. Das gilt insbesondere für solche Fälle, in denen schwierigere Formen der Verhaltensbeeinträchtigung vorliegen. Das hat zur Folge — wenn denn unsere Ausgangsvermutung zutreffen sollte —, daß in einer für das pädagogische Handeln nicht nur wichtigen, sondern zentralen Hinsicht das Selbstbewußtsein der Sozialpädagogen schwach ist, und zwar aus Gründen, die nur in der professionellen Arbeitsteilung, nicht aber in der Sache liegen. Die Sache nämlich, der öffentliche Erziehungsauftrag, verlangt eine Diagnostik, die die pädagogischen Handlungsspielräume und -perspektiven in den Mittelpunkt rückt. Für diese kann die psychologisch-psychiatrische nur subsidiär sein; das Unbehagen, das viele Sozialpädagoginnen und -pädagogen angesichts dieser Art von Diagnostik empfinden, artikuliert sich zwischen rechtgläubigem Geltenlassen und aggressiv getöntem Ignorieren; es hat seinen Grund darin, daß es bisher nicht gelungen ist, die Wege einer sozialpädagogischen Diagnose zu beschreiben, die ihr Ausgangskriterium in erzieherischen Problemstellungen sucht. Daß dies nun ein wenigstens prinzipiell revidierbares Defizit ist, zeigt sich schon daran, daß die bis-

lang in der Jugendhilfe gebräuchliche Diagnose-Praxis im Regelfall zwar eine szientifisch zuverlässige Zustandsbeschreibung darbietet, pädagogische Perspektiven aber nur sehr allgemein und häufig nur in wenigen abschließenden Sätzen anbietet. So sieht sich häufig der Erzieher in seinen auf das pädagogische Handeln gerichteten diagnostischen Interessen allein gelassen – etwa dann, wenn angesichts cerebraler Dysfunktionen ein therapeutisches Trainingsprogramm für motorische Koordinationen empfohlen wird. So unerläßlich derartige Empfehlungen sind: Sozialpädagogen sollten über eine eigene, der Komplexität des Erziehungshandelns angemessene Form von Diagnose verfügen, die mit den anderen Diagnose-Arten zwar in eine Kontinuität gebracht werden kann, die es aber erlaubt, die Bildungsprobleme der Jugendlichen stärker in die Aufmerksamkeit zu rücken und damit zugleich sich nicht nur als Vollzugs- oder Nachfolge-Organe von Psychiatrie/Psychologie/Therapie zu interpretieren, sondern als Angehörige einer pädagogischen Profession, die über eine eigene diagnostische Kompetenz verfügt.

Um dieses praktische Interesse zur Geltung zu bringen, ist theoretische Arbeit nötig oder wenigstens doch hilfreich. Es gibt gegenwärtig – wenn wir recht sehen – vornehmlich zwei Empfehlungen, wie dem Mangel abzuhelfen sei: das schon zitierte „Handbuch der Pädagogischen Diagnostik" (Klauer 1978) empfiehlt eine Verbesserung der empirisch-diagnostischen Erhebungsverfahren, ein Forschungsprogramm also. Die andere Empfehlung (Achter Jugendbericht der Bundesregierung) zielt darauf, daß der Sozialpädagoge sein gesammeltes sozialwissenschaftliches Wissen auf den einzelnen Fall anwenden solle. Beide Wege sind zwar plausibel und akzeptabel, enthalten aber für den Praktiker einerseits schwierige, andererseits vielleicht an der Sache „sozialpädagogische Diagnostik" vorbeiführende Ratschläge: Die Mitarbeiterinnen und Mitarbeiter in den Einrichtungen der Jugendhilfe sind keine Forscher, und nur in äußerst seltenen Fällen wird die Aussicht bestehen, daß ihnen professionell ausgebildete sozialpädagogische Diagnose-Experten zur Seite stehen; sie sind aber auch keine in pädagogisch-soziologischer Rundum-Analyse gebildeten Sozialwissenschaftler, die von einem Fall zum anderen all jenen Kriterien genügen könnten, die im Achten Jugendbericht aufgeführt sind. Wir denken deshalb – ohne damit jene beiden Wege überhaupt zu verwerfen –, daß der Beitrag der Erziehungswissenschaft in diesem Feld darin bestehen könnte, einen mittleren Weg zu finden, der für die Praxis begehbar ist, ohne die Ansprüche theoretischer Sorgfalt zu verletzen. Wir nennen diesen Weg „hermeneutisch": Hermeneutik, als die Lehre von denjenigen Operationen, die „Verstehen" genannt werden, ist, wie nur wenige andere wissenschaftliche Operationen, *zwischen Wissenschaft und Praxis* situiert (vgl. auch Thiersch 1986, S. 198 ff.). Die Sinnzusammenhänge unseres aktuellen Lebens, unserer Traditionen und unserer Zukunftsentwürfe stellen den unhintergehbaren Sachverhalt dar, in den auch Pädagogen ständig eingebettet sind — in der alltäglichen Lebenspraxis durch Nachfragen, Vergewisserungen, Oppositionen, Korrekturen, Affirmationen usw.; in der wissenschaftlichen Tätigkeit durch Textkritik, linguistische Rekonstruktion, Beschreibungen von subjektivem und objektivem Sinn usw.. Dies ist, wenn man es recht bedenkt, eigentlich das pädagogische Alltagsgeschäft. Unser theoretisches Interesse geht also darauf aus, die diagnostische Dimension einer solchen Hermeneutik pädagogisch relevanter Ereignisse zur Sprache zu bringen. Die wissenschaftliche Beschäftigung mit der pädagogischen Hermeneutik soll dienstbar gemacht werden für eine hermeneutische sozialpädagogische Diagnostik, die den Mitarbeiterinnen und Mitarbeitern der Jugendhilfe-Praxis für Verstehen und Handeln sich als nützlich erweist.

2. Ein solches Unternehmen — es wurde eingangs schon erwähnt — hat Vorläufer, Beispiele, Vorbilder, die für unsere *leitenden Kategorien* bedeutsam waren. Besonders die Aufforderung zur „Lebensweltorientierung" der Sozialpädagogik und die damit nahegelegte engere phänomenologische oder auch weitere sozialwissenschaftliche Bedeutung dieses Ausdrucks (vgl. Bundesminister für Familie usw. 1990, S. 89 f.) war uns ein wichtiger Ausgangspunkt. Dort ist, wie überhaupt in der pädagogisch-phänomenologischen Forschung, eine hermeneutische Aufgabe immer mitgestellt: die Befindlichkeit des Educandus, des in einer Bildebewegung sich befindenden heranwachsenden Subjektes (auch) nach Maßgabe derjenigen Regeln, derjenigen Hinsichten auf oder Weisen von Welt- und Selbstauffassung zu begreifen, die dieses Subjekt für sich selbst geltend macht. Von diesen Hinsichten haben wir zwei in den Vordergrund gerückt: die „Lebensthematik" und die „Tätigkeit". Wir haben diese beiden deshalb gewählt, weil die lebensweltliche Sinn-Kontur sich — nicht nur, aber jedenfalls auch und unserer Vermutung nach vorzugsweise — bei Jugendlichen in derart schwierigen Lebenslagen in diesen beiden Dimensionen zeigt. Wir haben in den immer wieder eingefügten Fallberichten zu beschreiben und zu erörtern versucht, wie Thema und Tätigkeit zusammenhängen könnten. Dabei blieb allerdings der Begriff der „Tätigkeit" theoretisch noch relativ ungenau. Vorwiegend hatten wir Tätigkeiten im Sinn, für die eine leicht zu bestimmende Leibkomponente eine dominierende Rolle spielt. Dies ist auch bei den meisten von uns konstatierten Tätigkeiten, auch im „Tätigkeitslexikon", der Fall. Andererseits aber ist bei der Niederschrift eben dieses Textes hier eine Leibkomponente insofern im Spiel, als, beim Denken und Schreiben, mindestens das Zentralnervensystem und die Feinmotorik der Hand aktiviert werden. Was unterscheidet also diese hier gerade von mir getane Tätigkeit von anderen, wie beispielsweise dem „Nähen", „Angeln", „Tauchen", „Kochen" usw.? Das sind begriffliche, aber pädagogisch gewiß folgen-

reiche Probleme und Differenzierungen, die wir hier nicht weiter verfolgen können. Sie sind verbunden mit der Frage nach verschiedenen Sorten der Erfahrung und des Lernens und deren Lokalisierung bei diesem oder jenem unserer Sinne. Was wir getan haben, war also in dieser Hinsicht nur vorläufig. Vorläufig war auch — es wurde im Text schon relativierend darauf hingewiesen — die interne Klassifikation der Themen und Tätigkeiten. Wir resümieren noch einmal unsere diagnostisch leitende Verteilung von Gesichtspunkten, in sprachlich leichter Umformulierung:

	Themen	Tätigkeiten
Sächliche Verhältnisse		
Beziehungs-Verhältnisse		
Ich- oder Selbst-Verhältnisse		

Die hier „sächlich" genannten Verhältnisse sind solche, die ihren Ausgang vorwiegend in der Leibbeschaffenheit des Subjekts haben. Der Ausdruck „sächlich" ist dafür nicht ganz treffend, denn dieses Verhältnis wird nur zur einen Seite hin von den Sachen — der Widerständigkeit des Materials, dem Tuch, dem Berg, dem Wasser, dem Holz, dem außermenschlich Lebendigen, kurz dem „Nicht-Ich" — bestimmt. Zur anderen Seite hin wird es bestimmt, und dafür haben wir Beispiele benannt, durch erworbene Einstellungen, Ängste wie Hoffnungen, durch Auffassungsweisen also, die im Prinzip änderbar sind.

Analoges gilt für die Beziehungsverhältnisse; auch sie haben nur vorwiegend ihren Ausgang in erlebten oder erfahrenen Interaktionen mit signifikanten Bezugspersonen. Wenngleich wir die Meinung teilen, eine Biographie von verhaltensschwierigen Jugendlichen sei zuallererst eine Biographie schwierig zu bewältigender Beziehungsprobleme, möchten wir doch vermeiden, diese Hypothese zur Orthodoxie zu treiben; denn ebenso, wie in die sächlichen Verhältnisse andauernd die Beziehungsgeschichten und -vorgeschichten sich hineinmischen, gilt auch der umgekehrte Fall. Nicht umkehrbar sind indessen die Deutungen, die Jugendliche vornehmen: sie sind, da sprachliche Artikulationen nicht anders als in sozialer Interaktion entstehen können, auch wenn sie Sächliches betreffen, nur in Abhängigkeit von sozialer Beziehung generierbar.

Die Ich-Entwürfe schließlich, die „Ich- oder Selbst-Verhältnisse", konturieren sich nur auf der Basis der beiden anderen. Sie enthalten darüber hinaus aber etwas Weiteres, das für sie wesentlich ist: den Zukunftsbezug. Das Begehren, das Wünschen, schließlich gar das Wollen — die modisch gewordenen Ausdrücke „Bedürfnisse" oder „Interessen" verstellen häufig die hier wichtigen Differenzierungen — hat eine Richtung auf den nächsten Tag, die nur retrospektiv, nur mit Bezug auf den aktuellen Zustand nicht hinreichend verstanden wird. Diese Richtung aber ist für eine pädagogische Diagnose wesentlich. In dem oft zitierten Satz zum Ausgangspunkt der Pädagogik fragte Schleiermacher: „Was will denn eigentlich die erwachsene Generation mit der jüngeren?" Das war eine Aufforderung zur Selbstdiagnose an uns, die Erwachsenen. Die komplementäre pädagogisch-diagnostische Frage wäre diese: „Was will denn eigentlich dieser jugendliche Mensch mit seinem Leben und dem derjenigen, die ihm verbunden sind?" Eine sozialpädagogisch-hermeneutische Diagnose sollte darauf eine Antwort geben können, nicht als allgemeine Redewendung, die aus der Jugendforschungsliteratur mehr oder weniger leicht zu entnehmen wäre, sondern als individuell-konkrete Hypothese.

Mit diesen drei Dimensionen haben wir nun Themen und Tätigkeiten kombiniert. Dabei hat uns die Annahme geleitet, daß, wenn wir auf die sprachlichen Äußerungen und ihre Form achten, uns die Deutungen erkennbar werden, in denen die Jugendlichen über ihr eigenes Leben berichten und es kommentieren, und daß wir in diesen Berichten und Selbstdeutungen eine Sinn-Linie erkennen könnten, die, obwohl nicht immer ausdrücklich, gleichsam hinter diesen sprachlichen Äußerungen erkennbar wird. Diese Sinn-Linie nun, so unsere Vermutung, tritt um so kräftiger hervor, desto mehr wir von den Tätigkeiten wissen, die die Jugendlichen bevorzugen oder verabscheuen. Das ist eigentlich eine ganz alltägliche pädagogische Operation: Wenn ein Kind sich für das Spiel mit Puppen interessiert oder für Bauklötze oder für Spielzeug-Autos, für Cowboy-Ausrüstungen oder Computerspiele, fragen wir uns, was es bedeuten könnte und ob wir es unterstützen sollten. Die spielerische Tätigkeit erscheint uns als ein Sinn-Entwurf en miniature, als eine Art von Probehandeln in der „Als-ob"-Sphäre ästhetischer Erfahrung. Das gleiche Prinzip gilt auch für die Tätigkeiten, die wir — beispielsweise im „Tätigkeitslexikon" — ins Auge gefaßt haben als solche, denen eine bildende Wirkung zugesprochen werden kann, insbesondere in Fällen, in denen Verhaltensschwierigkeiten gravierend geworden sind und deshalb jenes spielerische Probehandeln unterstützt werden sollte. Allerdings gilt für Jugendliche eine nicht unwesentliche Modifikation: Der im Vergleich zum Kindesalter deutlich stärkere und andere Zukunftsbezug — einige Beispiele dafür haben wir erwähnt — läßt vermuten, daß Tätigkeiten eine dauerhafte bildende Wirkung nur dann entfalten, wenn sie nicht nur eine fiktive, sondern auch realistische Bildungskomponente enthalten, d. h. wenn sie in den tatsächlich erwartbaren Lebensalltag der Jugendlichen transferierbar sind. Erst dann sind sie — so scheint uns — in der Lage, produktiv auf die Themen bezogen werden zu können, sei es, daß die Lebensthematik sich dadurch ändert, sei es, daß ein zunächst nur beklemmend erlebtes Thema nicht mehr nur durch destruktive Tätigkeitsarten instrumentiert werden muß, sondern nun in konstruktives Tätigsein überführt werden kann.

3. Wo und wie könnte nun eine mögliche *Perspektive für die Weiterarbeit* an dem Vorhaben sozialpädagogisch-hermeneutischer Diagnose in Sicht kommen? Was wir in diesem Buch vorgelegt haben, war zunächst kaum mehr als eine Sammlung von Materialien, deren Ordnung und der Vorschlag einiger diagnostisch-hermeneutischer Hypothesen, und zwar so, daß dies nicht nur für Jugendhilfe-Forscher, sondern auch für die Praxis von Interesse sein könnte. Wie ließe sich die hier präsentierte Material- und Kategorien-Sammlung verbessern, und zwar so, daß sie einerseits wissenschaftlich eher befriedigt, andererseits denjenigen besser dienstbar wird, die letzten Endes in den Einrichtungen der Jugendhilfe derartige Diagnosen stellen sollen?

Kategorien oder, bescheidener gesprochen, sprachliche Ausdrücke, die zur Ordnung eines empirisch gegebenen Feldes dienen sollen, haben in der Regel die Aufgabe, die Aufmerksamkeit zu richten. Angesichts der von uns gewählten Ausdrücke bzw. Hinsichten — Thema und Tätigkeit, leiblich-gegenständlicher Bezug, Beziehungsprobleme, Ich-Entwürfe — wären sicher nicht nur Ungenauigkeiten zu beseitigen. Auch das ganze Konzept müßte noch einmal revidiert, d. h. auf seine Triftigkeit hin bedacht werden. Das ist nicht nur eine begriffslogische, sondern auch eine empirische Frage: Über die sehr kleine Fallzahl unserer Pilotstudie hinaus müßte die empirische Materialbasis verbreitert werden, um die Validität unserer „Kategorien" erproben zu können. Insbesondere scheint uns das Konzept der „Lebensthematik" verbesserungsbedürftig. Eine begrifflich befriedigende und für die Praxis brauchbare Mitte zwischen allzu weit getriebener Abstraktion einerseits und der ganz am individuellen Fall hängenden Thema-Formulierung andererseits haben wir noch nicht gefunden. Wir hoffen, in dieser Hinsicht mit Hilfe eines quantitativ erheblich umfänglicheren Projekts, allerdings ohne Praxisanteile, nächstens weiterzukommen, in dem eine für Niedersachsen repräsentative Stichprobe von Jugendlichen interviewt werden soll, die den Auswahlkriterien der hier dokumentierten wissenschaftlichen Begleitstudie entspricht.

Eher theoretische Probleme, jedenfalls zunächst, wirft das Konzept der „Tätigkeiten" auf. In Anlehnung an neuere therapeutische Vorstellungen, besonders aber in Vergewisserung des phänomenologisch postulierten „Leib-Apriori" hatten wir unsere Vorstellung von bildenden Tätigkeiten zu konturieren versucht. Diese Vorstellung war orientiert an der Annahme, daß Jugendliche mit Biographien und Verhaltensproblemen wie im Falle unseres Projekts ihre lebenswichtigen Probleme weniger im Medium der Sprache klären und bemeistern, als im Medium leibhafter und gegenstandsbezogener Aktivitäten. Mit der näheren Bestimmung dieser Art von Aktivität aber hatten wir Schwierigkeiten — wie sich an verschiedenen Stellen des Textes zeigt. Wir sind unsicher, ob etwa ein so allgemeiner Ausdruck wie „Leibnähe" hinreichend genau ist, um relativ leibnahe von leibfernen Tätigkeiten unterscheiden zu können. Auch der Ausdruck „sinnlich bestimmte Tätigkeiten" ist begrifflich nicht befriedigender, denn genau genommen gibt es überhaupt keine Tätigkeit eines menschlichen Organismus, die nicht auch sinnlich bestimmt wäre. Frühere und neurophysiologisch weniger kenntnisreiche Generationen hatten es in dieser Frage leichter und konnten, wie etwa Pestalozzi, die je vorwiegenden Tätigkeitsarten nach „Kopf, Herz und Hand" klassifizieren. Die „Hand" steht dort, als Symbol gleichsam, für all jene Aktivitäten unseres Organismus, die uns mittels unserer Rezeptoren mit der Außenwelt verbinden; aber mehr noch: Die Hand als einerseits empfindendes, andererseits nach außen hin eingreifendes Organ kann ein tätiges Weltverhältnis insofern symbolisieren, als es Rezeptivität und Spontaneität zugleich ins Spiel bringt, und zwar noch vor jeder sprachlichen Kommentierung. Auf dem gegenwärtigen Stand des Wissens über die Beschaffenheit des menschlichen Organismus muß man indessen, wenn wir recht sehen, nach treffenderen Vokabularien suchen. Und diese Suche wäre nicht nur von theoretischem, sondern auch von praktischem Interesse. Denn wenn es gelänge, eine bestimmte Sorte menschlicher Aktivitäten begrifflich zuverlässig dichter an die Funktionsweisen des Organismus zu binden, besonders an seine Rezeptionsbereitschaften und Bewegungsimpulse, dann ließe sich auch genauer sagen, welche Tätigkeiten welche bildenden Wirkungen entfalten könnten. Man könnte sie dann zuverlässig in einem Konzept sozialpädagogisch-hermeneutischer Diagnose verwenden. Bis dahin aber gibt es noch einiges zu tun.

4. Im Verlauf unserer Beschreibungen und Erörterungen haben wir verschiedentlich die Ausdrücke *Bildung"* oder auch „bildende Wirkung" verwendet. Das ist in sozialpädagogischen Texten ungewöhnlich, besonders in solchen, die sich nicht auf die Jugend- oder Bildungsarbeit, auf Freizeit-, Kultur- oder Familienpädagogik beziehen, sondern auf die Klientel der Heimerziehung und ähnlicher Maßnahmen. Ausdrücke wie Lernen, Sozialisation, Therapie scheinen für die meisten Autorinnen und Autoren die Sachverhalte besser zur Sprache zu bringen. Damit rücken indessen Problemstellungen und Frageweisen in den Hintergrund, die im Kern in besonders ausgezeichneter

Weise pädagogisch sind. Weniger die Frage nach einer zweckmäßigen Einwirkung auf den jungen Menschen steht in Rede, wenn von Bildung gesprochen wird, sondern eher dessen aktive Auseinandersetzung mit der Welt und mit sich, auf dem Wege zu einer seelisch-geistigen Form. Derartiges kann nur verstanden werden, wenn wir das Individuum verstehen als sich bildend, im Wechselspiel zwischen Empfänglichkeit und Tätigkeit, mit dem Blick seines wie auch immer gebrochenen Ichs auf diese Vorgänge seiner selbst. Dieser Sachverhalt war den Ursprungsautoren der Bildungstheorie — Herder, Humboldt, Schleiermacher — im Auge und bildet auch einen der Leitfäden für Piagets Theorie der Entwicklung des Kindes oder Pleßners Anthropologie. Es ist kein Vorzug, sondern für das Problemspektrum, dem die Sozialpädagogik sich zuwendet, ein Nachteil gewesen, daß der Bildungsbegriff derart eng mit Schule, Unterricht und Ausbildungswesen konnotiert wurde, daß er für den Gebrauch im Bereich der Jugendhilfe weniger tauglich schien. Diese Geschichte der Terminologie sollte korrigiert werden (vgl. Mollenhauer 1988) — nicht aus nostalgischer Erinnerung an irgendwelche Anfänge, sondern weil damit Frageweisen aktiviert werden, die uns für die Zukunft der Sozialpädagogik notwendig scheinen. Es ist eben nicht gleichgültig, mit welchen Worten Pädagogen den Gegenstand ihrer Aufmerksamkeit und ihres Nachdenkens zur Sprache bringen.

Anhang

Bisher konnte der Leser nicht detailliert kontrollieren, ob die von uns verwendeten Exzerpte aus den Gesprächen und Berichten, die Zusammenfassungen, kategorialen Ordnungen und Deutungen überzeugend sein können. Um Gelegenheit zu geben, eine solche Prüfung wenigstens stichprobenmäßig vorzunehmen, legen wir in diesem Anhang Teile des Basis-Materials vor. Es handelt sich um

1. das Anfangsgespräch mit A,
2. das Anfangsgespräch mit O,
3. Auszüge aus den Wochenberichten der Erzieher/ Korsika,
4. Auszüge aus den Wochenberichten der Erzieherinnen/ Pyrenäen.

Wer es will, könnte also angesichts dieser Quellen, wenn auch nur einer kleinen Auswahl, eine eigene Interpretationsbemühung auf den Weg bringen. Das Ergebnis dieser Bemühung ließe sich dann vergleichen mit unseren Abstraktionen. So wäre unsere Berichterstattung und das — freilich in vielen Hinsichten noch korrekturbedürftige — Konzept einer sozialpädagogisch-hermeneutischen Diagnose diskussionszugänglich und als Beispiel für die Auswertung sozialpädagogischer Praxis-Quellen verwendbar. Insbesondere unserer Vorstellung, es ließen sich aus den Gesprächen „Lebensthemen" ermitteln, aber auch der Idee, diese würden in „Tätigkeiten" eine symbolische Präsentanz finden können, würde mit Hilfe dieser Materialien kritisch begegnet werden können — etwa durch die Behauptung, aus dem Gespräch mit A wären andere Lebensthemen entnehmbar, als wir es versucht haben.

Die Auszüge aus den Wochenberichten werden hier nicht nur deshalb mitgeteilt, weil sie eine wesentliche Materialgrundlage sind, auf die wir unsere Deutungen stützten. Wir möchten auch eine Vorstellung davon vermitteln, mit welcher Mühe und Sorgfalt die Erzieher und Erzieherinnen, über die alltägliche Erziehungsarbeit hinaus, sich auf die Ziele des Projekts und die Erfordernisse der wissenschaftlichen Begleitung eingelassen haben.

Am Ende dieses Anhangs (5.) findet sich der Nachweis derjenigen Literatur, die im Text ausdrücklich zitiert wurde.

1. Anfangsgespräch mit A

I: Also ich muß sagen, ich weiß von dir fast nichts, ne? Also würde mich erstmal interessieren: wo wohnst du im Moment?
A: W.
I: Bei wem wohnst du da?
A: Bei meinen Großeltern.

I: Wie lange wohnst du da jetzt schon?

A: Zwei Monate knapp.

I: Beschreib doch mal so'n bißchen, wie du lebst da!

A: Wie ich da lebe? Morgens halb sieben aufstehn, ja, zur Schule gehn, essen, und dann im Zimmer, 'n paar Freunde. Das ist alles. Den ganzen Tag. Ja, so — und Fernsehgucken nicht so, mach ich nicht gerne.

I: Ungewöhnlich! Aber Musik hören?

A: Musikhören ja, das — aber Fernsehen selten.

I: Dein Großvater, wie alt ist der?

A: 76.

I: Und deine Großmutter?

A: 65.

I: 65. — Wie kommst du denn mit denen so klar, mit deinen Großeltern?

A: Jo, geht so, also — eigentlich ganz gut.

I: Eigentlich, aber eigentlich auch nicht!

A: Ja, so, geht so.

I: Ja, ich stell mir das so vor, daß die alten Leute dich auch ziemlich zufrieden lassen.

A: Jaja, also da —

I: Omas und Opas sind ja meistens ganz lieb.

A: Meistens! (lacht etwas)

I: Und siehst du deine Mutter noch?

A: Die seh ich noch, ja.

I: Regelmäßig?

A: Joo, nicht ganz regelmäßig, aber doch öfters schon.

I: Gehst du gern hin?

A: Jo. Eigentlich schon.

I: Euer Verhältnis soll ja nicht immer so ohne gewesen sein, ne?

A: Naja, das ist klar!

I: Kannst das mal beschreiben?

A: Von früher?

I: Oder wie's jetzt auch zur Zeit ist.

A: Ach, zur Zeit eigentlich, da is' ganz gut. Aber früher war's nicht so gut. Also das lag an mir und auch an ihr, sie war arbeiten und ich war halt den ganzen Tag alleine, da konnt' ich praktisch machen, was ich wollte, also hab ich dann auch gemacht, und sie hat mich nicht erzogen, ja — und dann kam, dann bin ich irgendwann nicht mehr zur Schule gegangen, und hab angefangen zu klauen und so, und dann wurd' se nicht mehr mit mir fertig. Da is'se nach W. zum Jugendamt gegangen.

I: Wie würdst denn deine Mutter so beschreiben?

A: Wie beschreiben?

I: Was ist sie für'n Typ so, 'ne starke Frau, die sich durchsetzt —

A: Nee, nee, das überhaupt nicht!

I: Wie würdste denn deine Mutter beschreiben?

A: Äh, so, also kann sich nicht durchsetzen, das erstmal, überhaupt nicht, dann — sehr ruhig, also so eher 'n Einzelgänger, würd' ich sagen.

I: Kannste dich noch an Situationen erinnern, die dir wirklich noch so in Erinnerung sind, wie so'n Film, wo du mit deiner Mutter aneinandergeraten bist? Kannst dich da noch an Situationen erinnern?

A: Ja, klar, viele eigentlich!

I: Kannste mal so ein, zwei beschreiben?

A: Ja, das war so, da waren wir bei Karstadt, da hab ich geklaut, und da ham se mich erwischt. Da war ich 9, war ich da, glaub ich, oder 8, und ham se mich mit der Polizei nach Hause gebracht, ja, und da stand se an der Tür, hat se angefangen zu weinen, ja, du hast doch alles, und so, und sie ist ziemlich wütend geworden, aber dann war nix mehr. Hab ich gesagt, daß sie sich beruhigen soll, und da war wieder alles in Ordnung. Ja, und einmal, da war das auch das erste Mal, da hab ich zu ihr 'n Schimpfwort gesagt –

I: Was haste?

A: 'n Schimpfwort gesagt, und da hat se mir eine geballert!

I: Und du hast zurückgeschlagen oder –

A: Nee! Hab ich nicht.

I: Ist das so, daß dich deine Mutter auch prügelt, oder ist das nie passiert?

A: Doch, ist passiert. Das ist passiert.

I: Um was ging's da, kannste mal 'n Beispiel nennen, wo du dich dran erinnern kannst?

A: Ach, so mit nicht zur Schule gehen und so, und wollt' nicht, hab immer meine Sachen versteckt, Ranzen und so –

I: Schulsachen?

A: Ja, Schulsachen – Sie mußte ja auch arbeiten gehn, dann is'se arbeiten gegangen, und ich war den ganzen Tag alleine praktisch.

I: Was macht die beruflich?

A: Na, jetzt zur Zeit nichts.

I: Aber so in der Zeit, wo –

A: Sekretärin war sie!

I: Da war sie Sekretärin.

A: Ja, und da war sie immer unterwegs, und da war ich im Hort, war ich, aber da wollt' ich nicht hin, also bin ich nicht hingegangen.

I: Zur Schule biste auch nicht gegangen?

A: Nä!

I: Kannste mal so ganz spontan sagen: wieso biste da nicht hingegangen?

A: Äh – Lehrer, teilweise!

I: Es hat an den Lehrern gelegen?

A: Ja! Also, ne, also zur Schule bin ich nie gerne gegangen, so bis 3. Klasse bin ich eigentlich, konnt' ich sie ertragen, aber dann nicht mehr.

I: Hat das an den Lehrern gelegen?

A: Ja, da war 'n Dorf, und da war 'ne ganz bestimmte Lehrerin, und die war meine Klassenlehrerin, dann war se Rektorin von der Schule, dann war se Bürgermeisterin und noch, hat noch was mit der Polizei zu tun gehabt, also gute Freunde also, kann man nichts machen!

I: War 'ne starke Frau?

A: Kann man so sagen, ja. Ja, die konnte mich nicht leiden, ich konnte sie nicht leiden. Daran lag's.

I: Biste alleine mit deiner Mutter gewesen, oder hat die noch 'n Freund gehabt, oder war die verheiratet, ich weiß das nicht.

A: Nee, verheiratet nicht, aber hat manchmal 'n Freund gehabt! Ja, aber –

I: Auch . . . wo du das Gefühl hattest, das ist dein Vater?

A: Nä!

I: Also nur du und deine Mutter, keine Geschwister? Oder hast du Geschwister?

A: Doch, ich hab 'ne kleine Schwester!

I: Ach so, wie alt ist die jetzt?

A: Zwei ist die.

I: Zwei, also das ist ja schon ziemlich lange her. Damals gab's die noch nicht.

A: Nee, damals noch nicht.

I: Biste nur bei deiner Mutter gewesen, oder biste auch mal woanders gewesen, haste mal woanders gewohnt?

A: Seit wann?

I: Ja, überhaupt, bevor du ins Heim gekommen bist.

A: Ja, bei meinen Großeltern hab ich gewohnt eine Zeit!

I: Wie alt warste da?

A: Ach, da war – erst hab ich mit, von 1, da war ich 1 Jahr, bis, ja 2, 3 Jahre hab ich bei meinen Großeltern gelebt, und dann 'n bißchen später wieder, so mit 6 bis 7 so.

I: War das viel anders als bei deiner Mutter, hatteste da mehr Freiräume, oder waren die strenger als deine Mutter?

A: Mm, na, bißchen strenger! Haben mehr drauf geachtet, so auf Schule und so.

I: Und weswegen haste bei deinen Großeltern gewohnt? Weißte das noch?

A: Ja, ich kam mit meiner Mutter nicht klar, ich bin immer abgehauen und bin ich immer zu meinen Großeltern gegangen! Also ich konnt', bei meiner Mutter konnt' ich nicht mehr leben.

I: Du hast vorhin gesagt: meine Mutter konnte mich nicht erziehen!

A: Also die konnte sich nicht durchsetzen, ich konnt' praktisch machen, was ich wollte!

I: Na, ist doch gut!

A: Naja – früher war's gut, aber jetzt ist nicht gut!

I: Also ich versteh' die meisten Jugendlichen so, daß es ihnen eigentlich recht ist, wenn sie sich durchsetzen können!

A: Jaa, aber nicht so, also – ich hatte schon ganz schön viele Freiräume, ich konnte machen, was ich wollte, praktisch alles.

I: Und das ist auch nicht richtig?

A: Das ist nicht richtig, also –

I: Was hat dir denn gefehlt?

A: Was mir gefehlt hat? Jaa, so, mehr Zuspruch und so, also daß sich wer um mich gekümmert hat!

I: Mehr dagewesen wär'?

A: Ja!

I: Und 'n Vater, hat dir der auch gefehlt?

A: Nö, eigentlich nicht. – Also wenn ich jetzt überlege, wär's besser gewesen, wenn einer dagewesen wär'. Aber –

I: Im Augenblick.

A: Ja, aber damals konnt' ich's mir gar nicht vorstellen, ja!

I: Ja, klar, kanntest das ja auch gar nicht mit Vater!

A: Nee.

I: Und was ist beim Herrn S. passiert?

A: Bei wem?

I: Oder wie hieß der in der Erziehungsstelle? In der Pflegestelle?

A: M.

I: Ah, M.! Das war doch 'n Vater?

A: Nee, für mich nicht. Nee!

I: Wie lange warst denn da in der Pflegestelle?

A: Ja, fünf Monate!

I: Was? Das ist gar nicht so lange gewesen. Davor warste ja im Heim, ne?

A: Ja, 5 Jahre lang!

I: 5 Jahre!

A: Ja, mit 10 bin ich ins Heim gekommen!

I: Das ist ja doch lange, fünf Jahre! War ja wie so'n Zuhause!

A: Och!

I: Kannste dich noch dran erinnern, wie's (. . .) also daß se dich ins Heim gesteckt haben —

A: Wie's dazu gekommen ist?

I: Ja. Kannste das so für dich, kannste das jetzt im nachhinein irgendwie begründen? Warum bist du damals ins Heim gekommen?

A: Ja, wegen der Probleme mit meiner Mutter!

I: Mit deiner Mutter?

A: Ja, und auch so —

I: Warste froh, daß du da wegkamst von deiner Mutter, oder wärste lieber zu Hause geblieben?

A: Nee, am Anfang nicht, aber dann ja. 'n Jahr später, dann ja!

I: Wie war denn so die Heimzeit für dich, haste dich da wohl gefühlt?

A: Ja, das war gut, ich fand's gut da.

I: Welches war das?

A: F., das war 'ne kleine Wohngruppe, 8 Leute waren da.

I: 8 Leute? Und wieviel Erwachsene?

A: Wie, Erzieher? Also am Tag waren immer, war immer einer da. Bis Mittwoch waren immer zwei da, einer war noch so'n Diplompsychologe, war noch dabei, aber nur bis Mittwoch, also halbtags, weil der hatte was mit'm Herz, und der kann auch keine Nachtdienste machen und so. Also einer war immer da, bis 14 Uhr, und dann war immer Ablösung.

I: Du sagst, nachdem du dich so dran gewöhnt hast, hat's dir eigentlich ganz gut gefallen dort. Was hat dir denn da — sagen wir mal im Vergleich zu der Situation mit deiner Mutter, was hat dir denn da besser gefallen? Was war denn das?

A: Naja, was war das? Also eigentlich alles! Also, ich hatte da, Freunde hatt' ich sowieso schon immer, aber naja, so mehr Zuspruch, also mit Schule, was Schule anbetrifft, ham sich richtig gekümmert und so. Also — was anderes.

I: Was haste denn da so gerne gemacht? Überhaupt so generell, wenn du mal so dein Leben vorbeiziehn läßt so — was waren eigentlich so Dinge, die du immer gern gemacht hast?

A: Scheiße gebaut!

I: Ja? — Das sagen alle! Was denn für Scheiße bauen, wie hat das ausgesehen?

A: Och, als ich so 7 war, da ham wir immer so dicke Steine, so die von, diese Feuersteine, die man so zwischen die Schienen legt, ham wir immer draufgelegt auf die Gleise, immer ganz viele da rein, kam 'n Zug mal vorbei, hat immer schön gescheppert, und einmal, öfters passiert, Zug angehalten, kam der Typ da raus. Der Lokführer.

I: Aha. Und da . . .

A: Ja, hinterhergerannt! Einfach hinterhergerannt!

I: Also sowas haste gerne gemacht!

A: Ja.

I: Erzähl' noch 'n paar Beispiele!

A: Ja, also Abhauen hab ich auch gerne gemacht.

I: Als du bei deiner Mutter warst?

A: Ja, überhaupt auch so im Heim, das hab ich immer gerne gemacht!

I: Wie, richtig Trebe, daß du auf Trebe warst?

A: Jaja, richtig weg! Also, immer gerne gemacht!

I: Und was haste in der Zeit gemacht? Wenn du auf Trebe warst?

A: Ja — geschlafen in Baubuden meistens so, und dann ham wir geklaut eben! In Geschäften. Blieb ja nichts anderes übrig, eh!

I: Hm. Und was hat dir da am meisten Spaß gemacht? An diesem Abhauen und Trebegehen?

A: Ist schon mal lustig, da kommt man — keiner hat einem was gesagt und so — war ganz frei irgendwie. — Es gibt noch mehr Sachen, aber fallen mir im Moment keine ein! Ja, so, andere Leute, was ham wir gemacht? Ham wir in'ne Zeitung gekackt, vor die Tür gelegt und angezündet, ham wir geklingelt —

I: In die Zeitung gekackt?

A: Ja, in die Zeitung rein, zusammengemacht, angezündet und dann, ja, ham wir geklingelt und: Hilfe, Hilfe, es brennt! Kam er raus, schön im Bademantel und so'ne Strandlatschen, und da draufgetreten! Ja, ja, ist lustig!

I: Dann habt ihr so im Gebüsch gelauert, geguckt, was der jetzt macht?

A: Nö. Vorne vor der Tür gestanden!

I: So einfach so auf 2 m Entfernung?

A: Ja, bißchen weiter weg, so also in so'm Winkel, wo man uns eigentlich gar nicht sehen konnte.

I: Wie war das so in F., da warste 5 Jahre — was gab's da für Schwierigkeiten, also in dieser Gruppe? War das mehr mit den Erziehern oder mit den Jugendlichen oder mit der Schule, wie würdste das beschreiben?

A: Schule — und mit den Jugendlichen gar nicht viel, nö. Nö, nur mit einem!

I: Mit einem Jugendlichen?

A: Ja, nur mit einem einzigen. Den kannt' ich schon von früher, kannt' ich den, der hat mit mir im selben Dorf gewohnt, der kam dann später, kam er dazu. Das war vor'm halben Jahr, knappes halbes Jahr so. 10 Monate oder 8, und der hat immer Mist erzählt und so, ph, mit dem kam ich nicht klar!

I: Woran hat das gelegen? Ist mir noch nicht —

A: Den konnt' ich nicht ab, also der — früher immer so — irgendwie, schon früher auch immer — also — kam immer an, wurde immer aufdringlich und so. Hat er in der Schule Mist erzählt, also in der 10. Klasse hat er erzählt, hat er die immer geärgert, ja ja, und wenn se mich anpackt, kommt die aus'm Heim und so. Und das war ja 10. Klasse, da waren schon einige Brecher bei!

I: . . .

A: Ja, nicht nur gegen mich, auch gegen die andern, also den konnt' keiner ab da aus'm Heim!

I: War der stärker als du?

A: Nö.

I: Warst du der Stärkste in der Gruppe?

A: Nee! War ich nicht. Kamen noch drei andere, ja.

I: Wie war das so in der Gruppe, mit der Heimgruppe, mit den Jugendlichen, hast dich mit denen gut verstanden?

A: Ja.

I: . . . viel zusammen gemacht?

A: Ja. Also nee, mit einem eigentlich nur hab ich viel gemacht, oder mit zweien, kann man sagen. Mit zwei, drei hab ich viel gemacht.

I: Was habt ihr so gemacht im Heim? Haste so bestimmte Interessen gehabt, bestimmte Hobbys, die du da gemacht hast?

A: Ja. Ja, waren wir in der Kiesgrube, sind wir immer rumgeheizt.

I: Mit Fahrrädern?

A: Nee! Mit Karren, 80er Mofa —

I: Und wo habt ihr die hergehabt?

A: Na, die hat einer aus'm Heim, der hat drei Karren hat der gehabt! Also zwei 80er —

I: Ach, da braucht man 'n richtig großen Führerschein!

A: Ja, ab 16, mit 16 kann man den machen.

I: Kann man machen.

A: Das hat der gehabt, Mofa und 80er hat der gehabt.

I: Und das war der, mit dem du dich ganz gut gestanden hast?

A: Nee, mit — ja mit dem hab ich auch ganz gut gestanden, aber mit 'nem andern noch besser. Und aus 'nem andern Heim! Der ist aus dem Heim auch rausgeflogen, in F. ist der! Mit dem hab ich öfters Kontakt, also ruf ich manchmal an.

I: Ah ja. Wart ihr da 'ne Clique?

A: Nee, Cliquen kann ich nicht ab!

I: Wieso kannste keine Cliquen ab?

A: Weiß ich nicht!

I: Also du hast lieber 'n Freund, mit dem machste was —

A: Ja, oder mit 3, 4 oder so, aber keine richtige Clique, so versammeln, das kann ich nicht ab!

I: Mhm. Also so'ne Bande oder so?

A: Ja, nee!

I: Wie war's zu der Zeit in der Schule? Auf welche Schule biste gegangen?

A: Erst Realschule war ich, und dann —

I: Und hatteste diesmal 'ne Lehrerin, mit der du dich besser verstanden hast, oder hattste da auch 'ne Lehrerin, mit der du nicht klar kamst?

A: Nee, nee, mit den Lehrern, ach eigentlich ganz gut. Bloß ich hab wieder zuviel Scheiße gebaut, im Unterricht und so.

I: Was haste da für'ne Scheiße gebaut?

A: Ach, ham wir mal — irgendwas zwischengequatscht und so, und — und da hat, also der jetzt in F. ist, hat so da immer Randale gemacht, hat oben, da sind so'ne Pappdinger, und die ham wir immer abgemacht. So also —

I: Unter der Decke?

A: Unter der Decke sind so Pappdinger, die kann man abheben, und dann kann man, wenn man auf die Tafel steigt, kann man rübergehn. In die andern Klassenräume, kann man draufgehn. Und dann sind wir in der Pause, sind wir immer dringeblieben, hochgeklettert und sind dann in die andern Klassenräume rein, von oben. Auch wenn wir 'ne Freistunde hatten, sind wir da hochgegangen, haben die Klappe hochgemacht und ham was runtergeschmissen oder so!

I: Ist ja irre!

A: Und dann haben wir, im Unterricht hatten wir 'ne Flasche Wodka mit, und dann haben wir 'n Kasten Bier mitgebracht, ham wir im Schrank eingeschlossen. Ja und dann ham wir 'ne Flasche Wodka, ham wir ausgetrunken, und dann noch 'n paar Bier hinterher, und auf einmal waren wir besoffen im Unterricht!

I: Das kann ich mir vorstellen!

A: Der hat's natürlich gemerkt, also nicht, wie wir getrunken haben, aber denn hat er's gerochen —

I: Und dann?

A: Naja, konnten wir nach Hause gehen! — Ja, Schule geschwänzt dann auch wieder. Alles wieder angefangen, also was früher dann auch war, das hat dann so wieder angefangen!

I: Wie, was früher auch war?

A: Also Schule geschwänzt hab ich ja früher auch! Nicht zur Schule gegangen und so. Da war es dann wieder von früher da.

I: Wieso biste da aus dem Heim rausgeflogen in F.?

A: Ach, ich hab — zuviel, also wegen Schule und so, und dann, ich hab auch mit andern Leuten, wegen Abhauen, ich bin oft abgehauen da, und dann haben wir Straftaten, also Kriminelles —

I: Was haste da gemacht, 'n Bankeinbruch?

A: Nee! Kioskeinbrüche, dann Auto angesteckt ham wir! Ja, 'n Schrottauto war das, da ham wir dringesessen und geraucht haben wir da immer und so.

I: Und das angesteckt?

A: Nee, und dann ham wir — weiß nicht, wie wir drauf gekommen sind, ham wir angemacht, waren so Fussel, ham wir angemacht, ham wir gefragt: Wollen wir raus? — ja, gehn wir raus! Da hat's angefangen zu brennen!

I: Also ihr seid mit mehreren Leuten abgehauen, wieviel Leute sind da abgehauen, zu zweit, zu dritt?

A: Zu zweit oder zu dritt meistens.

I: Ging die Initiative von dir aus, oder —

A: Nee — nee.

I: Warst du eher Mitläufer oder warst du jemand, der auch voll hinter gestanden hat?

A: Ich war auch einer, der voll hinter gestanden hat! Also ich hab immer den Plan entwickelt!

I: Du hast den Plan entwickelt?

A: Wie man's macht!

I: Aber Chef warste nicht?

A: Nee, war keiner der Chef! War kein Chef da.

I: Chef kannste nicht ab?

A: Nee, sowas kann ich nicht ab. Am besten ist, wenn alle entscheiden, das ist am besten! Nicht einer alleine oder so.

I: Oh, und wenn's Streitigkeiten gibt? Kann ja sein, wenn fünf Leute zusammen sind, daß es verschiedene Meinungen gibt. Wer entscheidet dann?

A: Da einigt man sich.

I: Immer?

A: Meistens! (Beide lachen)

I: Was waren das noch für Gründe, weswegen du in F. rausgeflogen bist? Also du bist auf Trebe gegangen, haste gesagt, mit der Schule ging es schlecht — was war noch so?

A: Kriminalsachen!

I: Also diese kriminellen Sachen.

A: Und dann ham se noch gesagt, daß ich nicht mehr in die Gruppe gepaßt habe. Weil ich, also nach der Schule bin ich gleich zum Freund gegangen, und ich war selten da praktisch. Abends kam ich wieder und bin ins Bett gegangen. Weil wenn ich ins Bett mußte — ich war den ganzen Tag gar nicht da praktisch. Nur zu Hausaufgaben und zum Essen.

I: Und die Leute in der Gruppe, waren die da noch, also waren die da noch für dich wichtig? Die Jugendlichen in deiner Gruppe, oder waren die da schon gar nicht mehr wichtig für dich?

A: Die waren eigentlich gar nicht mehr wichtig. Nicht richtig.

I: Waren die sauer auf dich?

A: Nee, überhaupt nicht, wieso denn?

I: Daß du nicht da bist!

A. Nö!

I: Wie war das für dich dann? Also die Entsheidung kam von den Erziehern, die haben gesagt: du mußt jetzt raus hier, ne? Oder —

A: Jaja!

I: Wie war das für dich, warste damit einverstanden oder wollteste noch dableiben in F.?

A: Eigentlich wollt' ich noch dableiben! Aber dann nicht mehr.

I: Das versteh ich nicht!

A: Also eigentlich ja noch, am Anfang wollt' ich noch dableiben, aber dann kamen noch andere Sachen, die ham mich, haben immer Zimmerdurchsuchungen gemacht bei mir und so.

I: Ach, von der Polizei oder was?

A: Nee nee, von denen! Die Erzieher haben mein Zimmer durchsucht und so! Konnt' ich alles wieder aufräumen! Und so, da haben sie alles durchsucht immer! Ja, und dann ham se — in der Nacht ist ein Freund von mir rausgegangen, und da haben sie mich beschuldigt, daß ich das gewesen wär. Aber ich wußt' ja, wer's war, aber ich wollt's nicht verraten! Also ich hab's nicht gesagt, ham se mich beschuldigt!

I: Was?

A: Da ham se mich beschuldigt, haben gesagt, daß ich das gewesen wär und so.

I: Und der hat da auch was angestellt?

A: Nö. Glaub ich nicht!

I: Nur einfach, daß er weg war?

A: Einfach weg! Aber ich war auch in der Nacht weg, also aus'm Fenster geklettert, übers Dach.

I: Hm. War das auch so'ne ähnliche Situation wie mit deiner Mutter, daß die sich gegen dich nicht durchsetzen konnte?

A: Ja, so war's.

I: Was hätt' denn die anders machen müssen? Wenn du das so im nachhinein siehst — oder sagst du, das war o.k., ich bin eben so und kann man nichts machen?

148

A: — die ein' kriegt, die hätt' man gar nicht ganz machen können! —
I: Also das Gefühl, daß sie sich nicht gegen dich durchsetzen können?
A: Nö — besser, sie wollten nicht, *könnten* se machen. Das wollten sie irgendwie nicht, hab ich das Gefühl gehabt.
I: Mal eine Frage — was erwartest du von Erwachsenen?
A: Was würd ich erwarten —
I: Die Erwachsenen sind ja für irgendwas da. Für was sind die deiner Meinung nach da?
A: Hm . . . Aufpasser!
I: Aufpasser. — Oder ich könnte auch so sagen: Gibt es bestimmte Erwartungen von dir oder bestimmte Wünsche von dir an Erwachsene?
A: Eigentlich nicht.
I: . . .
A: Nö, kann man nicht sagen.
I: Du hast vorhin gesagt, mehr Zuspruch, das fand ich ganz gut, du hast gesagt, deine Mutter hätte dir zuwenig Zuspruch gegeben, und als du in der Gruppe warst, da wären Erzieher gewesen, die dir auch mal, was die Schule anbetrifft, auch mal Zuspruch gegeben haben. (A: Ja!) Also von daher sind die Erwachsenen oder Erzieher doch wichtig.
A: Ja, doch, das schon.
I: Aber ich hab so den Eindruck, daß du ganz gut auf dich selber aufpassen kannst!
A: Ja, das kann ich machen, ja!
I: Vielleicht unter Umständen sogar darauf bestehst, daß du auf dich selber aufpassen kannst?
A: Nee, ich brauch keine andern!
I: Hm.
A: Also ich könnte jetzt auch ganz gut alleine leben!
I: Würdeste am liebsten?
A: Wie, am liebsten?
I: Ja . . . so phantasiemäßig. Wo würdste am liebsten wohnen, wie würdste am liebsten wohnen —
A: Ach wo?
I: Ja, im Ausland oder hier in Deutschland —
A: Im Ausland natürlich!
I: Und wo?
A: In Bulgarien!
I: Wieso in Bulgarien?
A: Weil meine Großeltern, mein Opa ist Bulgare!
I: Deine Familie kommt daher?
A: Ja!
I: Warste schon mal in Bulgarien?
A: Klar!
I: Wieso gerade Bulgarien? Kannste die Sprache?
A: 'n bißchen!
I: Was ist denn da anders in Bulgarien als hier?
A: Was da anders ist, also eigentlich alles! Die Leute sind ganz anders!
I: Wie denn? Also ich kenn' Bulgarien nicht, du weißt sicherlich mehr davon. Beschreib doch mal!
A: Also, eben so, wie Ausländer sind, also Türken zum Beispiel!

I: So sind die Bulgaren auch?

A: Ja, so ungefähr, klar.

I: Findste Türken gut?

A: Ja. Ja, ich hab nichts gegen Ausländer, überhaupt nicht!

I: Hm. Wie würdst denn da am liebsten leben in Bulgarien?

A: Am liebsten leben? 'n Haus, ist ja schon da, 'n Haus.

I: Ihr habt da 'n Haus?

A: Wir haben da 'n Haus.

I: Wem gehört das jetzt, wer wohnt da jetzt drin?

A: Niemand, es ist, es wird verwaltet, also das steht da, wenn jetzt mein Opa stirbt, dann werd' ich das erben!

I: Ist das in der Stadt oder auf'm Land?

A: Auf'm Land ist das!

I: Beschreib mal so'n bißchen!

A: Wie?

I: Das Haus, so wie das so ist, was du davon weißt! Was du gut findest! So, also das ganze Drumherum.

A: Das Haus! – Also das Landleben, also das find ich dann gut, nicht so wie hier, also da! So ganz anders! So unter den Leuten einfach mehr Freiheiten. Z. B. im Haus, so Hausordnungen und sowas! Das ist bekloppt!

I: Gibt's das da nicht?

A: Nee! Die lassen ja auch ihre Türen offen in der Nacht!

I: Hm.

A: Also die haben da Vertrauen! Also nicht daß da solche wie hier so kriminelle Sachen und so, also wenn man da die Tür offen läßt, muß man Angst haben, daß morgen alles ausgeräumt ist!

I: Ja!

A: Braucht man da nicht haben, sowas!

I: Ja. Und Landleben, was gehört da noch dazu? Tiere z. B.?

A: Ja, Tiere auch.

I: Magste Tiere?

A: Ja, klar!

I: Magste Landwirtschaft überhaupt so?

A: Wie, Landwirtschaft, direkt? Nee, das nicht, so mit Acker und so, das nicht! Aber so –

I: Das Landleben in Bulgarien!

A: Ja, das, so, Berge und so –

I: Was würdste da am liebsten arbeiten, oder würdeste gar nicht arbeiten?

A: Ja, muß ich ja!

I: Was würdste da am liebsten machen jetzt in Bulgarien, hast 'n Haus da – was würdste da gerne machen, wie würdste versuchen, da zu leben? Ist jetzt nur mal so'ne Phantasiegeschichte, ne?

A: Ja, leben, also Beruf da, das weiß ich nicht, irgendwas so, vielleicht irgendwas mit Technik, im technischen Bereich so.

I: Also technischer Bereich, was würdste da machen wollen?

A: Also so Kfzs, so, von Motorrädern hab ich 'n bißchen Ahnung, aber Autos eigentlich nicht so, aber – kann man ja lernen.

I: Hm. Also nicht Landwirtschaft, das würdeste nicht machen?

A: Nee.

I: Tiere auch nicht?

150

A: Doch, Tiere ja! Klar.

I: Kühe auch?

A: Kühe — Kühe gibt's da, nee, da gibt's keine Kühe! Selten!

I: Schafe?

A: Ja, Lämmer, Schafe.

I: Also Tiere schon, aber Acker ist nicht so das richtige? Aber Schafe füttern, melken, das könnteste machen?

A: Ja, das kann ich. Ziegen und so — das geht alles. Schweine haben die auch nicht, selten. Selten Schweine!

I: Fühlste dich hier eigentlich als Ausländer?

A: Nö. Eigentlich nicht!

I: Bist ja auch hier geboren und aufgewachsen. Bulgarien kennste eigentlich mehr so aus Erzählungen von deinen —

A: Da war ich auch schon!

I: Da warste auch schon mal. Mit deiner Mutter?

A: Nee, mit meiner Tante und meinem Onkel.

I: Haste noch mehr solche Reisen gemacht?

A: Reisen, klar! England —

I: Mit wem biste nach England gefahren?

A: Alleine!

I: Alleine?

A: Da war ich neun!

I: Neun???

A: Ja! Zu meiner Tante.

I: Das ist ja wirklich selten, daß man mit neun so'ne Reise macht! Hat dich deine Mutter da zum Flughafen gefahren oder biste da alleine hin?

A: Nee! Hat mich zum Flughafen gefahren, aber wollt' ich eigentlich gar nicht!

I: Du wolltest lieber alles alleine —

A: Ja — hat se gemacht, aber eigentlich wollt' ich das gar nicht so.

I: Was ist dann nach dem Heim passiert? Du bist jetzt . . . rausgeflogen —

A: Da war ich in der Jugendhilfsstätte, hier in B.

I: Und da biste nicht abgehauen?

A: Doch, in der Nacht! In der Nacht aus dem Fenster geseilt! Mit'm Freund, also Bettlaken zusammengebunden und an'ne Heizung und dann raus!

I: Und wann seid ihr wiedergekommen?

A: Wie — ach, wann sind wir wiedergekommen? Wir haben übernachtet, erst waren wir in'ner Discothek, waren wir drin, bei P. waren wir auch, dann waren wir bei 'n paar Freunden, da ham wir dann geschlafen, sind wir andern Tag wiedergekommen, und dann zweimal uns mit der ? geschnappt. Ja, beim B-Tor waren wir.

I: Was habt ihr gemacht?

A: Beim B-Tor waren wir! Hä, haben sie uns geschnappt da. Einmal um zwei, abends mal um zwölf geschnappt.

I: Ich glaub, dich kann man nirgendwo festhalten!

A: Nä! Nä! Da ham wir in 'ner Hütte geschlafen, einfach so Decken gehabt und dann da geschlafen.

I: Biste da auch rausgeflogen aus der Jugendschutzstelle?

A: Nee. Da war eigentlich gar nichts.

I: Wie ist das denn weitergegangen?

A: Da war ich zwei Wochen da.

I: Zwei Wochen ...

A: Ja, das ist ja nur so'n Übergang. Dann bin ich zu M. gekommen.

I: Wer ist das?

A: Das ist der angebliche Pflegevater. S.

I: Wo ist das?

A: Das ist 'n Nest in der Nähe von G.

I: Also 'ne ganz andere Umgebung?

A: Ja, *ganz* anders! Also —

I: Und hat dir das bei dem gut gefallen?

A: Nä!

I: Was hat dir da nicht gefallen bei dem?

A: Also, erstmal, das war 'n Nest — das hab ich noch nie gesehen, sowas! Echt! So 30 km weiter gab's nix! Konnt' man noch nicht mal 'ne Kuh oder 'n Schwein auf der Straße sehn! Ja — war nix da! Nichts los.

I: Hat der 'ne Familie gehabt?

A: Nä! War ganz alleine da, Lehrer war der.

I: Haste mit dem Konflikte gehabt so —

A: Jaja, klar!

I: Und worum ging's dabei meistens?

A: Um Schule, der hat immer nur, meistens von Schule gequatscht!

I: War ja auch Lehrer, ne!

A: Ja, und dann noch an derselben Schule!

I: War das gut, daß der Lehrer an deiner Schule war?

A: War überhaupt nicht gut.

I: Der konnt' dich kontrollieren, ne?

A: Ja.

I: Immer gleich gewußt, wenn du nicht da warst!

A: Nee, jetzt geh ich ja auch zur Schule, hier!

I: Biste da auch hingegangen, als du bei dem Lehrer gewohnt hast?

A: Äh — nee — doch, ich bin gegangen, zweimal. Also eigentlich einmal, dann hat's mir gereicht, dann bin ich hiergeblieben.

I: Biste sozusagen abgehauen?

A: Dann bin ich abgehauen, ja. Bin gleich zu meinen Großeltern gefahren, hingetrampt, und dann — seitdem bin ich da.

I: Und wie ist das jetzt für dich, kannste da noch länger wohnen, oder —

A: Bei den Großeltern? Nee!

I: Kannste auch nicht länger wohnen?

A: Nee! (lacht etwas) Auf gar keinen Fall!

I: Und ins Heim willste auch nicht wieder zurück nach F.?

A: Wenn ich könnte, würd' ich das machen! Aber das geht nicht mehr.

I: Warum?

A: Nö, geht nicht mehr, F. geht nicht mehr!

I: Die nehmen dich nicht mehr?

A: Nee, glaub ich nicht, nee!

I: Und du sagst so ganz entschieden: Bei den Großeltern kann ich nicht bleiben — warum nicht?

A: Nee, da gibt's wohl — Konflikte, immer so, Spannungen gibt's auch mal. Darum, ich halt mich auch die ganze Zeit im Zimmer auf, den ganzen Tag! Wenn ich aus der Schule komme, nehm ich mir mein Essen, geh ins

Zimmer, bleib ich den ganzen Abend da. Guck auch kein Fernsehn, nix! Ganze Zeit Musik, paar Freunde kommen, bleiben meistens so von, na, von vier bis acht, und dann hör' ich die ganze Zeit Musik.

I: Das hört sich ja so völlig anders an als das, was du bislang gemacht hast! Also von früher hab ich so das Bild, daß du immer abgehauen bist, ne? Und immer unterwegs, nachts oft unterwegs und so, und jetzt − als wenn du so richtig zur Ruhe gekommen bist!

A: Jaja, ist ja auch − also, läuft auch nix mehr, ich hab ja jetzt zwei Wochen gekriegt, ja, Knast −

I: Hast schon rum?

A: Nee, noch nicht, kommt ja jetzt erst, ich weiß noch nicht wann! Das ist es ja, für zwei Wochen, Dauerarrest! Ich weiß nicht, wann das kommt, das muß erstmal noch −

I: Das müßte ja vor Korsika sein!

A: Naja − das ist es ja! Das is' das größte Problem!

I: . . . Also das ist der Grund − mir ist noch nicht klar, wieso du jetzt da die ganze Zeit auf'm Zimmer bist. Also weswegen bist −

A: Ja, mach ich sowieso immer, also ich bin meistens so allein! Also, also wenn ich Freunde habe, also − ich kann das nicht ab, dieses dumme Ge- quatsche immer, die reden dann immer so!

I: Verbieten die dir auch Sachen, deine Großeltern? Oder haste da ziemliche Narrenfreiheit?

A: Ziemliche Narrenfreiheit eigentlich!

I: Also von daher könntste doch sagen, das ist doch ideal, könntste doch bei deinen Großeltern weiterwohnen! Die sagen dir nichts, du hast dein Zim- mer, kannst zur Schule gehn − also das leuchtet mir gar nicht ein, wieso du da nicht weiter wohnen kannst!

A: Nee, will ich nicht! Also, das ist nichts, für mich jedenfalls!

I: Heim ist auch nicht das richtige . . .

A: Doch, Heim schon! Also, P. steht jetzt also − am liebsten würd' ich nach F. gehn, aber da komm ich nicht hin!

I: Warum nicht?

A: Komm ich nicht hin, hat Herr R. gesagt!

I: Und warum nicht?

A: Angeblich wären da zu schwere Jungs! Und außerdem, weil ich da einen kenne! Mit dem war ich gut befreundet. Mit dem war ich zusammen in der Schule, in der Schule ham wir viel Scheiße gebaut, mit dem bin ich auch abgehauen immer, da ruf ich auch jetzt noch mal an, also − schon noch Kontakt.

I: . . . Freund?

A: Ja, 'n guter Freund, 'n sehr guter Freund!

I: Ich hab den Eindruck, daß dir die Freunde sehr wichtig sind.

A: Natürlich, das sowieso!

I: Herr R. wahrscheinlich denkt − ich weiß es nicht − denkt, wenn du mit *den* Freunden zusammenkommst −

A: Genau, dann fängt das wieder an!

I: Dann fängt das alles wieder an!

A: Jaja.

I: Siehst du auch die Gefahr?

A: Nee, ich nicht! Ich seh die Gefahr nicht.

I: Nicht 'n ganz kleines bißchen?

A: Nä! Wenn ich wollte, hätt' ich's schon längst wieder gemacht!

I: Was hat dich denn so verändert? Der Knast, der dir bevorsteht?

A: Nee, das auf gar keinen Fall! Das, das juckt mich nicht. Das is' es nicht. — Nee, es ist auch so wegen, ich will ja nach Bulgarien, ja, da muß ich ja 'n Beruf haben und all so Sachen, und wenn ich jetzt wegen dem Knast im Register stehe da, dann kann ich ja nicht rüber! Das ist klar, das ist auch noch'n Problem! Wegen polizeiliches Führungszeugnis! Das sieht nicht so gut aus!

I: Da wär's auch günstig, wenn du 'n ordentlichen Beruf hättest?

A: Jaja, das sowieso! Also erstmal Berufsausbildung, das ist klar!

I: Was meinst du, sind so die Erwartungen, die an einen Jugendlichen in deinem Alter gestellt werden? Was würdst denn da sagen, was sind so für jemand, vielleicht auch für dich, so die Erwartungen, die an dich gestellt werden?

A: Ja — von wem jetzt, so allgemein oder —

I: Ja, überhaupt so von Erwachsenen, überhaupt mit Erwachsenen, mit denen du's zu tun hast. Was würdst du sagen, sind so die Erwartungen, die an dich gestellt werden?

A: Schule —

I: Was noch?

A: Beruf.

I: Daß du 'n Beruf machst?

A: Ja. Und eben keine kriminellen Sachen mehr, sowas!

I: Womit hast du von den Sachen am meisten Schwierigkeiten? Mit den kriminellen Sachen, mit der Schule oder dem Beruf?

A: Ja, mit dem Beruf!

I: Mit dem Beruf. Was meinst du, wieso du da Schwierigkeiten mit hast? Oder haben könntest, du hast es ja noch nicht ausprobiert?

A: Ja, erstmal liegt's daran, weil ich faul bin, ziemlich faul. Das kommt schon mal dazu. Aber dann, also so Sachen, so mit Holz, Metall und sowas, das liegt mir nicht so! Am liebsten würd' ich was mit Reisen machen, immer reisen!

I: Mit Reisen?

A: Ja, irgendwas mit Reisen!

I: Immer unterwegs?

A: Jaja!

I: Reiseführer?

A: Ja, Lokführer, also —

I: Lokführer?

A: Ja, das einzige, was man mit Hauptschulabschluß machen kann so, also mit Reisen so — darum ja auch so der Kfz-Mechaniker, oder —

I: Mit Autos was?

A: Nee, dann mußte erst — ja irgendwas Mechanisches, irgendwie was mit so Kfz, irgendwas mußte, oder Elektro, da mußte erst 'ne Berufsausbildung haben, bevor man das lernen kann!

I: Jetzt versteh ich dich, es geht dir eigentlich weniger um die Technik, sondern mehr um das Reisen, daß du Bewegungsmöglichkeiten hast!

A: Genau! Also sonst würd' ich auch gern was anderes machen, bräucht' ich nicht irgendwie was mit Kfz machen oder so!

154

I: Kann ich mir gut vorstellen, wenn ich mir so deine Lebensgeschichte noch mal vor Augen halte —
A: Reisen fand ich schon immer gut!
I: . . . (lacht)
A: Reisen ist immer gut!
I: Nicht an einen Ort festnageln (A: Nää!) — reisen!
A: Immer unterwegs am besten!
I: Was kannste denn körperlich gut, was nicht so gut?
A: Ja — was ich gut kann, wie jetzt, Sport machen?
I: Ist egal, also es gibt Leute, die können schnell laufen — was kannst du körperlich gut so?
A: Fußball spielen, Tennis — was noch? Ja, dann vielleicht — ja laufen, so lange Strecken laufen, aber nicht so gehen, wandern, so langsam nicht. Wandern mach ich nicht so gerne!
I: Also, ich hab jetzt die letzte Frage: Du hast drei Wünsche. Was würdst du dir wünschen?
A: Wie, drei Wünsche?
I: Du hast drei Wünsche frei, was würdste dir wünschen?
A: Von den drei Wünschen?
I: Die werden erfüllt. Was würdste dir da wünschen?
A: Als erstes 50 Wünsche mehr!
I: Nee, das gilt nicht! (A. lacht) Drei Wünsche! Dabei soll's bleiben!
A: Drei Wünsche? Was wär's — also Bulgarien, und alles, was dazugehört, also Beruf und so. Das Haus, alles klar! Dann — was gibt's noch? Äh — also, so Gesundheit und so, daß alles in Ordnung ist, und als drittes — mmm — ja, daß hier in Deutschland, die Leute so, daß alles wieder in Ordnung kommt, mit Arbeit und so, hier, Ausländerproblem, nicht daß jetzt so wie die Republikaner oder NPD da, im Gegenteil, also daß die mehr Rücksicht auf die nehmen und so. Sowas!
I: Daß die auch mehr Rücksicht auf dich nehmen?
A: Nee, nicht auf mich! Also —
I: Die Ausländer —
A: Auf die Ausländer so, Aussiedler und so, also überhaupt.
I: Mhm! Das dritte ist ja 'n Wunsch, der dich selber gar nicht so direkt betrifft!
A: Nö. Aber ich kenn' viele Türken und so.

2. Anfangsgespräch mit O

I: Ich denke, wir fangen erst mal so mit ganz einfachen Fragen an, 's wird vielleicht nachher 'n bißchen schwieriger. Jetzt fangen wir erstmal einfach an. Also: Wie sieht bei dir so ein ganz normaler Tagesablauf aus, also jetzt angefangen mit'm Aufstehen bis abends ins Bett gehen, so beschreib mal deinen Tagesablauf.
O: Ja, ich steh morgens auf, hol mir meine Aufgaben unten, da ich nicht zur Schule gehe, mach meine Aufgaben hier oben, von halb neun bis um zehn, dann helf' ich unserer Haushälterin T. bis um elf, bring die Auf-

gaben dann runter, und dann hab ich bis um eins, hab ich dann Freizeit, bleib dann bis zum Essen hier, und um drei ungefähr geh ich dann hoch nach V. zu meinem Freund und bin da dann halt den ganzen Nachmittag und den Abend.

I: Und was sind so deine Lieblingsbeschäftigungen, so zur Zeit?

O: Ja, was ich gerne mache, ist Lesen, Schreiben, Malen, Reiten.

I: Was lieste denn so gern?

O: Ja, also Jugendgeschichten.

I: Jugendgeschichten?

O: Ja, also was halt so, von Kindern is', so im Alter von meinem, so ungefähr in meinem Alter, was die so tagsüber erleben, Abenteuer.

I: Gut, jetzt wollen wir so'n bißchen über deinen Lebnslauf reden. Ich denke, es ist besser, wenn man das 'n bißchen in Lebensabschnitte unterteilt, und daß wir zuerst erstmal reden über den Lebensabschnitt von der Geburt, von deiner Geburt bis zur Einschulung, also bis zum 6. Lebensjahr, ne? Mit wem hast du da alles zusammengewohnt, bei wem haste gewohnt in der Zeit?

O: Ja, es ist so, meine Eltern haben sich kurz nach meiner Geburt scheiden lassen, und ich hab bei meiner Mutter gelebt, war aber auch selber früher oft bei meinem Vater, also der Kontakt zu meinem Vater ist nie abgebrochen.

I: Der ist nicht abgebrochen. — Wo hast du mit deiner Mutter zusammen gelebt, also in welcher Stadt oder auf welchem Dorf?

O: F.

I: Hat dein Vater da auch gelebt?

O: Ja, mein Vater — also wir wohnen jetzt im Stadtteil von F., in U., und mein Vater wohnt 9 km weiter in 'nem andern.

I: Und dann hast du nur mit deiner Mutter zusammengewohnt, oder haste auch noch Geschwister?

O: Na, Geschwister hab ich genug! Also es ist so angefangen: also meine Mutter hat dreimal geheiratet, kann man sagen. Der älteste von uns ist 24, das ist P., der ist nur auf Trebe, hat auch früher nie Schule gemacht, keine Arbeit und so. Dann Zwillinge, A. und M., die wohnen auch außerhalb, dann T., die wohnt in Marburg. Dann S., der ist 18, der wohnt noch bei mir zu Hause, dann ich, und ich bin normalerweise 'n Drilling.

I: Ach, erzähl nicht!

O: Ja! (lacht)

I: Wirklich?

O: Ja, ich hab auch hier in der Akte ein Foto von meinem Zwillingsbruder. Und mein Drillingsbruder ist vor 11 Jahren mit 'nem Autounfall ums Leben gekommen, und, ja M. wohnt bei meinem Vater. Dann halt S. und A., sind auch nochmal Zwillinge. S. wohnt bei meiner Mutter und A. bei meinem Vater, dann R., die ist 6, T., 4, und Th. ist 3.

I: Und bist du aus der letzten Ehe, oder bist du aus der zweiten?

O: Aus der zweiten!

I: Aus der zweiten Ehe. Das heißt, deine Mutter hat danach dann nochmal geheiratet?

O: Ja.

I: Aha. Und wie alt warst du da, als deine Mutter dann geheiratet hat?

O: Noch nicht mal ein Jahr.

I: Noch nicht mal ein Jahr. Das heißt, du hast bei deiner Mutter und deinem Stiefvater gelebt?

O: Naja, ich bin bei meiner Mutter und meinem Stiefvater aufgewachsen. Ich bin auch so das einzigste Kind aus der 2. und aus der 1. Ehe, die auch zu meinem Stiefvater Papa sagt, die andern sagen alle R. oder Vater. Meistens, also hauptsächlich R.

I: Wer hab sich denn da alles so um dich gekümmert, in der, also in diesem Lebensabschnitt?

O: Hauptsächlich mein Stiefvater.

I: Dein Stiefvater.

O: Ja. Also der, auch wenn er Freitage hatte, der hat mich überall mit hingenommen. Da gibt's auch viele Fotos von! Also ich war immer mit meinem Stiefvater zusammen!

I: Aha. Und was war der beruflich?

O: Der ist beruflich Maurer.

I: Maurer. Und wer hat sich noch alles um dich gekümmert, also dein Vater, haste ja gesagt, und —

O: Ja, meine Mutter und mein richtiger Vater, und meine Oma. Die Mutter von meinem richtigen Vater.

I: Aha. Und dann warste auch mal so'ne Woche bei deinem Vater, und dann 'ne Woche wieder bei deiner Mutter, oder warst du die meiste Zeit bei deiner Mutter?

O: Nö, wir haben's so gemacht, also wo sich meine Eltern scheiden lassen haben, waren wir Kinder erst 'ne ganze Zeit bei meiner Oma, weil wir zu Hause auch nicht leben konnten, weil meine Mutter auch, äh, so viel weggegangen ist und auch so keine Zeit für uns hatte, und da hat se dann R. kennengelernt, wo die dann geheiratet haben, sind wir wieder nach Hause.

I: Und da hatte sie dann auch mehr Zeit für euch?

O: Ja. Da ist R. dann arbeiten gegangen, und war meine Mutter zu Hause und hat sich dann um uns gekümmert.

I: Kannste dich denn noch dran erinnern, womit du so gespielt hast viel? So in der Zeit?

O: Mit'm Telefon!

I: Mit'm Telefon?

O: Ja! Ich war immer am Telefonieren!

I: Mit wem, mit deinen — mit'm richtigen Telefon oder 'n Spielzeugtelefon?

O: 'n richtiges Telefon!

I: Ach, 'n richtiges Telefon!

O: Ich hab immer irgendwelche Leute angerufen!

I: Also mit 'm Telefon haste gespielt — noch irgendwelche so Spiele, die du gemacht hast?

O: Ja, also — mit Puppen hab ich viel gespielt, mit Autos, kleine Spielautos, und sonst halt auch mit meinen Geschwistern.

I: Aha.

O: Kuscheltiere hauptsächlich.

I: Aha — hm. Und Nachbarschaftskinder?

O: So eigentlich überhaupt nicht.

I: Nur in der Familie dann.

O: Ja, da wir ja genug Kinder waren, also — im Kindergarten dann halt, da fing's dann auch an, daß ich zu meiner Freundin gegangen bin oder die auch zu mir.

I: Und wie ist das mit deinem Vater, hat der dann wieder geheiratet? Dein richtiger Vater?

O: Ja, mein richtiger Vater hat wieder geheiratet.

I: Und hat der, haben die auch Kinder, oder haben die keine Kinder?

O: Ja, wenn man's so nimmt — also eigene Kinder mit seiner jetzigen Frau hat er nicht. Ist halt nur mein Zwillingsbruder, A. und T. sind bei ihm.

I: Und wenn du dich so dran erinnerst: gab's da auch mal Schwierigkeiten mit deinen Eltern, mit deinem Stiefvater oder mit deinem richtigen Vater, oder mit deiner Mutter —

O: Ne!

I: — hatten die mal Ärger mit dir?

O: Nee, in der Zeit nicht, überhaupt nicht.

I: Wenn du dich so an die Zeit zurückerinnerst, was waren so für dich schöne Erlebnisse, an die du dich noch erinnern kannst? Also bis zur Einschulung?

O: Oh —

I: Also, 'n schönes Erlebnis, wo du denkst: ja, da fällt mir was zu ein, genau da war was! So'n Ereignis, was du noch sehr schön findest?

O: Ja, meine Oma aus Amerika war mal da, wo ich noch ziemlich klein war, also die Mutter von meiner richtigen Mutter, und wir waren bei uns am See, und mein Stiefvater war ziemlich wasserscheu. Und der hat sich dann auf die Luftmatratze gelegt und ist im See rumgeschwommen, und dann bin ich mit meiner Mutter hin und ham wir ihn von der Luftmatratze runtergeschmissen! (lacht)

I: Und gab es auch ein unangenehmes Erlebnis aus der Zeit?

O: Hm — ja, das mit meiner älteren Schwester T. Die hat sich überhaupt nicht mit meinem Stiefvater vertragen! Also da gab's ziemlich oft Ärger, zwischen den beiden.

I: Ich komm 'n bißchen durcheinander — das ist die ältere Schwester von dir?

O: Ja, das ist — die ist auch von meinem richtigen Vater. Die älteste von dem.

I: Und weswegen haben die sich gestritten, kannste dich da noch dran erinnern?

O: Ja, das war so, die hat R. nie akzeptiert, die war ja, ich glaub 5 oder 6 schon, wo meine Eltern sich scheiden lassen haben, und sie hat also meinen Stiefvater überhaupt nicht akzeptiert, und dadurch kam es, die hatten immer — R. hatte was an ihr auszusetzen, sie an ihm. Und sie ist ja auch mit 14, 13 oder 14 auch schon ins Heim gekommen.

I: Und wie biste so mit deinen Geschwistern in der Zeit klargekommen?

O: Super, immer!

I: Gut, ja? Gab's keine Schwierigkeiten?

O: Nur mit meinem älteren Bruder, aber das ist ja unter Geschwistern normal, wir haben uns ab und zu mal gekeppelt, und meistens ging's dann halt um Spielzeug, da hat er mir was weggenommen oder ich ihm. Und er hat von mir was verschlampt und ich von ihm, und das waren nur so Kleinigkeiten.

I: Wie war denn das so mit Verbieten und Erlauben bei deiner Mutter?

O: Gleichberechtigt für alle! Meine Mutter hat nie, z. B. jetzt auch bei den drei Kleinen, jetzt die von meinem Stiefvater sind, da macht sie auch z. D., die sind ja ziemlich nah nebeneinander vom Alter her. Und da ist es auch manchmal so, daß die sich auch streiten, wenn z. B. S. was geschenkt kriegt, dann wollen R. und Th. das auch haben. Und da kauft sie halt für alle drei das Gleiche. Also sie macht Unterschiede schon zwischen den Jüngeren und Älteren.

I: Aha.

O: Auch von den Geschenken her, daß die Kleineren mehr kriegen und die Größeren etwas weniger. Aber das ist normal! Finden wir, das war schon immer so.

I: Und wie war das bei deinem Vater mit Erlauben und Verbieten?

O: Mein Vater hat mir alles erlaubt! Bei meinem Vater durft' ich mit 13 schon rauchen, und wo das meine Mutter dann — mmh, meine Mutter hat gesagt, ich dürfte erst ab 15 rauchen, bei meinem Vater darf ich auch mal 'n Schluck Bier trinken. Meine Mutter ist total strikt gegen Alkohol.

I: Aha. Wie würdst dich denn so als Kind beschreiben? Warste eher ein unruhiges Kind oder 'n ruhiges Kind, 'n Kind, das viel Ärger gemacht hat? Wie würdst denn das im nachhinein sehen?

O: Ja, also ich, ich war ziemlich unternehmungslustig, ich war wenig zu Hause, ich war meistens unterwegs. Und was bei mir schon von klein auf ist: ich keppel mich gerne!

I: Was heißt das, du keppelst dich gerne?

O: Jaa, so kleine Schlägereien, also wo ich noch kleiner war!

I: Mit wem haste dich dann angelegt?

O: Mit Jungs!

I: Mit Jungs?

O: Ja, ich war früher auch nur mit Jungs zusammen!

I: Wie, jetzt mit deinen Brüdern?

O: Nee, auch mit denen aus der Nachbarschaft.

I: Aus der Nachbarschaft. (O: Ja) Und dann haste dich gern mal mit Jungs so gehauen, gerangelt?

O: Ja.

I: Richtig ernst, oder war das Spaß?

O: Nein, immer nur Spaß.

I: Das war nur Spaß. Und du sagst, du warst viel unterwegs, was heißt das? Also du warst viel auf der Nachbarschaft, oder —

M: Viel im Dorf! Viel draußen, ja.

I: So, jetzt wollen wir mal über die Zeit reden von der Einschulung bis zur 5. Klasse, also von 7 bis zum 10. Lebensjahr. Wie war denn das so mit der Schule da, als du auf die Schule kamst?

O: In der Grundschule war alles in Ordnung.

I: Hattste keine Probleme?

O: Nee, schulisch überhaupt nicht! Nee, von den schulischen Leistungen her — es gibt eine Schote, da, das war 'ne Schulkameradin von mir, wir haben uns gekeppelt, und die hab ich in den Arm gebissen, die mußte zum Arzt und die mußte, hat 'ne Tetanusspritze oder sowas gekriegt, und da wollte mir die Mutter 'ne Anzeige geben.

I: Und weswegen haste der in den Arm gebissen, weißte das noch?

O: Naja, ich glaub, wegen 'nem Lineal oder 'n Bleistift, wegen irgend sowas haben wir uns gestritten. Sie hat mich in die Haare gezogen, da hab ich ihr in' Arm gebissen. Das war so, wir haben uns von Anfang an irgendwie nicht richtig verstanden.

I: Mit wem warst du da am meisten zusammen, in der Zeit?

O: Oh — ja, mit den Klassenkameraden, also mit den Jungs.

I: Ah, mit den Jungs.

O: Ja, immer!

I: Und viel gekeppelt?

O: Ja, wir waren auch oft im Wald, haben Krieg gespielt ab und zu, und bei uns ist das viel mit der Bundeswehr, da gab's dann halt diese Gräben, und da haben wir uns Waldhütten gebaut, und waren halt auf dem Spielplatz, haben unter uns viel gemacht.

I: Das war 'ne richtige Clique schon in der Zeit?

O: Ja.

I: Und waren da auch Mädchen in der Clique, oder waren das nur Jungs?

O: Na, Mädchen — ja, ab und zu mal, aber die waren nicht oft da!

I: Warst du so'n bißchen der Anführer von der Gruppe?

O: Kann man so nicht sagen!

I: Kann man nicht so sagen?

O: Nee, die gab's gar nicht. Wenn wir was machen wollten, z. B. in den Wald gehen, und wenn das einer vorgeschlagen hat, und da waren die meisten sowieso immer alle von begeistert, und da sind wir alle zusammen hin.

I: Also was habt ihr da gemacht im Wald: ihr habt Buden gebaut, haste erzählt?

O: Ja, Buden gebaut, oder Krieg gespielt, oder, ja und Schnitzeljagd, oder Räuber und Gendarm — alles mögliche! Haben auch Höhlen gefunden, wenn man's so nimmt, sind da reingekrabbelt, erforscht.

I: Und wer hat sich da alles um dich gekümmert, so in der Zeit? Also sehr viel um dich gekümmert? Also von den Erwachsenen?

O: Meine Mutter!

I: Deine Mutter?

O: Und mein Stiefvater, ja.

I: Und dein Stiefvater. Also du hast gesagt, vorher — also zwischen 1. und 6. Lebensjahr — hat sich am meisten dein Vater um dich gekümmert.

O: Mein Stiefvater!

I: Und das hat sich danach 'n bißchen geändert, so wie ich das verstanden hab, oder nicht?

O: Nö, also dann — so seitdem ich in der Schule war, hat sich meine Mutter mehr mit mir mit der Schule beschäftigt. Und so abends, wenn R. von der Arbeit kam und er z. B. in der Scheune rumgebastelt hat, dann war ich immer bei ihm.

I: Was hat denn der so gebastelt, bei sich in der Scheune?

O: Am liebsten, er macht, er kauft Unfallautos und macht die wieder zurecht und verkauft die weiter.

I: Ach, und da haste auch mit geholfen richtig?

O: Ja.

I: Du und dein Stiefvater, oder haben deine Brüder auch noch mitgemacht?

O: Ja, S. ab und zu, wenn er Lust hatte. Oder wir haben die Holz- und Kohleöfen, da fahren wir auch in den Wald und machen Holz. Also das kenn' ich auch von klein auf, daß wir mit in den Wald fahren und Holz machen!

I: Hatteste da einen Berufswunsch schon, in der Zeit? Was du später mal machen wolltest?

O: Kindergärtnerin!

160

I: Kindergärtnerin?

O: Oder Erzieherin, weil ich gut mit kleineren Kindern auskomm'!

I: Also nicht Kfz-Mechanik?

O: Nee, nee!

I: Hätt' ja sein können! (Lachen) Kindergärtnerin. − Und wie war das mit deinem richtigen Vater, haste den dann öfters noch gesehen, oder −

O: Ja, der Kontakt zwischen meinem Vater und mir ist nie abgebrochen. Nö, da hatte mein Stiefvater auch nichts dagegen, daß ich zu meinem Vater fahre. Ja, so manchmal hat er auch gesagt, wenn ich mit meinem Stiefvater echt tierischen Terz hatte, ne, und wenn ich zu Hause Ärger hatte, bin ich meistens immer zu meinem Vater gefahren, ne. Und wenn's ganz hart kam, dann kam auch manchmal der Spruch von ihm, daß er meinte: eh, du kannst deine Koffer packen und auch gleich dableiben! ne? Aber manchmal kam *er* auch wieder an und wollte sich mit mir vertragen. Wir haben's auch schon mal so gemacht, wir haben zwei Wochen lang kein Wort mehr mit uns geredet!

I: Du und dein Stiefvater?

O: Ja. Sind stumm an uns vorbeigegangen!

I: Und weswegen habt ihr euch gestritten?

O: Ach, das war so − ich war dann oft in F. in der Stadt, und war dann halt immer nur mit Älteren zusammen, mit 16, 17, und war dann auch abends eben weg, und bin dann erst um 10, halb 11 nach Hause gekommen!

I: Da warste aber schon älter, da warste schon 11, 12, oder −

O: Ja, ungefähr.

I: Und haste 'ne Erinnerung an ein unangenehmes Ereignis aus der Zeit?

O: Nö.

I: Auch nicht.

O: Ja, zwischen der Zeit ist eben T. ins Heim gekommen.

I: Also da gab's dann zu Hause sehr viel Ärger?

O: Mit T. und meinem Stiefvater.

I: Mit deinem Stiefvater, haste ja schon erzählt.

O: Das war dann die Zeit, wo T. hat angefangen zu klauen, hat meiner Mutter das Geld aus dem Portemonnaie genommen, die ist in der Stadt beim Klauen erwischt worden. Und da hat meine Mutter dann auch von sich aus gesagt: das geht nicht mehr. Und da ist die dann ins Heim gekommen.

I: Haste die öfters besucht im Heim?

O: Ja, ich bin oft mitgefahren mit meiner Mutter.

I: Jetzt muß ich nochmal fragen: Wieviel Leute seid ihr da gewesen in der Wohnung, also insgesamt jetzt, in der Zeit?

O: Wir waren: T., S., ich, S. und R., ja.

I: Und dein Stiefvater und deine Mutter?

O: Ja.

I: Hatteste da 'n eigenes Zimmer?

O: Ja. Wir ham 'n ganzes Haus für uns alleine. Neben uns gleich 'n Bauernhof. (I: Hm) Da war ich auch oft.

I: So, dann können wir ja jetzt mal reden über die Zeit, also jetzt vom 10. Lebensjahr bis jetzt, ne.

O: Oh, da ist viel passiert!

I: Da ist viel passiert.

O: Oh oh!

I: Wir haben ja viel Zeit! (lacht) Auf welche Schule biste dann gekommen?

O: Nach F. auf die Förderstufe für 2 Jahre.

I: Auf die Förderstufe. Und wie lief das auf der neuen Schule?

O: Na, von Anfang an auch bombig, und — ja, dann kam halt 'n neues Fach dazu wie Englisch, und die Tante von meinem Stiefvater, die ist, ja die fährt oft nach Amerika, und bei der hab ich dann auch Nachhilfestunden genommen, falls ich mal nicht zurechtgekommen bin. Und da fing das dann auch an, daß ich halt so ziemlich oft in F. war, manchmal abends auch um 10, naja, sagen wir mal um 11, halb 12 zu Hause angerufen hab und hab gesagt, die sollten mich abholen, weil kein Bus mehr fährt, und daß wir nachts also Züge durch F. gemacht haben mit der Clique, mit der ich zusammen war, und daß mich dann mein Stiefvater halt auch oft gesucht hat, daß es da dann Ärger gab. Und da fing dann halt der Ärger mit meinem Stiefvater an, in der Zeit.

I: Was habt ihr denn da so gemacht in F.?

O: Ach, wir saßen meistens oben in der Allee, das waren ja auch Skinheads.

I: Ach, du warst mit Skinheads zusammen.

O: Ja. Schon von der Zeit an; ich bin ja jetzt auch viel mit Skinheads zusammen. Und wir saßen dann oben in der Allee, haben 'n Cassettenrecorder gehabt, haben uns unterhalten, die älteren haben sich 'ne Palette Bier geholt, wir sind oft, ja so haben zusammengelegt und Süßigkeiten gekauft, ham uns halt so unterhalten.

I: Wie alt warst du da, also als das mit der Clique anfing in F.?

O: 12, 13.

I: 12, 13. Wie viele seid ihr da gewesen insgesamt?

O: Och, das war, die Hauptclique, das waren bestimmt 25 Mann!

I: 25 Leute!

O: Ja. Die kamen ja aus F., aus W., und halt bei uns aus'm Dorf.

I: Jungs und Mädchen, oder —

O: Ja, Jungs und Mädchen.

I: Und wie hatteste die kennengelernt?

O: Durch die Schule.

I: Und jetzt, mit deinem Stiefvater gab's dann Ärger, haste gesagt.

O: Ja.

I: Worum ging es da immer zwischen euch?

O: Och — na, es war so, wenn ich abends weggeblieben bin, dann hat er mir Stubenarrest gegeben, und meine Mutter war dann eigentlich immer ziemlich weich, und die hat dann gesagt, ich dürfte nachmittags raus und muß halt immer da sein, wenn R. von der Arbeit kommt. Das hab ich auch immer gemacht, und irgendwie hat er's dann rausgekriegt, daß ich doch immer rausgegangen bin, und da hat er dann noch Ärger mit meiner Mutter angefangen, und dann hab ich auch gesagt, er soll Mutti in Ruhe lassen, das wär ja meine Sache. Ich hätte ja auch sagen können, ich wollte nicht raus, und dann fing's auch an, daß er dann andauernd was an mir auszusetzen hatte, wie bei T. Bei jedem kleinen bißchen, auch wenn er Ärger auf der Arbeit hatte oder so, immer hat er dann den Frust an mir ausgelassen.

I: Was hat er denn an dir auszusetzen gehabt, dein Stiefvater?

O: Och, jedes kleine bißchen, wenn ich mal die Tür zu laut zugemacht hab, hat er mich zurückgeholt, mir 'n paar geknallt und hat dann gesagt, ich

162

soll die Tür leise zumachen. Oder wenn ich mal Milch verschüttet hab oder so, dann ist der gleich ausgerastet, bei jedem kleinen bißchen.

I: Und wie hat sich dann deine Mutter verhalten in solchen Situationen?

O: Die ist ruhig geblieben.

I: Die ist ruhig geblieben.

O: Naja, die kommt gegen R. nicht an!

I: Wie sah das aus, wenn er ausgerastet ist?

O: Naja, er fing an rumzuschreien, also regelrecht hat immer die Leute zusammengeschrien. Und ab und zu ist ihm dann auch mal die Hand ausgerutscht. (I: Hm) Aber wir haben uns immer wieder vertragen, immer wieder! Warum, weiß ich selber nicht.

I: Und waren das auch so Situationen, wo du zu deinem Vater gegangen bist?

O: Ja! Da war ich also ziemlich oft bei meinem Vater.

I: Dann länger, haste dann da auch geschlafen, oder —

O: Übers Wochenende.

I: Übers Wochenende?

O: Nur übers Wochenende.

I: Und haste mit deinem Vater darüber gesprochen, über diese Situationen?

O: Ja, also A., die Frau von meinem Vater, hat mich ja, also die kannte R. ja auch schon von früher, und wir haben uns dann halt darüber unterhalten, und die Mutter von meinem Vater, die konnte R. eigentlich nie leiden. Weil er schon früher 'n ziemlich aggressiver Typ war. Und sie hat dann immer zu mir gesagt, wenn ich mich mit ihr darüber unterhalten habe: ja, R. war früher schon immer so!

(Pause)

I: Und wie war das mit deinen Geschwistern? Haben die zu dem R. gehalten, also zu deinem Stiefvater, oder haben die mehr zu dir gehalten? In solchen Situationen?

O: Gar nicht, überhaupt nicht!

I: Gar nicht —

O: Die haben sich immer rausgehalten, weil se genau wußten, wenn sie sich einmischen, kriegen sie auch noch 'n paar auf'n Deckel!

I: Und haben sie dich dann unterstützt dann noch, also im nachhinein, daß sie dich dann getröstet haben —

O: Ja.

I: — oder ham die sich da rausgehalten?

O: Nee, also wenn ich, ich bin ja dann meistens sauer bei mir ins Zimmer, und da war S. ja auch schon etwas älter, die kam auch dann immer an und hat dann geflucht: oh, dieser Scheiß-R.! und so. Und die hat dann auch ihren Frust losgelassen, ne, wenn sie sauer war auf R., aber sie hat das R. nie selber gesagt, weil sie Angst vor ihm hatte.

I: Und hatte dein Stiefvater auch Schwierigkeiten, also ähnliche Schwierigkeiten mit den anderen Geschwistern von dir? Oder nur mit dir hauptsächlich in der Zeit?

O: In der Zeit hauptsächlich mit mir!

I: Hauptsächlich mit dir.

O: Ja. Also seinen eigenen Kindern hat er so eigentlich nie was getan, ne. Ich hatte meistens so das Gefühl, das sind *seine* Kinder, und wir gehören zu K., ne? Und K., der trinkt gerne mal einen über'n Durst, kann man so sagen, ne? Und er hat dann gesagt: ja, die gehören zum Alkoholiker, die haben so mit mir nichts zu tun, die sind unter meinem Niveau! Und er ist ja dann halt was Besseres, und seine Kinder dann natürlich auch!

I: Ja, aber weswegen ist er da was Besseres, das hab ich nicht verstanden?

O: Weil er nicht trinkt.

I: Ach weil er nicht trinkt – ja! Jetzt hab ich das verstanden!

O: Also er hat früher auch getrunken, er ist jetzt, glaub, seit 14 oder 15 Jahren trocken.

I: Und dein Vater nicht?

O: Nein. Die Frau jetzt von meinem Vater, die hat 'ne Entziehungskur gemacht, und die hat's auch gepackt bis jetzt, schon auch anderthalb Jahre her, die is' schon anderthalb Jahre trocken. Und sie hat dann auch von Anfang an gesagt: wenn K. was trinken will, soll er in die Kneipe gehn, also bei denen zu Hause steht jetzt auch kein Bier mehr!

I: Hm. – In der Zeit, hattet ihr da schon Gespräche mit dem Jugendamt, so jetzt mit 12, 13? (O: Nö!) Oder hattet ihr da noch nichts mit dem Jugendamt in der Zeit zu tun?

O: Doch, ich kenn' ja W. schon seit fünf Jahren, W. R. vom Jugendamt aus H. Weil er sich auch mit T. beschäftigt hat.

I: Die dann abgehauen ist, ne?

O: Ja.

I: Genau.

O: Naja, und dann war's so, dann weil Ärger mit meinem Stiefvater war, hab ich in der Schule auch nachgelassen, und die Frau B., die Vertrauenslehrerin, mit der hab ich mich dann unterhalten, und die hat sich dann auch mit Herrn R. in Verbindung gesetzt, die kennt den auch gut, und die hat mir so'n, so'ne Art, was weiß ich, so'ne Tussi da geschickt vom Jugendamt, mit der ich halt viel gemacht habe, mit der ich darüber geredet habe. Also so'ne Vertrauensperson sozusagen.

I: Wie alt warste denn da?

O: Da war ich 14 – nee, 13!

I: Die kam dann einmal die Woche, oder wie oft?

O: Ja, wir haben immer so Termine gemacht. So wie's ihr gerade gepaßt hat und mir. Sie hat mich öfter von der Schule abgeholt, sind dann Kaffee trinken gegangen oder so, und ham uns dann halt unterhalten.

I: War dir das unangenehm?

O: Nee, überhaupt nicht. Ich hab mich mit ihr auch sehr gut verstanden.

I: Und mit der Schule, wie lief das dann weiter mit der Schule? Also du hast gesagt, du bist schlechter geworden? (O: Ja) Ging's dann wieder besser durch die Gespräche mit der Frau vom Jugendamt, oder, äh, blieb das so mit der Schule?

O: Mit der Schule das blieb eigentlich dann so, weil ich dann meine Aggression an den Lehrern ausgelassen habe. Den Frust, den ich zu Hause hatte, den – z. B. wir hatten da 'n neuen Klassenlehrer, den Herrn D., mit dem hab ich mich von Anfang an überhaupt nicht verstanden, er könnt', ich hatte das Gefühl, er kann mich nicht leiden, ich konnte ihn nicht leiden, von Anfang an nicht! Und dann war's dann so, wenn ihm irgendwas nicht gepaßt hat, hat er mir entweder 'n Eintrag ins Klassenbuch gegeben, und ich hab ihn dann auch angekeift, ne? Und er hat dann auch bei jedem kleinen bißchen bei meiner Mutter angerufen und hat das Ganze dann auch, hat immer was dazugedichtet. Und seitdem konnt' ich den Herrn D. nie leiden, nie!

I: Was heißt Schwierigkeiten jetzt, also daß ihr euch angefeindet habt; wie sah das dann aus?

O: Ja, z. B. wenn ich gefragt habe, ob ich auf Toilette gehen durfte, da hat er dann gesagt: nee, du kannst in der Pause gehn; aber wenn jemand anders da gefragt hätte, dann hätte er gesagt, ja, geh! ne?

I: Welches Fach hat der unterrichtet?

O: Das war der Klassenlehrer, der hat Deutsch, Mathe, Erdkunde und Sozialkunde.

I: Was waren deine Lieblingsfächer?

O: Mathe ist mein Lieblingsfach! Ja, der wollte mir meistens auch in den Arbeiten immer 'ne schlechte Note reinbrettern, aber da ich Mathe auch ziemlich gerne mache und das für mich auch so keine Schwierigkeit ist, hab ich dann halt gute Noten geschrieben, und da fing er dann halt in Deutsch an, weil ich in Rechtschreibung nicht gerade gut bin, und auch meine Schrift nicht gerade die beste ist, und da fing er dann an, mir in Deutsch reinzubuttern.

I: Da warste auf der Hauptschule, oder auf der Realschule?

O: Das war so, ich bin erst auf die Realschule vorgeschlagen worden, und die hab ich denn nich' gepackt, auch weil ich da auch die Aggressionen losgelassen habe, und da war ich auf der Hauptschule, und da ging's dann eigentlich besser, bis der Herr D. kam.

I: Und wenn du sagst: deine Aggressionen loslassen − was heißt denn das? Das versteh' ich noch nicht so richtig.

O: Ja, dann sag ich den Lehrern z. B., zum Herrn D. hab ich meistens gesagt: hier, ich hab schlechte Laune, und er sollte mich dann halt in Ruhe lassen, ne?

I: Im Unterricht haste das gesagt?

O: Jaja, im Unterricht! Und wenn dann − dann war's halt einmal so, der hat mich andauernd drangenommen, und da bin ich dann so ausgerastet, hab ihn angefaucht, ne, und dann meinte er: ja, dann pack deine Sachen und geh! Da bin ich gegangen. Da fing er dann auch schon an von wegen, drei Tage Schule beurlauben, und wenn das da so weitergeht, daß ich von der Schule runterfliegen würde.

I: Sag mal, jetzt hast du nur so'n bißchen die schlechten Sachen erzählt. Gab's da auch schöne Ereignisse in der Zeit?

O: Unter den Jugendlichen, ja.

I: Also mit den Skinheads?

O: Mhm.

I: Was war da besonders schön?

O: Och − was war da schön, hat mich meine Mutter auch immer gefragt, was mich daran reizen würde. Äh − naja, daß die, die waren ja meistens immer älter als ich, und dann, ja daß wir halt zusammen waren und zusammen auch viel unternommen haben. Daß wir auch mal auf die Pauke gehauen haben. Also so durch die Straßen gezogen sind und mal ab und zu Randale gemacht haben, und das durfte ja zu Hause nie!

I: Wann bist du ins Heim gekommen?

O: Das war letztes Jahr im − von zu Hause weg bin ich im Februar!

I: Was heißt von zu Hause weg? Biste dann auf Trebe gegangen oder biste dann gleich ins Heim gegangen?

O: Nee, äh, in Bereitschaft war ich 1 Monat.

I: Was heißt das, Bereitschaft?

O: Das sind so Eltern, die Kinder aufnehmen, bei denen's zu Hause gar nicht mehr klappt, aber wo se noch kein' Platz im Heim gefunden haben.

I: Was war denn deiner Meinung nach der Anlaß, weswegen du ins Heim gekommen bist, oder die Gründe?

O: Oh —

I: Wie waren so die letzten Wochen zu Hause? Bevor du dann hier —

O: Die waren schlimm! Also der Hauptgrund war ja, warum ich ins Heim gegangen bin, mein Stiefvater hat angefangen, mich zu begrabbeln. Und ich hatte 'ne Freundin in F. im Heim, die heißt H., und die ist aus dem gleichen Grund ins Heim gekommen. Und da hab ich mich da ans, äh, war bei ihr mit im Heim, das war 'n katholisches Heim, hab dann mit der Schwester geredet, und sie hat dann gesagt, das ginge nicht, man müßte das Jugendamt einschalten.

I: Aha. Da hattest du auch keinen Kontakt mehr zu dieser Frau vom Jugendamt, mit der du immer Gespräche hattest?

O: Nein.

I: — das lief nicht mehr?

O: Nee.

I: Aha.

O: Und dann hat sie dann 's Jugendamt eingeschaltet, und da kam Herr R. dann, hab ich das Herrn R. erzählt, und der kam meistens dann in die Schule. Weil meine Mutter — also meine Mutter ist immer noch in dem Glauben, daß das überhaupt nicht stimmen würde, daß das nur 'ne Spinnerei von mir wär, weil ich von zu Hause weg wollte. Und mein Stiefvater streitet das sowieso ab, und das ist eigentlich der Hauptgrund, warum ich ins Heim gekommen bin.

I: Und das haste mehr oder weniger selbst in die Hand genommen, so wie ich das verstanden habe?

O: Ja! Ich hab dann mit Herrn R. geredet, Herr R. hat mit meinem Stiefvater, wollte er reden, er wollte aber nicht. Ich hab dann mit meiner Mutter und Herrn R. geredet bei uns zu Hause, und dann war's so, dann kam Herr R. in die Schule, und da war ich auch total fertig, dann fing mein Stief wieder an, was ich für'ne Scheiße erzählen würde, dann hat er angefangen, mich zu schlagen. Und dann war ich in der Schule, hab dann zu Frau B. gesagt, ich geh nicht mehr nach Hause, ne? Und hatte auch blaue Flecken, der hat mich mal mit'm Regenschirm verschwartet. Den Regenschirm konnt' ich dann auch wegschmeißen. Und da kam Herr R. dann in die Schule und hat gesagt — das war 'n Mittwoch — und am Freitag war ich von zu Hause weg. Hat dann gesagt: du hast noch zwei Tage Zeit, deine Sachen zu packen, Freitag hol ich dich! Das war dann so: *ich* wollte von zu Hause weg.

I: Und deine Mutter? Wollte die, daß du dableibst?

O: Die hat dazu eigentlich gar nichts mehr gesagt. Ja, so, sie war, am Anfang wollte sie gar nichts mehr mit mir zu tun haben, das hat W. mir mal erzählt: sie hat gesagt, wenn ich ins Heim komme, so weit weg wie möglich! Weil sie mit mir überhaupt nichts mehr zu tun haben wollte.

I: Also mit deinem Vater haste da auch drüber geredet, über die Situation zu Hause?

O: Mit meinem richtigen Vater gar nicht!

I: Da haste gar nicht drüber geredet?

O: Nein. Ich hab das ja immer unterdrückt, ich hab das ja nie jemandem gesagt. Ich hab H. dann nur gefragt, warum sie im Heim ist, und da hat sie mir das erzählt, und H. war das erste Mädchen, dem ich das überhaupt erzählt habe.

I: Weil sie dir das erzählt hat?

O: Jaja! Sie hat gesagt, daß ihr Stiefvater halt was von ihr wollte, und da hab ich dann gesagt, daß das bei mir und R. genauso ist. Sie wollte mir das ja auch erst nicht glauben, aber, da H. und ich auch jetzt noch sehr gute Freundinnen sind, wir stehen noch in Briefkontakt, da hat sie's mir dann halt geglaubt, ich hab mit H. auch viel so unternommen, wir sind sozusagen durch dick und dünn gegangen.

I: Und wie war das mit deinen Geschwistern, haste mit denen darüber geredet?

O: Nein, überhaupt nicht, mit gar keinem.

I: Wußten die das?

O: Nein!

I: Die wußten das nicht.

O: S. hat schon selber gemerkt, daß — also hat er auch zum Herrn R. gesagt, daß R. abends oft bei mir im Zimmer war. Das hat er auch schon mitgekriegt. Aber bei R. war das dann so, weil ich nichts gesagt habe und mir das ja auch meistens gefallen lassen habe von R., weil ich Angst vor ihm hatte, da war's dann auch so, daß, äh, ich bei ihm rauchen durfte, er hat mir selber Geld gegeben für Zigaretten. Das durfte ja Mutti alles nicht wissen, ne?

(Pause)

I: Wo bist du dann hingekommen, also nach dieser Bereitschaft? Du warst dann 2 oder 3 Wochen in einer Familie, so hab ich das —

O: 1 Monat!

I: 1 Monat, doch.

O: Das war 'ne Pfarrersfamilie, also der Vater war Pfarrer, da war ich dann 1 Monat lang, und dann hat Herr R. gesagt, hier oben wär 'ne Stelle frei, sind wir hier hochgefahren, ham uns das angeguckt, und da hab ich dann zu W. gesagt: ja, das ist o.k., und nach einem Monat bin ich dann hier hochgekommen.

I: Gleich hier auf die Gruppe?

O: Ja, von vornherein.

I: Und wie war die erste Zeit so in der Gruppe?

O: Ganz gut. Am besten war ja von Anfang an, daß ich mich mit S. sehr gut verstanden habe, ist jetzt immer noch so.

I: Da fällt mir gerade ein, das hat sich dann scheinbar verändert, wenn du früher immer so viel und gerne mit Jungs zusammen warst, aber irgendwann haste dann doch mehr Freundinnen gehabt, ne, die H. haste erwähnt und —

O: Ja, H. und S., sind die einzigsten Freundinnen, die ich so richtig habe. (I: Ah so!) Sonst wenn ich in V. z. B. bin, dann bin ich auch mit J. halt immer unterwegs, und da sind wir auch bei seinen Kumpels eben, ne?

I: Mhm. Auch wieder alles Jungs.

O: Ja, oder wenn ich in der Stadt bin mit S., da bin ich auch immer mit den ganzen Skinheads zusammen. Und hier im Heim — auch mehr Jungen als Mädchen.

I: Wo biste dann zur Schule gegangen?

O: Ich war in G. auf der Schule. Und da war's so, da hab ich mich mit Herrn Br. nicht verstanden, mit meinem Klassenlehrer, und dann halt, wir hatten Ausländer bei uns in der Klasse, Türken, 'ne Iranerin und 'n Portugiesen — nee, Jugoslawe war das. Und mit dem Jugoslawen hab ich mich so eigentlich ganz gut verstanden gehabt, und äh, bis er dann rausgekriegt hat, daß ich halt mit den Nazis zusammen bin. Und da fing er dann an, einer von den Türken hat Boxen gemacht, und dann fing er an, wenn ich morgens zur Schule gekommen bin, ist er gleich zu dem hin, und hat dann — er kam dann an, ist an mir vorbeigegangen und meinte so: nach der Schule biste dran! und so. Und ist ja auch so, daß ich nicht kneifen tu, ne?

I: Was heißt das, kneifen?

O: Ja, wenn er jetzt z. B., also er hat gesagt, nach der Schule treffen wir uns da und da, und denn biste dran! Und da bin ich auch hingegangen!

I: Ach, du bist auch da hingegangen?

O: Ich bin hingegangen! (I: lacht) Und die waren nicht da, die sind nicht hingekommen. Dann bin ich den nächsten Tag hin und hab gesagt: hier, hört zu, wir treffen uns dann und dann da, und dann werden wir sehn, wer dran ist! Ja, und da waren sie aber wieder nicht da. Naja.

I: Und da hat's nie 'ne Schlägerei gegeben?

O: Nö! Zwischen M. und mir, also wir ham uns oft gekeppelt. Aber sonst eigentlich nie. In der Schule so auch nicht, war's die größte Schlägerei sozusagen, was hier jetzt war, das war das mit A. Die hab ich auch noch so zusammengemülmt, die ham die andern nicht wiedererkannt!

I: Und weswegen haste die zusammengemülmt?

O: Das war, da war ich mit M. zusammen, und sie hat ziemlich viel Scheiße drüber erzählt. Was wir gemacht hätten und was wir so vorhätten und alles mögliche.

I: Warum hat die das gemacht?

O: Weiß ich nicht! Also jetzt versteh ich mich mit A. echt bombig! Nach dem. Aber da, da konnte sie mich wahrscheinlich nicht leiden.

I: Wie, du verstehst dich jetzt mit der Frau, die du da verdroschen hast, wieder bombig?

O: Ja, total!

I: Aha!

O: Das war — also ich schätz' mal, daß sie mich nicht leiden konnte, wo ich hergekommen bin, ich hab mich mit T., ihrem Freund, super verstanden! Versteh ich mich jetzt auch immer noch! Und da war sie wahrscheinlich eifersüchtig und wollte mir ein' auswischen. Bin ich zu ihr hingegangen und hab gesagt, hab sie gefragt, warum sie das erzählt hätte, und das hat sie abgestritten. Und da waren die andern Leute aber, denen sie das erzählt hat, alle da. Und da hat die mich dann so sauer gemacht, daß ich ihr 'n paar geknallt habe, ne! Und ich hab zu ihr gesagt, sie soll überlegen, was sie sagt, weil — sie sollt' es zugeben! Sie sollt' es wenigstens, wenn sie's zugegeben hätte, wär alles gut gewesen! Hätt' ich gesagt: ja, o.k., das vergessen wir. Aber sie hat's immer wieder abgestritten, und da hat sie mich so gereizt, da hab ich auch mal mit der Faust zugehauen. Da hat sie mich in den Haaren gezogen, was ich nicht ab kann, da bin ich ausgerastet! Und hab sie zusammengehauen.

I: Dann haste dich auch nicht mehr unter Kontrolle in so'ner Situation?

O: Nä! Also da hatte ich mich echt nicht mehr unter Kontrolle, ich hab mich danach selber gewundert. Ich bin dann von der Gruppe runter und war hier im Zimmer, hab mich einigermaßen wieder abgeregt und bin dann rübergegangen und wollte nochmal mit ihr reden. Hab mich dann auch bei ihr entschuldigt gleich, und hab sie auch selber sozusagen verarztet, hab ihr 'n paar kalte Lappen aufs Gesicht gelegt, bis die Erzieher dann kommen. Und jetzt versteh ich mich mit A. echt bombig.

I: Gab's dann nochmal, öfter solche Schlägereien?

O: Jaa — dann bin ich einmal verdroschen worden, das war auf'm Frühlingsfest, glaube, unten auf'm Schützenplatz, da war ich mit N. da, und da war 'n Mädchen genauso wie ich, kann man sagen. Die war aber viel älter als ich, und die hat angefangen, mich zu ärgern. Und da hab ich zu ihr gesagt: Alte, laß mich in Ruh! und da kam sie mit ihrer ganzen Clique an, ich war ja mit N. alleine da. Das war ziemlich die erste Zeit, wo ich hier war, und hat se mich verdroschen. Da sind wir dann auch zur Polizei gegangen und ham sie angezeigt. Und sonst war ich meistens bei Schlägereien nur dabei.

I: Und mit Jungen haste dich nie gelascht?

O: So richtig — naja, in der Zeit, wo ich hier war — hm, in der Schule halt mit M., in der Stadt mal mit 'm Türken, das wissen die Erzieher aber nicht, 's war aber nur so'n bißchen. Sonst so, eigentlich gar nicht. Ich war sonst eben nur bei Schlägereien dabei. Also wenn sich jemand geschlagen hat.

I: Was heißt das: die war 'n Mädchen so wie ich?

O: Ja, also, is' meine Meinung, das ist, naja wie man eigentlich nicht sagen, weil, ich finde, daß die ziemlich Schlägertypen sind, aber auf Jüngere losgehen. Und das ist bei mir — ich geh ja nicht nur auf Jüngere los. A. ist ja ein Jahr jünger als ich. Und sonst, ich hab auch 'ne große Schnauze sozusagen gegen Ältere, ne. Na also, da hab ich keine Hemmungen!

I: Würdste sagen, du bist 'n Schlägertyp?

O: Nee, so nicht, das ist — wenn ich so'ne Auseinandersetzung habe, da is', ich versuch das erst, mich mit den Leuten auseinanderzusetzen. Und wenn das auch nicht klappt, hol ich mir jemand herbei, 'n Erwachsenen oder so. Ja dann, wenn das echt nicht klappt, dann ist halt so, daß meine Hand wirklich mal ausrutscht!

I: Und nicht nur die Hand wahrscheinlich! (lacht etwas)

O: Ja! (verlegen) Aber so'n Schlägertyp bin ich eigentlich nicht. Was ich auch selber weiß: ich *kann* fest zuhauen! Ich hab auch einmal hier, mit M. von den Füchsen, nee, von den Igeln, da war auch mal was, da waren aber viele vom Heim beteiligt dran, da hab ich auch nur einmal zugehauen. Das war wie bei A., die hatte 'n Bluterguß hinterm Ohr, und M. auch. Da war's völlig klar, daß natürlich der Bluterguß von mir war, ne? (I: Hm) Ich weiß nicht warum, aber die kriegen immer Blutergüsse hinter den Ohren.

I: Wie lange biste jetzt hier auf der Gruppe?

O: Knapp 'n Jahr bin ich jetzt hier.

I: Und wie ist so die Zeit gelaufen, wenn du das jetzt so in der Rückschau siehst, dieses Jahr?

O: Ziemlich positiv, also von den Jugendlichen her. Also wie ich mich mit denen vertragen hab. Von den Erziehern her ist es so, ich hab mich nie mit R. und B. vertragen.

I: Und weswegen nicht?

O: Weiß ich nicht!

I: Weißte nicht.

O: Ich hatte immer das Gefühl, daß R. – also hauptsächlich mit R. – daß R. mich nicht leiden kann und ich ihn nicht. Und es gibt viele hier, die R. nicht leiden können. Und das ist ja so, R. und B. haben ja 'n Verhältnis zusammen. Wenn jetzt z. B. R. was sagt, ist B. auch sofort der gleichen Meinung, ne?

I: Also zwei gegen zwei dann, du mit S., und B. und R.!

O: – und R. Ja, nur die letzte Zeit, die letzten paar Tage, wo R. hier war, da so hab ich mich mit R. auch sehr gut verstanden. Das war das einzigste Mal. Wird er wohl seinen guten Tag gehabt haben!

I: Was sind denn so deiner Meinung nach die Gründe, weswegen du jetzt an dem Kurs teilnimmst?

O: Hauptsächlich Schlägereien.

I: Was werfen dir die Erzieher vor?

O: Daß ich 'n Schlägertyp bin.

I: Und möchteste jetzt auch weg hier aus der Gruppe?

O: Ja, eigentlich nicht, also ich würde sehr gerne hierbleiben. Aber die Erzieher haben ja schon gesagt, das geht nicht mehr. Und es steht auch fest, daß ich hier raus muß. Und ich fahr' lieber bei dem Projekt mit, als in ein anderes Heim zu kommen!

I: Was findst denn an deiner jetzigen Situation gut?

O: Na, daß die Erzieher mir nichts mehr zu sagen haben!

I: Hast du schon irgendwelche Wünsche, was du so nach dem Kurs machen möchtest? Also irgendwelche Berufswünsche?

O: Na, Berufswünsche –

I: Möchteste immer noch Kindergärtnerin werden, oder hat sich das verändert?

O: Naja, das – ja, was ich auch gerne mache, da fing T. auch an, es gibt ja jetzt auch Berufe, die normalerweise früher nur Männer gemacht haben, die auch heute Frauen machen können. Z. B. wie Tapezieren tu ich gerne, Fliesenlegen tu ich gerne, oder halt Malern, so Streichen – das hab ich alles von meinem Stiefvater eben, ne. Und das macht mir auch selber viel Spaß, aber hauptsächlich Tapezieren. Daß ich da vielleicht irgendwie mal was machen könnte. Oder halt irgendwas mit Tieren oder mit kleinen Kindern, weil ich mit kleinen Kindern sehr gut auskomme. Da ich selber 5 jüngere Geschwister habe –

I: Also beides, da biste noch nicht so entschieden dazwischen?

O: Nee. Also hauptsächlich mit Tieren oder Kleinkindern.

I: Aber du kannst dir auch vorstellen, sozusagen 'n Beruf auszuüben, was eher 'ne männliche Tätigkeit ist?

O: Ja. Da auch viele sagen, daß ich gut zupacken kann! Daher. Wo das mit A. war, da ham – ich hab früher Kickboxen gemacht 'n halbes Jahr. Das hat mir auch echt viel Spaß gemacht, ne? Da haben die Erzieher dann gesagt, ähm, den Vorschlag hatte ich dann auch gemacht, daß ich mir 'n Punchingball kaufe, den mir hier ins Zimmer hänge — daß ich da eben irgendwie meine Aggression oder so loswerden kann. Das ist ja auch manchmal so, was ich — seitdem ich hier bin, was ich mache, wenn ich so sauer bin, also ich geh meistens raus! Ich bin schon mal, da hatt' ich Ärger hier mit M., da bin ich immer bis R. und wieder zurück gelaufen.

I: Gelaufen?

O: Ja.

I: Aber du bist doch auch häufiger weggelaufen und gar nicht wiedergekommen, ne?

O: Ja, kann man sagen, übers Wochenende meistens.

I: Wie würdst du dich denn so einschätzen, was kannste handwerklich gut?

O: Handwerklich? Basteln tu ich gern.

I: Was, womit?

O: Mit Holz! Sägen, schleifen, raspeln, leimen —

I: Und was haste da so gebaut, oder was baust du da am liebsten aus Holz?

O: Was ich schon gemacht habe, ist 'n Hubschrauber selber gebaut, oder 'n Regal oder 'n Spiegelschrank. So was ich halt von der Schule her kenne, das hab ich denn auch selber nachgebaut. Mit meinem Bruder zusammen haben wir uns selber mal 'n Vogelhäuschen gebaut, das wurde später dann als Hundehütte benutzt, ist ziemlich groß geworden — meine Mutter meinte, das wär 'ne Vogelvilla! Naja.

(Pause)

I: Hast du auch hier mit H. gebastelt?

O: Was ich mit H. bis jetzt gemacht hab, das waren Tonarbeiten.

I: Tonarbeiten?

O: Mhm.

I: Machste lieber Holz oder lieber Ton? Wenn du jetzt entscheiden könntest, würdste lieber Holz machen?

O: Lieber Holz, ja! Was ich auch gerne mache, ist z. B. auf'm Bauernhof. Weil ich auf'm Bauernhof sozusagen auch aufgewachsen bin. Ich kenn' mich mit Kühen gut aus, mit Schweinen, mit Mähen, mit Dreschen —

I: Was sind denn im Moment für dich ganz wichtige Gesprächsthemen? Also wo du mit andern gern drüber reden möchtest?

O: Jaa — über die Zeit, äh, ja von den Leuten von hier, das, was ich z. B. bei S. gemacht hab, das hat lange gedauert, bis sich S. halt beruhigt hat, daß ich weggehe. Und da hab ich ihr denn auch gesagt, das ist ja nur 'n halbes Jahr, und daß ich mir danach auch hier in der Nähe 'ne Wohnung suchen kann. Daß ich auf alle Fälle wieder hierherkomme und, es ist auch eigentlich so für mich schwer, darüber zu reden, weil ich, äh, 'n halbes Jahr ist schon wirklich ziemlich lang! Aber J. fing auch an, ich sollte lieber in 'n anderes Heim gehen, ne. Da hab ich zu ihm gesagt, das ist auch besser für mein späteres Leben. Ich kann ja da auch z. B. herausfinden, zu was ich noch fähig bin, also was ich noch für Fähigkeiten habe, was ich noch machen kann, was mir noch Spaß macht, wozu ich Ausdauer hab, was mir im späteren Leben bestimmt viel helfen wird. Und das hab ich J. dann auch langsam und sicher eingetrichtert.

I: Kannste dir vorstellen, mal zu heiraten und Kinder zu haben?

O: Na, ich verlob mich morgen!

I: Ach, du verlobst dich? (Lachen) Na, das muß ja nichts heißen, muß ja nicht heißen, daß du dann irgendwann verheiratet bist und Kinder kriegen!

O: Ja, heiraten — ja, vielleicht, mal sehn. Was meine Einstellung ist schon von klein auf von wegen Kinder kriegen: ich will selber keine Kinder kriegen, wenn, Kinder adoptieren!

I: Ach, willst Kinder adoptieren, und weswegen willste Kinder adoptieren?

O: Weil ich der Meinung bin, daß es schon genug Kinder auf der Welt gibt, die keine Eltern haben! Und da find' ich's unnütz, noch mehr Kinder in die Welt zu setzen. Von Anfang an schon! Also das hat eigentlich da angefangen, wo meine Schwester, die hat mit 17 'n Kind gekriegt.

I: Die T.?

O: Ja, die T., und die hat auch erst gesagt, sie wollt' es behalten, und ist damit nicht zurechtgekommen, und hat's dann zur Adoption freigegeben. Da hat sich das erst richtig eingeprägt. Daß ich später mal Kinder adoptieren werde.

I: Wie ist denn das jetzt im Moment mit dir und deiner Familie? Also mit deiner Mutter und deinem Stiefvater und deinem richtigen Vater?

O: Super, ich hab mich mit meinem Stiefvater jetzt wieder vertragen, ich war ja 'n halbes Jahr hier, bevor ich wieder nach Hause gefahren bin. Und zuerst war's so, ich bin einmal für — also mit K. (Heimleiter) und M. — für 'n paar Stunden hingefahren, hab so, daß ich mit meiner Mutter wieder ins Gespräch gekommen bin, aber muß ich ehrlich sagen, wo ich wieder bei uns ins Haus eingetreten bin, ich hatte weiche Knie! Ich hatte echt weiche Knie, und dann war's so, also ich bin zweimal mit K. hingefahren, also einmal nur mit meiner Mutter geredet, einmal mit meiner Mutter und meinem Stiefvater. Dann bin ich 'n Wochenende hingefahren, da ging's auch gut, und jetzt das letzte, nee, das vorletzte Mal, wo ich zu Hause war, hab ich mich mit meinem Stiefvater wieder vertragen. Da haben wir uns ausgesprochen alleine, ich hab auch gesagt, ich hab mich sozusagen entschuldigt bei ihm, daß wir das auch unter uns ausmachen hätten können, und daß es ja nicht grad' an die Öffentlichkeit kommen mußte, und das hat er dann auch akzeptiert, und dann ham wir uns wieder vertragen. Mit meiner Mutter war's so, da hab ich mich — also der Kontakt, wo ich hier war — also telefoniert haben meine Mutter und ich, und geschrieben haben wir uns auch.

I: Könnteste dir vorstellen, nach dem Kurs da wieder hinzugehen, zu deinen Eltern?

O: Meine Mutter hat schon, ich hab sie mal gefragt, letztes Mal, wo ich zu Hause war, ob ich wieder nach Hause kommen könnte. Da meinte sie: würde mich die Schule in F. wieder aufnehmen, hätte sie mich schon lange wieder nach Hause geholt.

I: Das möchtste auch gern?

O: Jaa — es kommt ganz darauf an, das ist so'ne Zwickmühle, das ist jetzt so: ich hab zu Hause Freunde, und ich hab hier jetzt genug Freunde. Und ist so, äh — ich weiß nicht, wie ich das sagen soll, wo ich die erste Zeit hier war, hab ich die Leute, wo ich zu Hause war, ziemlich vermißt, ne. Aber jetzt im Moment ist es so: wenn ich nach Hause fahre, seh ich sie wieder, und ich muß auch wieder hierher, ne. Und wenn ich so, ich versteh mich mit den Leuten, mit denen ich hier zusammen bin, besser als wie zu

Hause. Also das sind mehr echte Freunde, kann man sagen, die, die hier sind.

I: Und würde dich denn die Schule in F. wieder aufnehmen?

O: Nee!

I: Warum bist du da so sicher?

O: Das hat meine Mutter gesagt! Die würden mich nicht mehr aufnehmen. Die meisten sind ja froh, daß se mich los sind!

I: Was heißt, die meisten?

O: Na, von den Lehrern.

I: Endete das hier in Göttingen mit der Schule auch mit 'nem Rausschmiß, oder wie –

O: Nein, ich bin von mir aus nicht mehr hingegangen! Weil ich erstens die Schnauze voll hatte mit den Ausländern, die haben mich attackiert, und ich hab von mir aus auch gesagt, daß ich so mit Schlägereien nichts mehr zu tun haben will und bin den Leuten so auch aus dem Weg gegangen, da fing's denn halt an: ja ich wär feige, und so, und sowas laß ich nicht auf mir sitzen, ne. Und auch wenn ich die Leute in der Stadt gesehen habe, fingen se dann an, mich zu ärgern, ne? Aber nur, wenn ich alleine war, wenn da jetzt z. B. 'n Skinhead dabeigewesen war, der sich auch so anzieht, ne, mit kurzen Haaren, da waren die mucksmäuschenstill! Z. B. ich war mit S. mal in der Stadt, und da ist mir M. entgegengekommen, da war M. ganz klein, und da hab ich gesagt: der ist bei mir in der Klasse, und der ärgert mich immer. Und da ist S. hingegangen, hat ihn am Kragen gepackt und meinte so: Junge hör mal zu, nochmal und du kriegst 'n paar aufs Maul, ne! Und da war ich dann 'n paarmal in der Schule, und da waren se dann ganz klein, und ham dann auch die andern Mitschüler, mit denen ich mich eigentlich so vertragen habe, auch sozusagen gegen mich aufgehetzt, und hab ich dann gesagt, da hab ich kein' Bock mehr drauf.

I: Hm. Gut, letzte Frage: Du hast drei Wünsche frei, was würdest du dir wünschen?

O: Oh – mmh – Geld, Gesundheit, und – unendliches Leben!

I: Unendliches Leben?

O: Mhm.

I: Na, wir haben zwei Fragen vergessen – wenn du dir 'ne ideale Schwester bauen könntest, wie sähe die aus?

O: Oh! So wie ich.

I: So wie du?

O: Ja.

I: So wie du? Was heißt das?

O: Ja, meine Größe, ja vom Aussehen ist mir egal, aber so vom Charakter her und Einstellung, so wie ich!

I: Hm. Sag mal so'n bißchen genauer, Charakter, Einstellung und so. Mutig wahrscheinlich, ne?

O: Ja, mutig, und auch ziemlich unternehmungslustig, die nicht so eingebildet ist und etepetete und, ähm, was gibt's denn noch? Die gerne in die Disco geht, die mal gern einen draufmacht. Ah, ja, muß nicht gerade 'ne linksradikale Einstellung haben (I: Hm), und müßte auch so, naja, sie muß halt ziemlich unternehmungslustig sein! Muß sie sich auch durchsetzen können. Auch gegen Jungs zum Beispiel. Tierlieb müßte sie sein, und kleine Kinder müßte sie auch mögen.

I: Und wie würdst dir 'n idealen Bruder vorstellen?
O: Genauso!
I: Genauso?
O: Ja. – Ja, er müßte dann halt auch, ein Bruder, der müßte größer sein als ich, gutes Kreuz haben, gut gebaut sein –
I: Müßte stärker sein als du?
O: Ja. Damit ich mal sagen könnte: jetzt kommt mein großer Bruder und verhaut euch.
I: Das konntest du nie sagen?
O: Doch!
I: Und hat er auch gemacht?
O: Also, verhauen kann man nicht sagen, also er ist immer hingegangen und hat gesagt halt: laß meine Schwester in Ruhe, sonst gibt's 'n paar!

3. Auszüge aus den Wochenberichten der Erzieher/Korsika

Ich fange an mit dem 14. 3., also mit dem letzten Sonntag. Den Vormittag hatten wir frei gegeben, und die Jugendlichen konnten ausschlafen nach der Anstrengung der Fahrt und der Vorbereitungszeit. Witzigerweise waren von 8 bis 9 Uhr alle auf der Matte. Wir machten oben bei R. Kassensturz, die Jungs machten einen gemeinsamen größeren Ausflug an den Strand. F hockte sich zu uns. Um 13 Uhr trafen wir uns zur Gruppenbesprechung und machten einen Tagesplan. Auf dem Programm stand Lagerausbau. Dazu muß man sagen, wir sind wegen Hochwasser noch auf einem vorübergehenden Platz und haben noch nicht unser großes Küchenzelt aufgebaut, haben also unsere kleinen Zelte da und haben den Anhänger zu unserer Küche umfunktioniert. Also Lageraufbau. Ralf und E bauten ein ganz tolles Survival-Klo mit Stuhl und richtig draufsitzen und mit der Möglichkeit, Zeitung zu lesen, eine ganz tolle Angelegenheit. B und ich machten die Tische, Stühle und einen unterirdischen Mülleimer fertig, F bastelte die Axt zusammen, das ging aber bißchen in die Hose, Udo und H installierten Wäscheleinen, und G und D hatten Holz geholt. Bei G beobachteten wir wieder, daß er bei so kleineren Frustrationen sehr schnell ausrastete und Wutanfälle bekommt, so z. B. jetzt, wo das Holz, das gebündelte Holz, das er so zusammengeschnürt hatte, immer rausrutschte, schmiß er den ganzen Krempel hin und mußte erstmal alleine auskollern. Im Anschluß daran hatten wir Waschaktion, wir wollten eigentlich uns und die Klamotten waschen, dem schloß sich nur F an, die andern erstmal nicht. Sowieso ist zu sagen zu den Klamotten, daß die Jungs mittlerweile alle ihre ganzen Sachen schon mal durchgetragen haben und alles ziemlich in Mitleidenschaft geraten ist. Während das Essen vorbereitet wurde, haben E und D noch Briefe geschrieben. Am Abend wurde unsere riesengroße Pfanne erstmal ausprobiert, es gab einen wahnsinnigen Berg von Bratkartoffeln mit Rührei. Anschließend daran unsere erste ordentliche Gruppenbesprechung. Erstmalig führten wir das Ritual ein bei der Gruppenbesprechung, daß wir reihum zunächst die Frage stellten: Was war gut heute, und jeder antwortete dazu; und danach: was war schlecht heute, was würden wir uns vorstellen, demnächst anders zu machen, oder welche Wünsche oder Erwartungen habe ich an den nächsten Tag. Ein kleiner Einblick in diese Runde: E, was war gut heute: die Hunde im Dorf; D: das Holzholen; Udo: endlich waschen; H: endlich ein eigenes Messer; F: endlich ein Bier bei R., G: der gemeinsame Strandspaziergang von allen; und B wollte nichts sagen, weil wir sowieso immer alles aufschreiben oder niedersprechen und er mißtrauisch ist. Ralf und ich nannten auch noch das eigene Waschen und Ralf den Klobau mit E. Was war schlecht heute? E: daß der Katamaran immer noch nicht aufgebaut wurde; D: viel zu wenig Zeit für Briefeschreiben; Udo: das Futterneidgenöle; H: nichts; F: auch nichts; G: die Befürchtung, daß nur eine Besprechung stattfindet; passend dazu B: immer diese Besprechungen und nie Freizeit; ich: alles hinterherräumen; Ralf: keine Essensruhe. Am Lagerfeuer, und Ralf erzählte eine Legende von einem korsischen Höhlenmonster, das in einer Fangohöhle wohnt und Kühe aufschlitzt, Menschen verschleppt und mit dem wir in den letzten Jahren in Kontakt geraten sind. Die Jungs saßen wie gebannt da, wurden immer ruhiger, zogen sich friedlich um 22.30 ins Bett zurück. Allerdings zum Teil noch ein bißchen skeptisch, aber der eine oder andere war schon von dieser Legende gefangengenommen, und es ging unter die Haut und sie glaubten sie.

15. 3. Eine kleine Frühstücksepisode: E — das zieht sich auch die nächsten Tage weiterhin durch — haut sich dermaßen dick Margarine drauf aufs Brot, und die anderen Jungs regen sich fürchterlich darüber auf, wir auch, und E, weil dann die Margarine alle war, schmierte sich dann Palmin aufs Brot. Arbeitseinsatz: wir sind allesamt drei Stunden ins Holz gegangen und haben Brennholz geschlagen, mit dem Lada Bäume gezogen, geschleppt, gesägt, gehackt, eine gute Aktion, die allen Spaß gemacht hat. D bekam die Aufgabe, unsere Akkus zu laden, also wir haben jeder unsere Taschenlampen und haben verschiedene Ladegeräte mit, und D ist Akkulader vom Dienst, er versorgt und betreut diese Ladegeräte, nimmt die Akkus in Empfang, muß darauf achten, wann sie wieder rausgegeben werden, wie lange sie drin sind, eigentlich eine Arbeit, die sehr viel Disziplin verlangt, und er auch in der folgenden Zeit damit zunehmend Probleme bekommen wird. Nach einer gemütlichen Mittagspause — diese Mittagspausen von 12 — 2 sind ohnehin immer sehr entspannt und sehr gemütlich, wir kochen uns 'n Kaffee, sitzen zusammen, die Jungs kommen dazu oder auch nicht — folgte der zweite Arbeitseinsatz nachmittags: Udo und B haben den Lada zurechtgemacht, Ventile neu eingestellt, Zündung neu eingestellt. Ralf, E und G haben den Katamaran flottgemacht und, nachdem das passiert ist, eine Probefahrt im toten Fangoarm unternommen. E bekam einen tierischen Wutanfall mit G auf dem Katamaran, weil er den Katamaran gegen den Wind nicht vorwärtsbekam und immer in den Büschen landete, ohne Segel, sondern nur mit Paddel. E war kurz davor, das Boot aufzuschlitzen, Paddel wegzuschmeißen, G vom Boot zu schmeißen, hat also tierisch gekollert, hat sich aber noch so eingekriegt, hat sich dann entschieden auszusteigen und saß eine halbe Stunde völlig durchfroren am Fangoufer oder im Morast auf 'nem Baum, bis er dann von Ralf und Udo mit dem Boot gerettet wurde. H, F und ich haben unser Boot fertiggemacht und haben anschließend eine Fango-Expedition unternommen. Als E dann abgeholt worden ist von seinem Hochsitz auf dem Baum, völlig

durchfroren und total klappernd, gab es keinen Lacher in der Gruppe und auch keine Schadenfreude, allerdings haben wir den Jungs das vorher eingeimpft, weil wir befürchteten, daß E dermaßen unter Strom steht, daß er explodiert, aber es war nicht so. E hat sich auch sehr zusammengenommen, war sehr ruhig und hat sich gefreut, daß er gerettet wurde. Abends gab's das erste Mal Fleisch, wir grillten große Koteletts. Sowieso muß man sagen, daß das Essen Bedeutung gewinnt hier, sehr beachtet wird und mehr Wert bekommt. Wenigstens finanziell sind wir, was unseren Lebensmittel-Etat betrifft, trotz der Dinge, die wir noch von zu Hause mitnehmen, sehr sehr knapp. Die abendliche Gruppenbesprechung: wieder eine Plus-Minus- und Wünscherunde. Alle nannten eigentlich als positiv das, was sie gemacht haben, am Lager gearbeitet haben, was unternommen worden ist, diese Expedition in den Fango hinein. H fand es besonders toll, daß keiner übers Essen gemeckert hat und war ganz stolz, daß er einen ganz tollen Salat gemacht und ganz toll gegrillt hat. D war stolz darüber, daß er zum Akku-Verantwortlichen gekürt wurde, und die Minusrunde ergab eigentlich nichts, außer daß E also seine Katamaranfahrt zum Verzweifeln fand. An Wünschen äußerte E dann auch, daß andere genausoviel Verständnis zeigen würden, wie G es gemacht hat, und G bedankte sich dafür. Es wurde dann weiter der Gruselabend fortgesetzt. Ralf berichtete von einem Amulett, was wir in einem Höhleneingang fanden, von seltsamen Kratzspuren, von einem alten Mann, von verschiedenen Menschen im Dorf und in der Umgebung, von Kisten, die im Fango gelagert sind, und von einem mystischen 3. April, an dem alljährlich das Monster aus seiner Höhle herauskommt. Ralf hat diese Geschichte dermaßen spannend erzählt, und alle Jungs quer durch den Garten waren gepackt, hatten tierische Angst, rückten immer dichter zusammen, sprachen leise und bestätigten mit eigenen Erfahrungen die Wahrheit dieser Gruselegende. So verlor E z. B. sein Messer im Fango genau an der Stelle, von der wir sagten, daß da der Höhleneingang von dem Monster ist. G hatte beim Zurückpaddeln auf dem Katamaran genau an jener Stelle die großen Probleme, obwohl auch der Wind nachließ, bekam er den Katamaran nicht von der Stelle. Einzig F schien mehr angesteckt worden zu sein von der allgemeinen Angst, so wie F sich seinem Umfeld sowieso und grundsätzlich hier anschließt und mitzieht, und er hatte sozusagen aus Solidarität mit Angst. Wir befürchteten, daß dieser Abend noch mit einer Panik endet, so waren die Jungs ergriffen von der ganzen Geschichte, und es war also dringend ein beruhigendes Ende für diesen Abend notwendig. Und das beruhigende Ende bestand darin, daß Ralf berichtete, daß man sich auch vor diesem Monster und vor den Übergriffen des Monsters schützen könne, und zwar dadurch, daß man immer ein kleines Stückchen Natur bei sich trägt oder mit ins Zelt nimmt. Besonders geeignet sind Früchte vom Eukalyptusbaum. Und es schloß sich dann in einer dunklen Nacht ein Pilgerzug zum Eukalyptusbaum an, der ca. 200 m weiter liegt, die Jungs hockten und klebten an mir, pflückten diese Eukalyptusfrüchte, steckten sie in die Tasche, hörten Rascheln, was nicht da war, sahen Monster und Tiere, die nicht da waren, also es war eine ganz prickelnde und knisternde Stimmung. Wir waren unglaublich baff darüber, daß so eine wirklich abstruse Geschichte dermaßen unter die Haut geht und von 17- und 18jährigen geglaubt wird.

16. 3.: Besonderheit dieser Nacht: E hatte vor lauter Angst vor dem Fangomonster bei B im Zelt geschlafen. Arbeitseinsatz am nächsten Morgen: Grill-

176

bau, Feuerstellenbau, wir sind zum Müllplatz gefahren, wollten noch Auto-
stühle als Sitzgelegenheiten holen, und die Logbücher wurden fertiggemacht.
In der Mittagspause gab es dann wieder eine unserer gewohnten Lebensmit-
telschlachten. E kämpfte mit dem Margarinepott, und um das eingeteilte Brot
bekam man sich fast in die Haare. Nachmittags mußten einige Sachen organi-
siert werden, wir sind zu R. gefahren, haben Kompressoranschluß geklärt,
sind zur Tauchstation zu Daniel gefahren, haben fehlende Anzüge ausge-
sucht. Auch für E haben wir einen Tauchanzug bekommen, und wir haben
dann abends das erste Mal eine Angelleine ausgelegt, und D, H und ich sind
mit dem Boot rausgefahren und haben eine Aalleine quer über den Fango gelegt. Gruppenbesprechung: wieder Plus-Minusrunde, es überwog im allgemeinen das Plus, und wir schlossen dann eine Runde an, was wir am Lager noch
luxuriös verändern könnten. Die Nacht war absolut schwarz, es zog sich zu,
es war kein Stern am Himmel zu sehen, es war stockfinster, und die Jungs
forderten, daß Ralf von der Legende weitererzählt, und davon, was er am Vor-
abend nur angedeutet hat, daß eine bestimmte Art von Menschen verschwunden ist. Ralf sagte nur, er könne jetzt nicht, er sei zu angespannt, diese Nacht
vorher hätte ihn auch sehr gepackt, und außerdem sei es nicht günstig, weil
es heute so total bedeckt ist, und das war absolut überzeugend für die Jungs.
Wir boten als Alternative eine Gruselgeschichte an, lasen eine Seite vor; eine
plötzliche Bö, ein Sturm kam auf, und urplötzlich sprangen alle Jungs in die
Zelte.

17. 3.: Einleitend steht im Logbuch: ein rundum gelungener Tag. D war ganz
früh auf, weckte mich und H, um die Angelleine reinzuholen, und wir holten
einen ganz dicken Fisch raus, der gerade D und H mit einem unheimlichen
Stolz erfüllte. Es ist ein forellenähnlicher Fisch, knapp 40 cm lang. E war sehr
eifersüchtig auf diesen Fang. Arbeitseinsatz am Vormittag: wir reparierten
Stühle, machten den Fisch fertig und setzten die Angelleine wieder instand.
Anschließend habe ich Haare geschnitten. Udo überholte mit G und D den
Außenbordmotor. Ralf, B und F machten Holz. Auffällig war, daß F ganz,
ganz doll arbeitet, er arbeitet wirklich wie ein Tier. Sowieso sägt er in der Mittagspause zwei bis drei Stämme für das Lagerfeuer. Nachmittags fand unser
erster Unterricht statt, wir führten eine Einweisung in die ABC-Ausrüstung
eines Tauchers bzw. Schnorchlers durch. Alle waren spannungsgeladen bei
der Sache. Im Anschluß daran fanden unsere ersten Schnorcheltouren im
Fango statt. Für E ist Wasser *das* Element. Im Anschluß daran trugen alle Jugendlichen ihren ersten Schnorchelgang ins Logbuch ein. B hat an dieser Aktion nicht teilgenommen, weil er über Kopfschmerzen klagte. Abends wieder
Gruppenbesprechung, Plus-Minusrunde. B schließt sich auch mittlerweile
dieser Runde an, und er äußert sich nicht nur zu den Minuspunkten, sondern
auch zu den positiven Dingen. Am Abend wurde wieder der nächste Teil von
der Korsika-Monsterlegende gefordert. Die Geschichte war zu Ende, die
Jungs standen auf, gingen sofort ins Bett. Als Anmerkung zu diesem Tag
steht noch im Logbuch: Unsere Ruhe überträgt sich, weil wir Zeit haben, es
ein Projekt ist und kein Kurzurlaub, von daher wir wenig, aber ordentlich machen können, insgesamt mehr Ruhe reinkommt, wenig Konsumgenörgel und
keine ausgenommen großen Nölereien stattfinden. B hat wohl Heimweh. Unsere Arbeit heißt bislang Lagerarbeit, noch nicht Arbeit an der Natur. Unsere
Tagesstruktur wird akzeptiert inclusive Gruppenbesprechung; es sind immer
alle da. Essen wird zu einem wichtigen Fixpunkt, wird immer gelobt, ist sehr

wichtig und gewinnt an Bedeutung. Unser Taschengeld- und Zigarettenprinzip funktioniert. Es gibt also kein Geld, sondern Zigaretten sind immer da, und wir haben bislang damit keine schlechten Erfahrungen gemacht.

4. Auszüge aus den Wochenberichten der Erzieherinnen/Pyrenäen

Dienstag, 27. 3.: Bis Mittag haben wir alle ausgeschlafen. Danach erledigten wir unseren Einkauf und richteten uns in den Zimmern ein. R, S und Q trieben schon die Gänse mit ein (abends). P und O machten recht wenig, d. h. die Arbeit, die erledigt werden muß. S beteiligte sich ebensowenig an den Aktivitäten, aber bei ihr fällt es nicht so auf, daß sie so wenig tut, da sie sich gut mit sich selbst beschäftigen kann. Unsere Unterbringung ist zur Zeit noch vorübergehend, da die Räume in der Garage noch im Umbau sind. Die Konstellation in den Schlafräumen ist wie folgt: P, O und S, in dem anderen Raum Q und R.

Mittwoch, 28. 3.: Heute war großer Waschtag angesagt. Nachmittags kam Madame T. zum Kaffeetrinken. Sie brachte auch einen Kuchen mit, auf dem „Bienvenu en France" steht. Abends wurden die Gänse eingetrieben. O und P guckten sich in dem Kuhstall um. P war recht schnell wieder aus dem Kuhstall verschwunden. O blieb sehr lange im Stall und versuchte auch mit Alain, dem Sohn von Juliette und Jean, anzubändeln. Da im Juli und August die Fremdenzimmer belegt sind, können wir die Zimmer nicht benutzen, müssen in die beiden Wohnwagen ausweichen. Wir diskutierten folgendes Vorgehen: Moni und Ilse bleiben in den Zimmern in der Garage, die Mädchen sind in den Monaten April, Mai, Juni, September und Oktober in den Fremdenzimmern oben und in den Monaten Juli und August verteilt auf die beiden Wohnwagen. In unserem Wohnwagen haben wir heute erstmal unser Büro eingerichtet, solange die Garage noch nicht fertig ist.

Donnerstag, 29. 3.: Ilse, S, R und Q sind nach Pau gefahren. P und O blieben hier. Moni ging morgens zum Arzt wegen fürchterlicher Hals- und Kopfschmerzen. Die beiden Gruppen O und P sowie Q und R fangen zunehmend an, sich zu bekriegen. S hält sich neutral, da sie, wie immer, ihre Ruhe will. Auch mit den Schlafgelegenheiten ist S unzufrieden. Sie schimpft nicht darüber, aber lieber wäre ihr, sie hätte ihr eigenes Zimmer und ihre Ruhe. S versucht sich zu arrangieren. Sie möchte keinen Streit und steckt lieber zurück.

Freitag, 30. 3.: Morgens machten wir unseren ersten Französisch-Unterricht. Q und O sind begeistert dabei. Wir vermuten, daß O wegen Alain hochmotiviert ist, Französisch zu lernen. Nachmittags machten Ilse und O die Räder flott. Nachdem abends die Tiere versorgt waren, ist ein Teil der Gruppe in die Kneipe nach L. gegangen. Die Gruppenbesprechung fiel heute aus. Wir müssen einen neuen Zeitplan erstellen, d. h. mittags kochen, anschließend Gruppenbesprechung, denn die Stallarbeit reicht bis in den späten Abend, bis 9 Uhr oder 10 Uhr. Ilse ist abends mit Q und S nach L. in eine Bar gefahren. Hier erzählte Q, daß es ihr nicht so gut geht, daß sie starkes Heimweh hat und Angst, nicht durchzuhalten und wieder zu versagen, so wie immer. Sie äußert, daß sie Probleme hat, auf der Gruppenbesprechung ihre Schwierigkeiten und Ängste anzusprechen. S sagte in diesem Gespräch, daß sie in B. großes Heimweh hatte, daß es ihr aber jetzt super geht. Sie bedauert jedoch nach wie vor, daß sie keinen Raum hat, wo sie sich mal zurückziehen kann und für sich sein kann. Sie sagte, daß es ihr sehr schwerfällt, ihre Gefühle zu zeigen. Sie wirkt immer so, als ob es ihr prima geht. Das ist auch unsere Wahrnehmung, obwohl so langsam, schon durch genaues Hinschauen, ein Unwohlsein oder Unbehagen bei ihr zu sehen ist. Nach dem Gespräch fühlte sich Q wieder etwas besser, sagte sie.

Samstag, 31. 3.: Wir kritisierten schon beim Frühstück die Mädchen, daß sie immer noch nicht kapiert haben, ihren Küchendienst vernünftig zu erledigen, bzw. den Küchen- und Wohnraum tagsüber so zu nutzen, daß man sich darin auch noch wohlfühlen kann. R mokierte, daß schon beim Frühstück die Meckerei anfängt und sie nun überhaupt keine Lust mehr hat, heute etwas zu machen, und außerdem würde es doch reichen, wenn wir das einmal sagen würden. Gestern hätten wir das auch schon gesagt. Sie war richtig eingeschnappt. Wir sagten ihr dann, daß es wohl offensichtlich sei, daß es nicht ausreicht. Ihr Eingeschnapptsein dauerte aber nicht so lange an, und sie beteiligte sich an der Diskussion. Die Mädchen waren nachmittags über alleine, denn Moni und Ilse waren mit Juliette Möbel einkaufen. Nach der Stallarbeit sind Moni und die Mädchen noch in eine Kneipe nach S. gefahren.

Sonntag, 1. 4.: Ausschlafen war heute angesagt, deshalb gab es kein gemeinsames Frühstück. Nach dem Mittagessen gegen 15 Uhr regelten wir unseren kommenden Wochenplan. Hierbei fiel uns auf, daß O und P zusammenkleben. Sie kommen nicht aus eigenem Antrieb heraus auf die Idee, den Küchendienst mit einer anderen zu machen. Juliette erklärte uns, welche Dienste mit den Gänsen und den Kühen zu erledigen sind. Des weiteren teilte sie uns mit, welche Arbeiten demnächst auf uns zukommen werden, z.B. die Holzläden der Fenster streichen, den Garten anlegen, Gänse rupfen, kleine Hausarbeiten erledigen usw. Wir haben einen Plan erstellt, wer die Dienste der Gänse und Kühe in dieser Woche übernimmt. In der darauffolgenden Woche wollen wir die Dienste wechseln. Um die genauen Aufgaben der Bereiche zu besprechen, haben wir Juliette zu der Besprechung hinzugeholt. Die Mädchen waren schnell angenervt von der Situation, die durch die Übersetzung zustande kam. Es dauerte ihnen zu lange, was Juliette auf französisch erzählte und wir in Deutsch übersetzten. Gleichzeitig stöhnten sie über die viele Arbeit, die auf sie zukommt. Später auf der Gruppenbesprechung wurde dieser Konflikt deutlich. Denn einerseits klagen die Mädchen über Langeweile, andererseits stöhnen sie über die Arbeit und die Anforderungen, die an sie gestellt werden. Die Mädchen beschweren sich über Langeweile, wollen oder können aber nichts dagegen tun. Es gibt jedoch ausreichend Arbeit im Haus und auf dem Hof, die auch zu sehen ist, z. B. Kehren, Müll ausleeren, Wäsche aufhängen bzw. sie wieder in den Schrank räumen usw., und erledigt werden muß. Aber sie sind blind für diese Tätigkeiten. Treten wir mit Arbeitsanweisungen an sie heran, kommen 1000 Entschuldigungen, warum sie diese jetzt gerade nicht erledigen können. Z. B.: Ich esse gerade ein Brot, ich will mir die Haare waschen, ich möchte mich umziehen, ich rauche gerade eine Zigarette, usw.. Sie beklagen sich über die leidige alltägliche (ob-

wohl sie in der letzten Woche mindestens dreimal ausgefallen ist) Gruppenbesprechung. Sie haben keinen Bock darauf, das sei ja wie im Heim. Und außerdem können sie sich selbst gegenseitig sagen, wenn ihnen etwas nicht
paßt. Jedoch spüren wir immer noch den Konflikt zwischen den beiden Gruppen O und P auf der einen Seite sowie Q und R auf der anderen Seite, der auf
der Gruppenbesprechung kaum Thema ist. S hält sich hierbei sehr bedeckt.
Bezüglich der alltäglichen Gruppenbesprechung haben wir zu verstehen gegeben, daß diese für unser Zusammenleben notwendig und unabdingbar ist.
Äußerst auffällig ist in letzter Zeit die Tatsache, daß alle Mädchen sozusagen
fressen wie die Scheunendrescher. Sie geben an, permanent Hunger zu haben. Wir vermuten jedoch eine verdeckte Freßsucht auf dem Hintergrund
von Heimweh, Langeweile und Futterneid. Es ist uns aber unmöglich, diese
Freßsucht zu stillen, da nach unserem heutigen Kassensturz uns der Blitz getroffen hat! Wir haben unseren Etat um das Doppelte überzogen. Juliette hat
uns daraufhin einen Aperitif angeboten.

Montag, 2. 4.: Wir haben unseren Tagesrhythmus umgestellt. Mittags gibt es
warmes Essen, und anschließend machen wir die Gruppenbesprechung.
Heute vormittag stand wieder Französisch auf dem Plan. Um 14 Uhr haben
wir uns mit Madame Tedesco in Pau getroffen. Sie wollte uns einige Ge-
schäfte zeigen, wo wir gut einkaufen können. Um 19 Uhr sind wir wieder zu-
rückgekehrt, um noch einen Imbiß zu uns zu nehmen und uns für die Arbeit
zu stärken. R kam von alleine auf die Idee, heute die Karnickelställe auszumi-
sten, und besprach das mit Juliette. Die Verständigung klappt schon ganz toll.
Sie holen uns schon noch bei schwierigen Fragen dazu, versuchen aber immer mehr, sich ohne uns zu verständigen. Jean und Juliette unterstützen die
Mädels wirklich großartig. Sie machen ganz viel mit Gestik und Mimik.
Durch ihre Geduld, die sie immer wieder aufbringen, werden die Ängste der
Mädels immer weniger. Nochmal zu R: Sie war beim Ausmisten der Ställe so
richtig in Action und voll dabei! Obwohl es fürchterlich gestunken hat und
eine Sauarbeit war. Es hat richtig Spaß gemacht, sie dabei zu beobachten.
Moni hat heute ihre erste Kuh gemolken. Sie kam total ins Schwitzen und
bekam eine knallrote Birne. Ihre Jeans war etwas mit Milch getränkt, scheint
gar nicht so einfach zu sein, einmal überhaupt Milch zu kriegen und dann
auch noch den Eimer zu treffen. Das war erstmal unser Bericht von der jetzigen Zeit, die wir hier hatten, und bislang geht es uns noch ganz gut.

5. Literatur

Albrecht, H.: Angeln. Überlegungen zu einem Phänomen im Kontext von Erlebnispädagogik, in: Unsere Jugend 7/88

Antony, P./Herkert, G.: Klettern mit dissozialen Jugendlichen einer Wohngruppe. In: Nickolai, H. G.: Erlebnispädagogik in der sozialen Arbeit, Lüneburg 1989

Ayres, A. J.: Bausteine der kindlichen Entwicklung. Berlin, Heidelberg 1984

Baacke, D./Schulze, Th. (Hrsg.): Aus Geschichten lernen. München 1979

Baudrillard, J.: Der symbolische Tausch und der Tod. München 1982

Becker, S.: Zeitbewußtsein von verhaltensauffälligen Jugendlichen – Empirische Fallstudien. Göttingen 1991 (unveröffentl. Magisterarbeit)

Blankertz, H.: Die Geschichte der Pädagogik von der Aufklärung bis zur Gegenwart. Wetzlar 1982

Birtsch, V.: Integration statt Ausgrenzung. Zusammenfassende Auswertung des Hessischen Modellprogramms zur heilpädagogischen Intensivbetreuung. Frankfurt/M. 1986

Blos, P.: Adoleszenz. Stuttgart 1978

Bourdieu, P.: Entwurf einer Theorie der Praxis. Frankfurt/M. 1976

Brumlik, M.: Verstehen oder Kolonisieren? In: Müller, S./Otto, H.-U. (Hrsg.): Verstehen oder Kolonisieren. Bielefeld 1984

Bundesminister für Jugend, Familie und Gesundheit (Hrsg.): Kindesmißhandlung: Erkennen und Helfen. Bonn 1979

Bundesminister für Jugend, Familie und Gesundheit: Kindesmißhandlung – Kinderschutz: ein Überblick. Bonn 1980

Bundesminister für Jugend, Familie, Frauen und Gesundheit (Hrsg.): Achter Jugendbericht. Bericht über Bestrebungen und Leistungen der Jugendhilfe. Bonn 1990

Cicourel, A.: Sprache in der sozialen Interaktion. München 1975

Cobus-Schwertner, I.: Von der Jugendhilfe in die Psychiatrie. München 1984

Eckes-Lapp, R.: Symbolbildung und Symbolik in psychoanalytischer Sicht. In: Benedetti, G./Rauchfleisch, U. (Hrsg.): Welt der Symbole. Göttingen 1988

Erikson, E.: Jugend und Krise. Frankfurt/Berlin 1981

Ewert, O.: Entwicklungspsychologie des Jugendalters. Stuttgart 1983

Filipp, S.-H.: Selbstkonzept-Forschung: Probleme, Befunde, Perspektiven. Stuttgart 1979

Fischer, A.: Über das Bauen von Kindern, in: Zeitschrift für pädagogische Psychologie und experimentelle Pädagogik, 19. Jg., Heft 7/8 1918

Foucault, M.: Überwachen und Strafen. Die Geburt des Gefängnisses. Frankfurt/M. 1976

Frank, M. (Hrsg.): Schleiermacher. Hermeneutik und Kritik. Frankfurt/M. 1977

Freigang, W.: Verlegen und Abschieben. Weinheim/München 1986

Freud, S.: Studienausgabe Bd. VIII, Zwei Kinderneurosen. Frankfurt/M. 1978

Fröbel, F.: Friedrich Fröbels gesammelte Schriften, Bd. 3. Berlin 1862

Gadamer, H.-G.: Wahrheit und Methode. Grundzüge einer philosophischen Hermeneutik. Tübingen 1965

Garfinkel, H.: Studies in Ethnomethodology. Englewood Cliffs 1967

Gergen, K. J.: Selbsterkenntnis und die wissenschaftliche Erkenntnis des sozialen Handelns, in: Filipp, S.-H. (Hrsg.): Selbstkonzept-Forschung. Stuttgart 1979

Gintzel, U./Schone, R.: Erziehungshilfen im Grenzbereich von Jugendhilfe und Jugendpsychiatrie. Frankfurt/M. 1989

Gintzel, U./Schone, R. (Hrsg.): Zwischen Jugendhilfe und Jugendpsychiatrie. Münster 1990

Goffman, E.: Interaktionsrituale. Über Verhalten in direkter Kommunikation. Frankfurt/M. 1971

Grams, T.: Sprachliche Symbolisierungen in Selbstäußerungen Jugendlicher. Göttingen 1991 (unveröffentl. Magisterarbeit)

Herder, J. G.: Vom Erkennen und Empfinden der menschlichen Seele, in: Herder, J. G., Werke in zwei Bänden, Bd. 2. München 1953

Honig, M. S.: Kindesmißhandlung. München 1982

Hosemann, D./Hosemann, W.: Trebegänger und Verwahrloste in sozialpädagogischer Betreuung außerhalb von Familie und Heim. Berlin 1984

Hurrelmann, K./Rosewitz, B. u.a.: Lebensphase Jugend: eine Einführung in die sozialwissenschaftliche Jugendforschung. Weinheim/München, 2. Aufl. 1989

Institut für Sozialarbeit und Sozialpägagogik (Hrsg.): Geschlossene oder offene Heimerziehung – Reader zu einer Expertentagung. Frankfurt/M. 1986

Jens, W./Thiersch, H.: Deutsche Lebensläufe in Autobiographien und Briefen. Weinheim/München 1987

Kempe, S./Kempe, C.: Kindesmißhandlung. Stuttgart 1980

Klauer, K. J. (Hrsg.): Handbuch der Pädagogischen Diagnostik, 4 Bde. Düsseldorf 1978

Klein, C.: Innerfamiliale sexuelle Mißhandlung von Mädchen – Zwei Fallstudien. Göttingen 1991 (unveröffentl. Magisterarbeit)

Krötzsch, W.: Beobachtungen über die Entwicklung des Kindes beim Bauen mit Bausteinen. In: Arbeitsschule, Heft 1/2, Leipzig 1912

Kupko, S.: Entstehung und Bewältigung jugendlicher Dissozialität. 2 Bde., Lüneburg 1986

Larson, R. N.: Familientherapie und Inzestfamilien. In: Sexueller Mißbrauch von Kindern in Familien, hrsg. von Backe, L. u. a., Köln 1986

Layard, J.: Familie und Sippe, in: Institutionen in primitiven Gesellschaften. Frankfurt/M. 1967

Levi-Strauss, C.: Strukturale Anthropologie Bd. 1 und 2. Frankfurt/M. 1972, 1975

Lippitz, W./Rittelmeyer, Chr. (Hrsg.): Phänomene des Kinderlebens. Beispiele und methodische Probleme einer pädagogischen Phänomenologie. Bad Heilbrunn 1989

Luckmann, T.: Persönliche Identität, soziale Rolle und Rollendistanz, in: Poetik und Hermeneutik VIII, Identität (Hrsg. O. Marquard, K. Stierle). München 1979

Marburger Beiträge zur Sozialarbeit mit Sport und Bewegung (Hrsg. Beck, P. und Verein zur Förderung bewegungs- und sportorientierter Jugendsozialarbeit e.V.), Nr. 1–5. Frankfurt/M. 1988-1991

Mead, G. H.: Geist, Identität, Gesellschaft. Frankfurt/M. 1968

van Ments, M.: Rollenspiel effektiv: ein Leitfaden für Lehrer, Erzieher, Ausbilder und Gruppenleiter. München 1985

Merleau-Ponty, M.: Die Struktur des Verhaltens. In: Phänomenologisch-psychologische Forschungen, Bd. 13. Berlin 1976

Merleau-Ponty, M.: Das Sichtbare und das Unsichtbare. München 1986

Meyer-Drawe, K.: Leiblichkeit und Sozialität. Phänomenologische Beiträge zu einer pädagogischen Theorie der Inter-Subjektivität. München 1984

Mitnick, M.: Inzestuös mißbrauchte Kinder. In: Sexueller Mißbrauch von Kindern in Familien, hrsg. von Backe, L. u. a., Köln 1986

Mollenhauer, K.: Theorien zum Erziehungsprozeß. Weinheim 1972

Mollenhauer, K.: Vergessene Zusammenhänge. Weinheim/München, 3. Aufl. 1991

Mollenhauer, K.: Erziehungswissenschaft und Sozialpädagogik/ Sozialarbeit oder „Das Pädagogische" in der Sozialarbeit/ Sozialpädagogik. In: Sozialwissenschaftliche Literatur-Rundschau, 11. Jg. 1988, Heft 17, S. 53 ff.

Mollenhauer, K.: Fingererzählungen − eine pädagogische Spekulation. In: Lippitz, W./Rittelmeyer, Chr.: Phänomene des Kinderlebens. Bad Heilbrunn 1989

Montada, L.: Die Lernpsychologie Jean Piagets. Stuttgart 1970

Müller, H. R.: Sozialpädagogik und Therapie. Weinheim/München 1990

Münder, J./Greese, D./Jordan, E./Kreft, D./Lakies, T./Lauer, H./Proksch, R./Schäfer, K.: Frankfurter Lehr- und Praxiskommentar zum Kinder- und Jugendhilfegesetz. Münster 1991

Nitschke, A.: „Das verwaiste Kind der Natur". Forschungen zur Pädagogik und Anthropologie, hrsg. v. Bollnow, Flitner u. a., Bd. 5, Tübingen 1962

Oerter, R./Montada, L.: Entwicklungspsychologie. München 1982

Oevermann, U.: Programmatische Überlegungen zu einer Theorie der Bildungsprozesse und zur Strategie der Sozialisationsforschung, in: Hurrelmann, K.: Sozialisation und Lebenslauf. Reinbek 1976

Oevermann, U. u. a.: Die Methodologie einer objektiven Hermeneutik und ihre allgemeine forschungslogische Bedeutung in den Sozialwissenschaften, in: Soeffner, H. G. (Hrsg.), a. a. O.

Ortiguez, E.: Das Inzestverbot und der Platz des dritten, in: J. Stork (Hrsg.): Fragen nach dem Vater. Französische Beiträge zu einer psychoanalytischen Anthropologie. München 1974

Parmentier, M.: Ethnomethodologie, in: Lenzen, D./Mollenhauer, K. (Hrsg.): Enzyklopädie Erziehungswissenschaft, 1. Band, Stuttgart 1983

Parmentier, M.: Frühe Bildungsprozesse: Zur Struktur der kindlichen Interaktion. München 1979

Parmentier, M.: Strukturanalyse und individuelles Sinnverstehen, in: Vierteljahresschrift für wissenschaftliche Pädagogik, Jg. 1989, Heft 1

Parsons, P.: Das Inzesttabu in seiner Beziehung zur Sozialstruktur und zur Sozialisierung des Kindes, in: Ders.: Beiträge zur soziologischen Theorie. Neuwied/Berlin 1964

Pazzini, K. J.: Eßkultur, in: Pädagogische Grundbegriffe, hrsg. von D. Lenzen, Bd. 2, Reinbek 1989

Piaget, J.: Das Erwachen der Intelligenz beim Kinde. Stuttgart 1969 a

Piaget, J.: Nachahmung, Spiel und Traum. Stuttgart 1969 b

Planungsgruppe Petra: Analyse von Leistungsfeldern der Heimerziehung. Ein empirischer Beitrag zum Problem der Indikation. Frankfurt/M. 1987

Planungsgruppe Petra: Was leistet Heimerziehung. Frankfurt/M. 1988

Plessner, H.: Anthropologie der Sinne. In: Gesammelte Schriften, Bd. III. Frankfurt/M. 1980

Remschmidt, H./Schmidt, M.: Multiaxiales Klassifikationsschema für psychiatrische Erkrankungen im Kindes- und Jugendalter nach Rüffer, Shaffer und Sturge. 2. Aufl., Bern/Stuttgart/Toronto 1986

Sartre, J.-P.: Das Sein und das Nichts. Hamburg 1974

Sartre, J.-P.: Der Idiot der Familie, Bd. 1 und 2. Reinbek 1977

Scheibner, O.: Mitteilungen über das kindliche Bauen mit Klötzen. In: Zeitschrift für pädagogische Psychologie und experimentelle Pädagogik, 17. Jg., 1. Heft 1916

Schmidt, M.: Kinder- und jugendpsychiatrische Diagnostik. Empirisches und hermeneutisches Vorgehen bei klinischen und wissenschaftlichen Fragen, in: Gintzel/Schone (Hrsg.), a. a. O.

Schütz, A.: Der sinnhafte Aufbau der sozialen Welt. Frankfurt/M. 1974

Soeffner, H. G. (Hrsg.): Interpretative Verfahren in den Sozial- und Textwissenschaften. Stuttgart 1979

Soff, M.: Jugend im Tagebuch, Weinheim/München 1989

Sonnenfeld, C.: Die Einzelbetreuung als Beziehungskonzept, in: Ergebnisse des hessischen Modellprogramms zur Heilpädagogischen Intensivbetreuung. ISS (Hrsg.), Frankfurt/M. 1986

Specht, F.: Jugendliche in Lebenskrisen, in: Gintzel/Schone (Hrsg.), a. a. O.

Spranger, E.: Psychologie des Jugendalters. Leipzig 1924

Steinhage, R.: Sexueller Mißbrauch an Mädchen. Hamburg 1989

Stierlin, H.: Eltern und Kinder. Frankfurt/M. 1980

Straus, E.: Psychologie der menschlichen Welt. Berlin 1960

Thiersch, H.: Institution Heimerziehung, in: H. Giesecke (Hrsg.): Offensive Sozialpädagogik. Göttingen 1973

Thiersch, H.: Kritik und Handeln. Interaktionistische Aspekte der Sozialpädagogik. Neuwied/Darmstadt 1977

Thiersch, H.: Die Erfahrung der Wirklichkeit. Perspektiven einer alltagsorientierten Sozialpädagogik. Weinheim/München 1986

Trautner, H. M.: Der Beitrag der Selbstkonzept-Forschung zur Erklärung sozial abweichenden Verhaltens, in: Filipp, S.-H. (Hrsg.): Selbstkonzept-Forschung, Stuttgart 1979

Treusch-Dieter, G.: Die Spindel der Notwendigkeit/ „Die faule Spinnerin", Umkehr oder Probe aufs Exempel. In: Weibliche Produktivität, Ästhetik und Kommunikation, Nr. 47, 4/82

Waldenfels, B.: In den Netzen der Lebenswelt. Frankfurt/M. 1985

v. Wolffersdorff, C./Sprau-Kuhlen, V.: Geschlossene Unterbringung in Heimen. München 1990

Zenz, G.: Kindesmißhandlung und Kindesrechte. Frankfurt/M. 1979